KB028842

땅의 역사

땅의 역사 1
소인배와 대인들

초판 1쇄 | 2018년 11월 15일
4쇄 | 2022년 1월 15일

글과 사진 | 박종인

발행인 | 유철상
편집장 | 정은영
편집 | 정유진, 박다정
디자인 | 노세희, Mia Design
마케팅 | 조종삼, 윤소담
콘텐츠 | 강한나

펴낸곳 | 상상출판
출판등록 | 2009년 9월 22일(제305-2010-02호)
주소 | 서울특별시 성동구 뚝섬로17가길 48, 성수에이원센터 1205호(성수동2가)
전화 | 02-963-9891
팩스 | 02-963-9892
전자우편 | sangsang9892@gmail.com
홈페이지 | www.esangsang.co.kr
블로그 | blog.naver.com/sangsang_pub
인쇄 | 다라니
종이 | ㈜월드페이퍼

ISBN 979-11-87795-97-1 (04910)
ISBN 979-11-87795-96-4 (세트)

© 2018 박종인

※ 가격은 뒤표지에 있습니다.
※ 이 책은 상상출판이 저작권자와의 계약에 따라 발행한 것이므로
본사의 서면 허락 없이는 어떠한 형태나 수단으로도 이용하지 못합니다.
※ 잘못된 책은 구입하신 곳에서 바꿔 드립니다.

땅의 역사

1

소인배와 대인들

글과 사진 박종인

상상출판

일러두기

1. 본문에 등장하는 인물 나이는 2018년 기준입니다.
2. 본문에 나오는 연도와 날짜는 음력 기준입니다. 단, 필요할 경우 양력임을 밝히고 양력으로 표시한 부분도 있습니다. '음력 12월'은 해를 넘기는 경우가 많습니다. 별도 표기가 없는 한, 예컨대 '1675년 12월'은 양력으로 1676년 1월입니다. 학계에 두루 사용되는 날짜 인용 방식을 따랐습니다.
3. 인용된 1차 사료 출처는 모두 문장 뒤편 괄호 속에 표기했습니다. 단 문맥에 맞게 의역한 부분도 있음을 알려드립니다.
4. 보편적으로 알려진 역사적 사실은 따로 인용 출처를 표시하지 않았습니다.
5. 몇몇 인명과 지명, 특히 중국 인명과 지명은 외래어 표기법을 따르지 않고 독자들에게 낯익은 발음대로 표기했습니다. 예컨대 '北京'은 '베이징'이 아니라 '북경', '南京'은 '난징'이 아니라 '남경', '孫文'은 '쑨원' 대신 '손문' 등.

이 책을 읽는 법

읽기 전에 심호흡이 필요하다. 이 책에는 우리 역사 속에 우리가 몰랐던 소인배(小人輩)가 많았다는 사실이 적혀 있다. 지도자 무리 속에 민망할 정도로 그릇 작은 자들이 많았다는 사실이 적혀 있다. 많은 순간 이 땅이 그 소인배로 인해 엉망진창이 돼 버렸다는 사실이 적혀 있다. 그런데 지금 우리가 번듯하게 살아 있다. 기적이다.

전국을 떠돌면서 역사 흔적을 보았다. 의문이 생긴다. 왜 임진왜란 때 권력층은 백성을 팽개치고 자기 목숨 구걸에 매진했는가. 온 세상이 개방과 탐험과 선진 지식으로 무장하고 있을 때, 조선은 왜 공자를 외치고 멸망한 명나라를 숭배하며 나라 문을 걸어 잠갔는가. 왜 천재 과학자이자 기술자 장영실은 아무런 후학을 기르지 못하고 사라졌는가. 왜 15세기 과학대국 조선은 400년 만에 완전히 망가졌는가. 그리하여 왜 구한말 그 숱한 영웅들은 나라를 살리지 못했는가. 왜 일제강점기 그 숱한 사람들은 나라를 팔아먹었는가. 해답은 주지 못해도, 그런 일들이 이 땅 역사에 중층 내·외상을 남겼다는 사실은 이 책에 기록했다. 소인배가 남긴 역사다. 그 소인배가 큰사람들을 핍박하고 공을 가로채고 스스로를 대인이라 우겼다는 사실 또한 적혀 있다. 한숨이 나오면, 심호흡을 한다.

소인배 사이사이에 대인(大人)들 또한 많이 숨어 있었다는 사실도 적혀 있다. 이순신이 그랬고 장영실이 그랬고 이징옥이 그랬고 이회영이 그랬고 남자현이 그랬다. 일찌감치 황무지에 폐허가 됐을 이 세상을 구원한 이들이 바로 그 큰사람들이라는 사실이 적혀 있다. 그래서 지금 우리가 멀쩡하게 살고 있는 게 기적이 아니라는 사실 또한 알게 되었다.

큰사람들을 잊지 않고 소인배 또한 기억하기 위해 이 책을 썼다. 소인배는 왜 기억해야 하는가. 두 번 다시 그런 자들이 태양 아래 나오지 못하게 하기 위해서다.

우리들은 대개 큰 악에 대해 비겁하고 작은 악에 대해 용감하다. 사실 그 사소한 비겁과 사소한 용기가 이 땅을 지탱하는 상식적인 힘이다. 우리는 상식적이다. 하루 살기 바쁜 우리네 인생이 어느 짬에 역사에 남을 만큼 소인배적 악을 저지르고, 대인다운 행동을 할 것인가. 다만 우리는 큰 악을 저지른 소인배에 대해 비난할 줄 알고, 큰 선을 행한 큰사람에게 박수를 보낼 줄 안다. 그런 비난과 갈채를 받을 대상들이 이 책 주인공이다.

찬란한 5000년 역사만 알고 있는 우리를 위해 책을 썼다. 역사는 입체적이어서, 찬란하지만도 않고 추잡하지만도 않다. 그 빛과 어둠이 합쳐서 만든 역사 위에 우리가 산다. 앞으로도 우리는 그런 역사를 만들 것이다.

미래 역사는 되도록 찬란함이 더 많았으면 좋겠다. 그러기 위해서는 옛날에 벌어진 추함을 알아야 한다. 그래야 비겁함과 무능, 실리 없는 명분으로 행했던 일들을 반복하지 않을 수 있다. 권력을 잡은 이들로 하여금 그런 추함을 저지르지 않도록 감시할 수 있다.

위대한 배달민족이 남긴 찬란한 역사만을 알고 있는 분들은 심호흡을 하고 페이지를 넘기기 바란다. 소인배의 행태에 분노하다가, 대인(大人)들이 행한 덕행에 위로받기 바란다. 역사는 우리가 우리 손으로 만든다. 이 땅에는 그 역사가 온전하게 남아 있다. 땅은 역사다. 부디 내 나라여 영원하라.

고마운 사람들

박영규. 내 아버지다. 하늘에 계신다. 김원한. 내 어머니다. 이주연, 박서우. 나랑 함께 사는 여자들이다. 그리고 함께 땀 흘리며 무덤과 비석과 돌덩이와 땅과 하늘을 돌아다니며 나에게 영감을 준 정석영, 신명선, 김수헌, 박명우, 이송이, 김선숙, 이지원, 임혜영, 김유진, 이유나, 오세진, 임재욱, 임병훈, 서동현, 여의주, 문소영, 김경희, 김하나, 이상영, 신상민, 송가진, 권선, 박현제, 진석원, 조아라, 우상련, 장영삼, 서경석, 조현태, 김만구, 이창원, 권오경, 김용철, 백상우(생각나는 순서대로 적었다. 이름 없다고 섭섭해하지 말아라. 기억이 나지 않을 뿐 고마움은 똑같다) 등등 TV 〈땅의 역사〉 멤버들 고맙다. 그 많은 사료(史料)를 지켜내고 국역하고 해석해낸 수많은 학자들에게 진심으로 고맙다. 박종인, 너가 나여서 참 고맙다.

차례

2장 대인들 - 고집 혹은 지조
사람이었으되 큰사람들이었다

차례

3장 막힌 놈들
왜 그들은 세상에 무지했을까

4장 신화(神話) 시대
잘못 배운 고대사 이야기

1장

소인배-비겁 혹은 무능

이들로 인하여 역사는 오래도록 멋어 있었다

진안 마이산

01 남강(南江)이 피로 물들던 날 선조는 도주 중이었다

태평회맹도의 비밀과 진주성 전투

"임금이 이른다. 너희가 처음에 왜에게 잡혀서 다니는 것은 너의 본마음이 아니라 죽을까 여기며 편들었던 것임을 안다. 서로 권하여 다 나오면 죄 주지 아니할 뿐 아니라 벼슬도 줄 것이다."

서기 1593년 9월 선조 임금이 백성에게 친필로 글을 내린다. 임진왜란이 터지고 해를 넘겨 찾아온 두 번째 가을이었다. 교서는 한문 모르는 백성을 위해 언문으로 작성됐다. 부역자에게 처벌은커녕 벼슬을 내리겠다니, 선조는 성군聖君이었다. 결론부를 읽어본다. 뉘앙스가 다르다. "나라가 평정된 뒤면 너희들인들 아니 뉘우치겠는가. (곧 명과 조선군이) 왜 나라에 들어가 분탕할 것이니, 그때면 너희들조차 휩쓸려 죽을 것이다. 그러니 서로 일러 그전에 얼른 나오라." 자수하면 광명이요 이적행위를 계속하면 죽음밖에 없다는, 협박이다. 이 선조국문교서는 보물 제951호다.

때는 임진왜란이 터지고 1년 7개월 뒤였다. 위로와 협박을 뒤섞은 글을 발표한 선조는 1년 반째 도피행각을 벌이는 중이었다. 이 선조국문교서는 전쟁 발발 보름 만에 국민을 팽개치고 야반도주한 국가 지도자가, 한 달도 아니고 1년도 아니

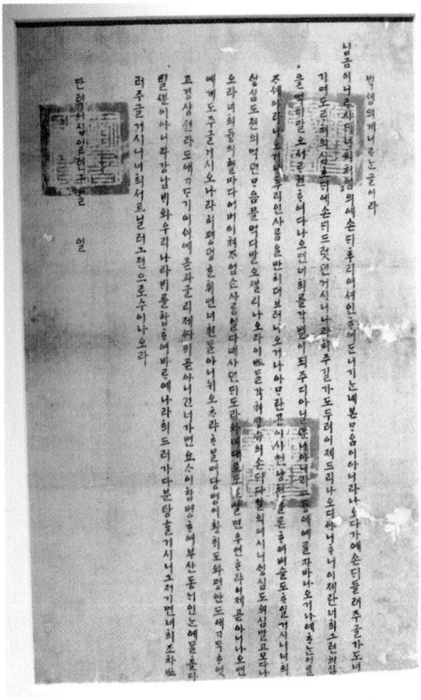

선조국문교서(宣祖國文敎書). 보물 제951호다. '자수해서 광명 찾자'는 내용이다.

고 1년하고도 여섯 달 만에 그 도피처에서 내놓은 시국 담화문이다. 나는 도망갔어도 너희들은 기어나오라? 졸렬하다. 이제 경상남도 진주 땅에서 최고의 경지에 이른 졸렬함을 구경해본다.

1592년 4월 30일 선조 달아나다

고니시 유키나가小西行長가 이끄는 일본군이 부산에 상륙했다. 4월 14일 오전 8시 대마도 오우라항을 떠난 지 9시간 만이다. 그날 부산진 첨사 정발이 전사했다. '전사자 속출', '함락' 소식이 속속 조정으로 올라왔다. 보름 뒤 선조가 서울 모래재를 넘어 평안도 의주로 향했다. 임금이 탄 가마가 지나갈 때 많은 한양 시민이 통

전 성민(城民)이 전멸한 2차 진주성 전투의 현장, 진주성

곡했다. 그 뒷모습을 보고 있던 많은 시민이 경복궁으로 난입해 전각을 불태웠다. 이틀 뒤 몇 시간 시차를 두고 고니시 유키나가와 가토 기요마사加藤淸正 부대가 동대문과 남대문을 통해 한양에 입성했다. 한양은 비어 있었다.

1592년 10월 6일 진주대첩

조선 팔도가 쑥대밭으로 변했지만 호남은 안전했다. 곡창지대 호남을 조선은 반드시 지켜야 했고 일본은 반드시 빼앗아야 했다. 바다로 호남에 진입하려던 일본 해군은 군신軍神 이순신에 의해 물귀신이 됐다. 일본은 육로로 호남 진출 작전을 세웠다. 선봉장 나가오카 다다오키長岡忠興는 경상우도 핵심지 진주성 공격을 결정했다. 진주만 함락시키면 호남은 금방이었다.

그리하여 개전 6개월 만에 진주성 전투가 벌어졌다. 일본군 병력은 3만, 조선군 병력은 3800명. 10대1 싸움에서 조선군이 승리했다. 조총과 활이라는 개인 화기는 열세였지만 천자총통을 비롯한 중화기는 조선이 앞섰다. 진주목사 김시민과 전라의병장 최경회, 경상의병장 곽재우의 성 내외 연합작전에 일본군은 혼란에 빠지고, 결국 조선이 승리했다. 신출귀몰하고 지략이 뛰어난 목사 김시민을 일본군은 이름도 모르고 '모쿠소'라 부르며 증오하며 도주했다. 임란 전세는 조선 쪽으로 역전됐다. 선조는 일찌감치 의주에 도착해 명나라로 망명을 타진 중이었다. 목사 김시민은, 죽었다. 전후 에도 시대에 일본에서는 '모쿠소 호간木曾判官'이라는 가부키 극까지 나왔다. 모쿠소의 아들이 필리핀까지 달아났다가 복수를 위해 일본으로 왔다는 이야기까지 창작됐다.

1593년 6월 21일 2차 진주성 전투

그해 6월 명나라 칙사 심유경이 선조에게 이렇게 보고했다. '(풍신)수길이 반드시 전년에 패전한 원한을 갚고자 하여 장차 군사를 연합해서 진주를 공파한 연후에 바다를 건너겠다고 한다.' 명과 일본 사이에 강화협상이 한창이던 때였다. 도요토미 히데요시는 일본 나고야로 명나라 협상단을 불러놓고 진주성을 친 것이다.(1권 1장 〈3. 임진왜란 종전협정과 기이한 용산 왜명강화비〉 참조)

2차 진주성 전투는 예고된 전투였다. 심유경이 조명연합군 총사령관 송응창에게 이렇게 보고했다. "관백(도요토미 히데요시)이 '너희도 진주에 진공하여 성지城池를 파괴함으로써 전일의 원한을 풀라'하였다."(1593년 6월 1일 『선조수정실록』)

도요토미 히데요시는 조선에 주둔한 병력의 절반을 진주에 집합시켰다. 가토, 고니시, 구로다 같은 명장名將이 지휘하는 10만 대군이 진주성을 포위했다. 당시 조선에 출병한 병력이 20만이었으니, 절반이 동원됐다. 그 어떤 기록을 봐도 조선군은 1만 명이 되지 않았다. 날카롭게 조련된 10만 일본군에게 진주성에 있는 조선군과 민간인 6만 명이 학살됐다. 모두가 죽을 각오로 전투에 임했다. 신임 목사 서예원은 달랐다. 두려움에 도망갈 궁리만 하는 서예원을 대신해 의병장 김천일이 전투를 이끌었다.

일본군이 이렇게 진주성을 희롱했다. '왜적이 성안에 글을 보내기를, "대국의 군사도 이미 투항하였는데, 너희 나라가 감히 항거하겠는가." 성안에서 글로 답하기를, "죽음이 있을 뿐이다. 명나라 군사 30만이 진격 중이니, 너희들은 섬멸되고 말 것이다"하니, 적이 아랫도리를 벗어 붙이고 야유를 하기를, "중국 군사는 벌써 물러갔다"고 했다. 김천일이 매양 높은 데 올라가 바라보면서 말하기를, "모방某方에 병기兵氣가 있으니, 명나라 군사가 곧 와서 구원할 것이다." 그러면 군인들이 크게 기뻐들 하였으나 조금 있다가는 조용해지곤 하였다.'(1593년 6월 1일 『선조수정실록』) 소용없었다. 명나라 군사는 명과 일본이 진행 중인 강화협상에 따라 이미 전투를 회피한 지 오래였다.

6월 29일 폭우 속 성문이 뚫렸다. 크게 다친 김천일과 최경회, 고종후는 북쪽으로 두 번 절하고 물에 뛰어들었다. 김해 부사 이종인은 일본군 2명을 두 팔로 끼고서 "김해 부사 이종인이 여기에서 죽는다"고 외치며 남강에 투신했다. 패배했으되 장엄하였다.

비겁한 목사 서예원은 성을 벗어나 숲속에 숨었다. 목숨 몇 시간 더 부지하다 잔인하게 죽었다. 일본군은 서예원의 목을 잘라 가져갔다. '모쿠소' 김시민으로 착각한 것이다. 그날 실록은 이리 기록했다. '왜변倭變이 있은 이래 참혹하게 무너지고 의열義烈이 장엄하게 드러난 것으로 진주성 같은 예가 없었다(自倭變以來 陷敗之慘 義烈之著 無如晋城者).'(『선조수정실록』) 류성룡은 '풍신수길이 원怨을 푸는 전쟁'(『징비록』)이라고 했다.

그때 선조는 평안도 남포 강서현에 있었다. 6월 21일 선조가 탄 가마 행렬을 푸대접한 강서현령 한여숙을 치죄하겠다고 사헌부가 보고했다. 며칠을 무시하던 선조가 이리 명했다. '추고推考하라.'(1593년 6월 23일『선조실록』) 죄를 엄중 조사하라는 뜻이다. 바로 그날 진주에서는 일본군이 진주성을 에워싼 해자를 완전히 메웠다. 본격적인 공성전 준비가 끝났다는 뜻이다.

의기(義妓) 논개

전투가 끝나고 의병장 최경회의 첩은 일본군 장교들이 촉석루에서 승전 파티를 벌일 때 게야무라라는 젊은 장교를 끌어안고 남강에 뛰어들었다. 훗날 기록들에는 그녀 이름이 논개라고 나온다. 그녀가 뛰어내린 바위는 의암義巖이라 이름이 붙었고 훗날 논개는 의기義妓로 추앙받는 여자가 되었다.

그 훗날이 매우 오래 걸렸다. 전쟁 직후 조선 정부는『동국신속삼강행실도』라는 위인전을 관찬하며 이에 들어갈 의인義人을 추천받았다. 진주에서 논개를 추천했다. 유림에서는 거부했다. 이유는 하나였다. '천한 기생 주제에.' 147년 세월이 흘러 1740년 영조 때에야 그녀를 기리는 사당 의기사義妓祠가 진주성에 세워졌다.

또 아주 훗날 많은 사람이 논개는 천민이 아니라 주씨朱氏 성을 가진 불우한 양반 규수라고 했다. 태어난 곳도 찾아내 전라도 장수에 사당을 세웠다. 대한민국 시대 새로 편찬된 최경회 문중 족보에 이름도 올렸고, 최경회의 고향 화순에는 2003년 최경회 사당 경내에 따로 영각을 만들어 그녀의 영정을 모셨다. 장수에서, 화순에서 사람들은 '논개 님'이라고 부른다. 신분 고하가 무슨 상관인가.

2018년 진주성과 태평회맹도(太平會盟圖)

평화를 되찾은 진주성은 아름답다. 남강은 푸르고 하늘도 푸르다. 임진왜란의 기억을 모아놓은 진주박물관은 진주성 안에 있다. 박물관 수장고에는 '태평회맹도'라는 병풍이 있다. 임진왜란, 정유재란이 끝나고 1604년 10월 27일 밤 선조가 전쟁 통에 공을 세운 벼슬아치들을 불러 '공신회맹제功臣會盟祭'라는 잔치를 벌이고 만든 그림이다. 잔치장은 지금의 청와대 구내다. 훗날 참가자들에게 기념사진 격으로 나눠준 병풍에는 참석자 명단과 잔칫날 풍경이 보인다. 보물 제668호다.

자, 졸렬함의 극치를 보자.

초청 대상은 그때까지 살아 있는 역대 공신 63명. 실제 참석자는 58명. 불참자는 5명으로 류성룡, 정탁, 이운룡과 이산해, 남절이다. 3대첩을 이끈 지도자 이순신과 권율과 김시민을 천거했던 류성룡이고, 옥에 갇혔던 이순신을 변호했던 정탁이고, 이순신 아래 전투를 이끌었던 이운룡이다. '늙어서', '아파서', '상중喪中이라'고 변명했다. 류성룡은 자기가 받은 공신 책훈을 취소해달라고까지 했다.

임진, 정유 두 전쟁 후 전쟁과 관련해 선조가 책훈한 공신은 호성공신과 선무공신 두 가지였다. 호성공신은 자신을 의주까지 무사히 수행한 공신이다. 선무공신은 전쟁터에 나가서 승리한 공신이다. 그런데 호성공신은 86명, 선무공신은 18명이다. 호성공신에는 마구간지기와 내시와 심부름꾼도 포함돼 있다. 태평회맹도

논개가 일본 장교와 함께 뛰어내린 촉석루 의암

오른쪽 아래 귀퉁이에 고깔모자를 쓰고 엎드리고 있는 3명이 바로 마구간지기다.

목숨 걸고 싸운 의병장들은 그 누구도 선무공신에 선정되지 않았다. 오히려 전라 의병장 김덕령은 전쟁 와중에 벌어진 이몽학의 난에 연루됐다며 죽여버렸다. 살의殺意를 느낀 홍의장군 곽재우는 초야에 숨어버렸다.

호성공신 1등공신에 책훈된 전前 영의정 이항복은 "의리상 피해 달아날 수가 없어 그저 걸어서 수행했을 뿐, 장수들이 전쟁터에서 세운 공에 비해 무척 부끄럽다"며 공을 취소해달라고 요구했다.(1602년 7월 24일『선조실록』) 영의정 이덕형은 이렇게 말하며 공신 서훈 철회를 요청했다. "의병을 일으키고 절개를 지키다 죽은 사람들이 있는데 무슨 마음으로 내가 끼는가."(1603년 7월 4일『선조실록』)

임진왜란 공신들 잔치를 그린 〈태평회맹도(부분)〉. 오른쪽 하단에 자세가 다른 3명은 마구간지기, 심부름꾼이다. 진주박물관 제공.

선조는 자기 몸 살펴준 사람들 앞가림에 급급한 지도자였다. 나라를 도탄에 빠뜨린 무능함을 숨기기 위해 직업군인, 의병장들의 공은 지워버린 것이다.

공신 명단이 발표되던 날, 사관은 이렇게 썼다. '단서철권을 만든 것이 당초 이처럼 구차한 데 쓰려고 한 것이겠는가(丹書鐵券之設初豈若此之苟也)!'(1604년 6월 25일 『선조실록』) 단서철권丹書鐵券은 공신 표창장 두루마리와 쇠로 만든 표지이니, 훈장을 이 따위로 줘서야 되겠는가라는 뜻이다.

남강에 흐르는 두려움

여기까지가 남강변 진주성에서 투명하게 드러난 지도자 선조의 졸렬함이다. 논개 신분이 무엇이든 개의치 않는다. 남강을 적신 피가 그 누구 영혼에서 흘러나왔는지 개의치 않는다. 다만 심하게 개의하는 바가 있다. 자기는 도망이나 다니는 주제에 국민들에게 자수 권유 삐라를 날려대고 훗날 편협한 논공행상이나 하는 그런 지도자, 그런 인물이 가면을 쓰고 21세기 대한민국 땅을 활보하고 있지나 않을까 하는 두려움이다. 그 두려움이 평화로운 남강에 흘렀다. 땅의 역사

02 승전보를 보냈더니 조정은 장수 목을 베어버렸다

임진왜란과 해유령 전투의 비밀

1419년 조선 4대 왕 세종이 왜구 본거지 대마도를 정벌했다. 1449년에는 두만강 유역 여진족을 소탕하고 4군 6진을 설치했다. 국가 안위를 위협하는 무리를 단칼에 처단한 이 나라에 143년 뒤 전쟁이 터졌다. 임진왜란이다.

폭풍 전야

다치바나 야스히로橘康廣는 임진왜란 전 일본에서 조선으로 파견된 사절이었다. 1586년, 도요토미 히데요시가 일본 전국을 통일하고 조선을 통해 대륙 침략을 준비하던 즈음이었다. 다치바나는 통신사를 보내달라는 도요토미 친서를 가지고 왔다. 다치바나는 나이가 쉰 살이 넘고 수염과 머리털은 반백인 사내였다. 부산에서 서울로 올라가는 동안 다치바나는 기행奇行을 남겼다. 인동仁同(지금 칠곡) 고을을 지나가다가 사신 영접을 위해 도열해 있는 군사들을 보고 이렇게 말했다. "너희들이 가진 창의 자루가 너무 짧구나." 상주에 도착해 목사 송응형이 기생 춤과 음악으로 접대하자 이리 말했다. "늙은 이 사람은 여러 해 동안 전쟁 속에 살았으니 그렇다고 쳐도, 노래와 기생 속에 아무 걱정 없이 지낸 당신 머리털이 희

임진왜란 첫 육전에서 승리를 거둔 해유령 전투. 소통 시스템이 붕괴돼 지휘관이 처형됐다. 전첩비는 전투가 벌어진 해유령에 있다.

게 된 것은 무슨 까닭인가?"

다치바나가 서울에 도착하니 예조판서가 잔치를 베풀었다. 술잔이 돌고 다치바나가 후추알들을 바닥에 집어던졌다. 기생과 악공들이 서로 다투며 줍느라 대혼란이 벌어졌다. 다치바나가 통역관에게 탄식했다. "너희 나라는 기강이 이미 허물어졌다. 망하지 않기를 어찌 기대할 수 있겠는가(汝國亡矣 紀綱已毁 不亡何待)." (류성룡, 『징비록』)

다치바나는 보았다. 대마도 정벌과 6진 건설 이후 100여 년 사이 망가진 스산한 나라를. 조선 정부는 통신사 파견을 거부했다. 다치바나가 보고 들은 바는 고스란히 일본 정부에 보고됐다. 1586년, 임진왜란 발발 6년 전이다.

의지 없는 지도자, 선조의 도주

1592년 4월 14일 대마도를 떠난 일본군 본진이 부산에 상륙했다. 첫날 부산진 첨사 정발이 전사했다. 이튿날 동래 부사 송상현이 분전 끝에 의관을 정제하고 앉아서 죽음을 맞았다. 동래성은 전멸했다.

평화로운 시절 부산을 자주 찾아 안면이 있던 일본 장수 다이라平調益가 송상현의 옷깃을 끌며 피하라고 눈치를 줬다. 송상현은 거부했다. 그가 죽은 뒤 다이라는 탄식하며 시신을 관棺에 넣어 성 밖에 묻고 푯말을 세웠다. 다이라의 상관인 대마도주 소 요시토시宗義智는 송상현을 죽인 병사들 목을 베어 예를 올렸다. 동래가 함락되고 문경이 함락되고 충주에서 신립이 8000여 병사와 함께 죽었다.

4월 28일 최고 지도자 선조가 회의를 열었다. 선조가 발의한 안건은 한양 포기 여부였다. 수도를 포기한다고? 관료들 대부분이 반대했다. 영의정 이산해는 그저 울기만 하다가(惟噫嗚涕泣) "옛날에도 피란한 사례가 있다"고 말했다.(1592년 4월 28일『선조실록』) 5월 초하루 울부짖는 백성들을 뒤로하고 선조 일행이 임진강을 향했다. 폭우가 쏟아졌다. 해유령 고개를 넘을 때 앞이 보이지 않을 정도였다. 선조가 강 건너 동파역에서 야전회의를 주재했다. 역시 안건은 피란 여부였다. "내부內附하는 것이 본래 나의 뜻이다." 지도자 본심이 드러났다.

'내부'는 명나라 영토 요동으로 들어가 귀순한다는 뜻이다. 수도를 떠난 게 엊그젠데, 나라를 떠난다고? 이산해는 아무 말도 하지 않았다. 도승지 이항복은 찬성했다. 좌의정 류성룡은 거칠게 반대했다. 류성룡은 "대가大駕가 우리 국토 밖으로 한 걸음만 떠나면 조선朝鮮은 우리 땅이 되지 않는다(大駕離東土一步 則朝鮮非我有也)"라고 했다.(1592년 5월 1일『선조수정실록』)

요동 망명은 무산됐다. 도주하는 내내 선조는 "천자天子의 나라에서 죽는 것은 괜찮지만 왜적 손에 죽을 수는 없다(予死於天子之國可也 不可死於賊手)"며 아쉬워했다.(1592년 6월 13일『선조실록』)

시스템의 붕괴, 해유령 전투

1592년 5월 7일 피란을 거듭하던 조선 정부 지도부가 평양에 도착했다. 그 사이 한강 방어선은 도원수로 임명된 김명원과 부원수 신각이 맡았다. 한양 수비는 우의정 이양원이 담당했다. 바닷물처럼 밀려든 일본군 앞에서 도원수 김명원은 퇴각을 결정했다. 결사 항전을 외치던 부원수 신각 부대와 이양원의 한양수비대도 결국 흩어졌다. 경기도 양주에서 이들은 함경 남병사 이혼이 이끄는 병력과 극적으로 만났다.

5월 16일 신각, 이양원, 이혼 세 지휘관이 이끄는 조선 육군과 일본군 선발대 사이에 전투가 벌어졌다. 양주와 파주를 잇는 해유령 고개였다. 보름 전 조선 정부 관료 전원이 빗속에 넘었던 그 고개다. 일본군 70여 명 전원 사살. 임진왜란 육전陸戰 첫 승리였다.

사흘 뒤 승전보를 평양으로 보내고 기다리던 이들 앞에 조정에서 보낸 선전관이 도착했다. 선전관이 어명을 읽었다. "비겁한 장수 신각의 목을 쳐라."

부대원들 앞에서 신각이 목 잘려 죽었다. 달아난 도원수 김명원이 "무단이탈한 신각의 행방을 알 수 없다"고 보고한 탓이다. 선전관이 남쪽으로 출발한 직후 신각이 올린 전승 보고서와 일본군 머리 70개가 평양에 도착했다.

'상이 뒤따라 선전관을 보내어 중지하도록 하였으나 미치지 못하였다. 신각이 '비록' 무인武人이기는 하나 나라에 몸 바쳐 일을 처리하면서 청렴하고 부지런하였는데, 죄 없이 죽었으므로 나라 사람들이 원통하게 여겼다(恪雖武人 奉公廉勤而死非其罪 國人冤之).'(1592년 5월 1일 『선조수정실록』) 전시戰時 비상연락체계가 전혀 가동되지 않은 탓에 조선은 무장 한 사람을 잃고, 군기를 잃었다. 허공으로 달아난 명예와 흩뿌린 피, 땅에 떨어진 군사들 사기는 회복할 수 없었다.(실록 기록의 '비록'이라는 신분 비하적인 부사를 유심히 본다. 여기에 성리학과 숭문崇文으로 일관한 조선의 문약성이 다 들어 있다.)

민심 이반, 함경도의 반란

그즈음 함경도에서 이상한 일이 일어났다. 백성들이 반란을 일으킨 것이다. 주모자는 국경인鞠景仁. 가담자는 함경도 주민들이었다. 전주 사람 국경인은 나라에 죄를 짓고 회령으로 쫓겨난 하급 벼슬아치였다. 7월 1일 가토 기요마사 부대가 회령에 접근하자 이들은 선조의 아들 임해군과 순화군을 '모두 결박하고 마치 기물器物을 쌓아놓듯 한 칸 방에 가둔 뒤' 일본군에 넘기고 항복해버렸다.(1592년 7월 1일『선조수정실록』) 훗날 의병부대에 의해 타도될 때까지 이들은 회령 일대에서 마음껏 권력을 휘둘렀다. 그런데 이상한 소문이 돌았다. "주민들이 왕자들이 가는 길마다 일본군 보라고 왕자들의 행방을 적어 붙이고 다녔다"는 것이다.

두 왕자가 함경도로 간 목적은 근왕병 모집과 주민 위로였다. 그런데 사서에는 이렇게 적혀 있다. '(왕자들은) 사람들의 좋은 말과 보화를 보면 기필코 약탈해갔다. 적을 앞에 두고 백성들을 흩어지게 할 생각밖에 없었다(見人善馬寶貨則必掠之望賊思散之民).'(이호민,『오봉집五峯集』) '민간을 겁박하고 수령을 핍박해 인심을 크게 잃었다(侵撓民間逼責守令大失人心).'(권용중,『용사일록龍蛇日錄』) 엄혹한 전란 속에 갑甲 중의 갑들이 갑질을 해댄 것이다.

각각 스물한 살, 열세 살에 불과한 이 무뢰한들에게 선조는 군사 모병과 주민 위무 책임을 맡겼다. 가토 기요마사 부대에 쫓겨 경성까지 달아난 왕자 일행은 '회령부會寧府로 들어갔는데 적병이 가까이 추격했다는 말을 듣고 앞으로 나아가려고 하였다(聞賊兵追迫 欲向前).'(1592년 7월 1일『선조수정실록』) 회령에서 '앞으로 나아가면' 바로 명나라다. 아비 선조에 이어 왕자들 또한 명나라로 달아날 참이었다는 뜻이다. 그러니 반란은 자연스러웠다. '진鎭의 토병土兵이 이미 모반謀叛하여 거짓으로 성을 지키겠다고 청하면서 자진하여 문의 자물쇠를 가지고서 나가지 못하게 하였다.'

인질이 된 두 왕자는 오랜 기간 휴전 협상에 큰 걸림돌이 됐다. 휴전 협상에 임했던 명나라 사신 심유경에게 임해군은 이렇게 말했다. "나만 풀어주면 한강 이남 땅은 마음대로 나눠 가지라(漢江以南 不拘何地 任意與之)." (류성룡, 『징비록』)

전쟁이 끝나고도 왕자들의 갑질은 계속됐다. 임해군은 '사람 죽이기를 초개같이 하다가(其視殺人 有同草芥) 벌을 받으니 도성 안 백성들이 춤을 췄다.'(1606년 8월 23일 『선조실록』) 순화군은 '맹인 무당 아내 이빨 두 개를 뽑아 궁 안에서 죽게 만들고, 군사 장석을시張石乙屎의 위아래 이빨 9개를 쇠뭉치로 깨고 집게로 잡아 빼 목숨이 위급하였다.'(1601년 2월 23일 『선조실록』) 아비 선조는 이들을 벌하라는 상소에 대개 귀를 닫거나 처벌을 불허하곤 했다. 순화군은 1604년 사헌부와 사간원에 의해 관직을 박탈당하고 풍에 걸려 죽었다. 임해군은 훗날 친동생 광해군이 권력을 잡으면서 강화도로 유배당했다가 그곳에서 죽었다.

북관대첩

반란군을 제압하고 함경도를 수복한 전투가 북관대첩이다. 총사령관은 함경도 북평사 정문부였다. 정6품이니 그리 높은 직급은 아니었다. 주력부대는 의병이었다. 일본군과 국경인의 행패를 쓰라리게 겪은 주민들도 반란군에서 대거 이탈했다. 9월에 거병한 정문부 부대는 10월 총공세에 들어가 반란군 지도부를 죽이고 적지를 속속 회복했다. 두 왕자를 적에게 넘긴 반란군 토벌이 첫 번째 목적이었으니, 참으로 대의명분에 충실한 전투였다. 실지 회복 또한 목적이었으니 이 또한 달성됐다. 그런데—.

'의병장 정문부의 전공戰功을 순찰사 윤탁연이 사실과 반대로 조정에 보고하였으며, 정문부의 부하가 왜군 목을 가지고 함경남도를 지나면 모두 빼앗아 자기 수하 군사들에게 주었다. 윤탁연이 조정에서 파견한 관리들에게 옷과 월동 장비를 주었으므로 그들이 조정에 돌아와서는 모두가 윤탁연을 옹호하고 정문부의 공은 분명하게 말하지 않았다.'(1593년 1월 1일 『선조수정실록』). 결국 종성 부사 정현룡이 함북 병마절도사가 되었고, 정문부는 급이 낮은 길주 부사에 임명됐다.

사관 박동량이 남긴 사초史草『기재사초』는 정현룡을 이렇게 기록했다. '종성 부사 정현룡은 '나를 사랑하면 임금이고 학대하면 원수다. 누구를 부린들 신하가 아니며 누구를 섬긴들 임금이 아니겠는가(至有撫我則后虐我則讎 何使非臣何事非君)'라는 글을 쓰고 왜군에 항복하려다 글을 집어던지고 도주하였다.'

"고구려 때부터 강국이라 했거늘"

전쟁 발발 직후 해유령 전투에서 신각과 함께 싸우다 참살을 목격한 함경 남병사 이혼은 임지로 복귀해 반란군과 전투 도중 전사했다. 역시 해유령 전투에 참전했던 우의정 이양원은 의주에 도착한 선조가 요동으로 넘어갔다는 소문을 듣고 8일 동안 단식하다 경기도 이천에서 피를 토하고 죽었다.

이듬해 6월 5일 평안도 안주에 있던 선조가 명나라 관리 유황상을 접견했다. 유황상이 말했다. "귀국은 고구려 때부터 강국이라 일컬었는데 근래에 선비와 서민이 독서와 농사에만 치중한 탓으로 이와 같은 변란을 초래한 것이다."(1593년 6월 5일『선조실록』)

정문부는 전쟁 후 1624년 이괄의 난에 연루됐다는 역모 혐의로 체포돼 고문 끝에 옥사했다. "벼슬할 생각은 하지 말고, 경상도 진주에 내려가서 숨어 살아라"고 두 아들에게 유언을 남겼다. 1665년 누명이 풀리고 1709년 북관대첩을 기념하는 북관대첩비가 길주에 건립됐다. 비석은 1905년 러일전쟁에 승리한 일본군이 전리품으로 가져가 도쿄 야스쿠니신사에 세워뒀다. 2005년 10월 20일 한국으로 반환된 비석은 이듬해 3월 23일 원 건립지인 북한 김책시로 돌아갔다. 서울 국립중앙박물관과 독립기념관, 경기도 의정부에 있는 정문부 묘소에 복제비가 서 있다. 해유령에는 1977년 전첩기념비와 사당이 섰다. 비석에는 참수된 신각을 추도하고 거짓 보고를 한 김명원을 비난하는 글이 적혀 있다.

김명원을 탓할 것인가. 자기 몸 보전에 급급했던 최고 지도자와 붕괴된 국가 시스템, 전쟁을 대비하지 않은 정부를 탓해야 한다. 스스로 활과 창을 들고 나라를 지키려 한 백성을 무시한 지도부 책임이다. 해유령 전투 승리 열흘 전인 5월 6일 조선 해군이 거제도 옥포에서 일본군을 대파했다. 의지와 능력과 책임을 갖춘 장수 이순신이 지휘했다. 땅의 역사

경기도 의정부에 있는 정문부 묘. 정문부는 북관대첩에서 대승을 거두고도 누명을 쓰고 옥사했다.

03 그들이 협상을 하는 사이 조선은 철저하게 유린됐다

임진왜란 종전협정과 기이한 용산 왜명강화비

이상한 비석 하나

1902년부터 1940년까지 서울 용산구 용산문화원 자리에는 이노우에 요시후미井上宜文라는 일본인이 살았다. 지금은 고층건물에 가려서 보이지 않지만, 이 자리는 주변보다 높아 옛날에는 한강이 바라보였다. 사람들은 용산에서 보는 한강을 '용호龍湖'라 했다.

이노우에는 대한제국 시절인 1899년 전철 차량 제작을 위해 한성전기회사로 초빙된 기술자였다. 이후 여러 기술적 사업을 벌이다 일본으로 돌아간 사내였다.(김명수, 「대한제국기 일본인 기술자 이노우에 요시후미 연구」) 856평 너른 집터였다. 그 위쪽 1586평 대지는 나라 팔아먹은 대가로 막대한 돈과 백작 작위를 받은 을사오적 이지용李址鎔 소유였다.(『1912년 총독부 지적도』) 이지용은 이 용산 땅에서 화투판을 벌이며 나라 판 돈 탕진하고 죽었다.

이노우에가 살기 전 집터에는 조두순이 살았다. 홍선대원군 시절 영의정을 지낸 사람이다. 띄엄띄엄 몇 년을 제외하고 집터는 대대로 조두순 집안 소유였다. 영·정조 때 벼슬을 했던 조두순의 증조부 조영극이 이 터에 정자를 짓고 살았다.

서울 용산에 있는 '왜명강화지처 비석'. 임진왜란 종전협상 과정에서 조선은 철저하게 배제됐다.

어느 즈음에 가문이 몰락하고 훗날 증손자 조두순이 입신양명을 하였다. 그때 조두순이 남에게 판 이 집터와 정자를 되사고 이렇게 기록했다. '용호에 임하여 조금 동쪽 기슭으로 들어진 곳에 정자가 있는데 심원정心遠亭이라 한다. 실로 내 증조부 치헌 공(치헌은 조영극의 호다)께서 처음 세운 것인데 중간에 주인이 여러 번 바뀌었다가 거의 60년 후에 나 조두순이 다시 구입하였다.'(조두순, 『무진루기발無盡樓記跋』· 이종묵, 『조선 시대 경강의 별서』 재인용)

2018년 여름, 용산문화원 오른쪽 언덕에 비석이 하나 서 있다. '心遠亭 倭明講和之處(심원정 왜명강화지처)'라고 새겨져 있다. 바로 이 비석 이야기다. 여기는 1593년 4월 조선에서 벌어진 국제전, 임진왜란 종전협상이 벌어진 자리다. 협정 당사국은 명나라와 일본이었다. 조선은 배제됐다. 협상은 결렬됐고 이후 조선 국토는 철저하게 유린됐다. 그 기념비가 지금 용산에 있다. 뜯어볼수록 이상하다. 왜 '명왜'가 아니고 '왜명'인가. 왜 임진왜란 200년 뒤 세운 정자 심원정 이름이 들어 있는가. 비석은 누가 세웠는가. 비석이 솟은 이후 세상은 어찌 돌아갔는가.

오로지 국익을 위한 참전

1592년 4월 14일 경상도 동래에 상륙한 일본군은 상주와 문경과 충주를 거쳐 한성으로 입성했다. 20일 걸렸다. 그보다 이틀 전 선조는 의주를 향해 도주했다. 마음속 목적지는 명나라 요동遼東이었다.(1권 1장 〈1. 태평회맹도의 비밀과 진주성 전투〉 참조) 피란이 아니라 '내부內附', 황제국가로 들어가서 붙어살겠다는 뜻이었다.(1592년 5월 1일 『선조수정실록』) 류성룡을 비롯한 몇몇 관료들 만류에 발걸음은 압록강 남쪽 의주에서 멎었다. 그때 '나라는 나라가 아니었고(國非其國)'(이이, 「진시폐소陳時弊疏」, 1582년), '하늘이 도와야 살 수 있는(天贊)'(류성룡, 『징비록』) 나라였다. 곧 무너질 큰 집 같았다.

개전 60일 만에 고니시 유키나가 부대가 평양을 점령했다. 6월 15일 요동 총병 조승훈이 5000 기병을 끌고 압록강을 건넜다. 조선이 예뻐서 참전한 게 아니었다. "(압록강 너머 요동에서) 왜군을 막으려면 군사가 수십만 필요하지만 조선에서는 수만이면 된다(防守兵馬則當以數十萬計 數萬計與數十萬計)."(정탁, 『용사잡록』, 「經略侍郎宋應昌一本」) 명나라 총사령관 송응창이 조선 측 담당관 정탁에게 한 말이다. 조선이 패전하면 명이 위협받는다는 국익 논리였다. 안보. 더도 덜도 아니었다.

그런데 조선을 구원하러 온 이 하늘의 군사(天軍)가 남쪽 오랑캐 왜(倭)에게, 평양에서 궤멸됐다. 7월 17일이다. 명나라는 이여송을 제독으로 한 2차 원군을 출병시켰다. 5만 대군이었다. 조명연합군은 이듬해 1월 평양에서 고니시 부대를 격퇴했다. 하지만 피로 얼룩진 승리였다. '명 군사 사상자도 많았으며 평양 전투에서 벤 수급 중 절반이 조선 백성이며, 불에 타 죽거나 물에 빠져 죽은 1만여 명도 모두 조선 백성이라고 하였다.'(1593년 1월 11일『선조실록』) 뭐가 됐든 이 승전보에 의주에 있던 조선 정부는 환호했다. 지금부터 기이하다.

이여송은 '퇴로를 열어 달라'는 고니시의 요청을 받아 이들을 무혈로 퇴각시켰다. 평양 참패 한 달 뒤 명은 이미 상인 심유경을 평양으로 들여보내 종전협상에 들어간 것이다. 목적은 일본군의 요동 진입 저지였다.

싸울 의지 없는 명나라

전비 마련을 위해서는 백성을 쥐어짜야 했다. 게다가 명나라에는 가뭄과 메뚜기 떼가 들끓어 막대한 피해가 나고 있었다(百姓之苦極矣 又加以旱災蟲災).(余繼登,『朝鮮撤兵議』·한명기,『임진왜란과 한중관계』 재인용) 명 지휘부는 대륙으로 확전을 막고 조선 내 국지전으로 전쟁을 끝내려 했다. 평양 회복으로 조선을 돕는다는 명분도 달성됐다. 적당한 선에서 발을 빼자는 작전이 이후 전쟁 종료까지 이어졌다. 이여송이 파견되기 전 심유경과 고니시는 평양에서 다시 한 번 만나 단기간 휴전에 합의했다.

그리고 이듬해 1월 평양에 있던 고니시 부대는 이여송의 조명연합군에 참패해 남쪽으로 후퇴했다. 이여송은 이들을 쫓아 남하하다가 경기도 파주 벽제관에서 매복전에 걸려 대패했다. 협상을 주도한 사람은 총지휘관 송응창이었다. 공을 다투던 이여송은 송응창과 사이가 좋지 않았다. 명나라 지휘부는 이를 계기로 무력전을 버리고 협상전을 확정했다.(한명기,『임진왜란기 명일의 협상에 관한 연구』) 한마디로, 명나라 계획은 겉으로는 전쟁, 속으로는 강화요 겉으로는 토벌이며 속으로는 위무(陽戰陰和陽剿陰撫)였다.(1597년 8월『명사明史』,「조선열전」)

명, 조선 전투를 방해하다

'(평안도 관찰사) 이원익이 아뢰기를, "제독의 군중에게서 강화가 이루어진다는 소식을 듣고는 기뻐하지 않는 사람이 없어서 환호 소리가 우레와 같았습니다."(元翼曰 提督軍中 一聞和議之成 莫不喜悅 歡聲如雷)'(1593년 3월 23일 『선조실록』) 명나라 군사들은 휴전과 귀향 소식에 환호작약했다.

조선군은 무장 해제됐다. '송응창이 명군에게는 왜적을 죽이지 말라 하고 우리군에게는 교전하지 말라 명했다. 저들은 나아가 싸울 뜻이 전혀 없다. 불공대천不共戴天(함께 하늘을 질 수 없는)의 흉적이 온전히 돌아갈 수 있게 되었으니 매우 통탄스럽다.'(1593년 4월 6일 『선조실록』)

전쟁 내내 그랬다. 정유재란 때 바다에서 싸우던 이순신은 "왜적을 섬멸하려 하여도 매번 (진린) 도독에게 중지당하니 걱정스럽기 그지없다(每爲提督所抑止不勝悶慮)"고 했다.(1598년 9월 10일 『선조실록』) 명에 절대적으로 의지했던 선조까지 '몇 부대가 거짓 투항하면 송응창이 마음을 돌릴 것'이라고 아이디어를 낼 정도였다.(1593년 3월 38일 『선조실록』) 그게 민망했던지, 전쟁 후 1625년 조선에 왔던 명나라 학자 강왈광姜曰光은 '조선의 믿음을 저버렸음에도 조선은 명을 배반하지 않았다'고 말했다.(한명기, 『임진왜란과 한중관계』 재인용)

강화협상의 시작과 배제된 조선

벽제관 패배 후 이여송이 개성으로 퇴각했다. 행주산성에서 권율의 의병이 대승했다. 용산에 주둔해 있던 고니시 부대가 의병장 김천일을 통해 강화를 요청했다. 강화 협상은 지휘권을 가진 명나라가 맡았다. 조선은 배제됐다.(『징비록』)

이에 앞서 2월 20일 평안도 안변에서 중국 사신 풍중영이 가토 기요마사와 협상을 했다. 가토가 풍중영에게 물었다. "무슨 일로 여기에 왔는가?"

풍중영이 대답했다. "조선은 대명大明의 속국屬國인데, 그 왕자가 포로로 잡혔기 때문에 특별히 강화하여 어려움을 풀기 위해 왔다."

이어 가토가 풍중영의 향도장嚮導將 최우崔遇를 보며 말했다. "내가 명조와 강화를 하는데 저들(조선인)을 참여시킬 수 없다." 가토는 병풍을 둘러치고 명사와 더불어 종일 대담을 했는데, 조선인들은 알 수 없었다.(1593년 3월 4일『선조실록』)

포로로 잡힌 왕자는 임해군과 순화군을 말한다. 이 두 왕자는 그 전해 선조가 의주로 도주해 있는 사이 함경도에서 백성 위무와 근위병 모집 임무를 수행하다가 포로가 된 상태였다.(사실은 백성들을 약탈하고 관리들을 괴롭히다가 국경인 부자父子에게 붙잡혀 가토에게 넘겨졌다. 1권 1장 〈2. 임진왜란과 해유령 전투의 비밀〉 참조)

벌써 이때 조선은 일본과 명나라 종전협정 당사국에서 배제돼 있었다. 협정 조건도 이미 정해져 있었다. 조건은 조선 분할分割이었다. '해가 질 무렵에 가토가 적왜 삼사랑三四郞이라는 자를 시켜 신에게 묻기를 "조선이 땅을 떼어 화해할 것을 바라는가?" 하기에, 신이 답하기를, "조선은 대명의 속국이므로 땅을 떼어 화해하는 등의 일은 임의로 할 수 없는 것인데 어찌 땅을 떼어 사사로이 줄 리가 있겠는가"하였습니다.'(같은 날『선조실록』) 이 날 조선 관리들은 가토 포로로 잡혀 있는 왕자, 임해군과 순화군을 만났다. 왕자들은 울면서 이렇게 말했다. "지금 강화가 이루어지지 않으면 반드시 바다를 건너게 될 것이다. 너희들이 노비路費를 마련할 수 있겠는가?" 결국 관리들은 백금 30냥과 명주 20필을 주고 물러났다.

용산회담과 정유재란

1593년 3월 7일 명 대표 심유경이 한성 용산에 있는 고니시와 종전협상을 재개했다. 종전 조건은 서로가 황당했다. 명은 도요토미를 일본 왕으로 봉한다(일본은 이미 천황이라는 공식 왕이 있다), 일본은 명나라 황실 여자를 아내로 받는다, 조선을 일본과 명이 분할한다 등등.

협상은 이뤄질 수가 없었다. 협상 실무자끼리 조작한 조건을 주고받은 뒤 4월 19일 일본군은 남쪽으로 퇴각했다. 명군 총사령관 송응창은 후퇴하는 일본군을 호위하고, 조선군에게는 '군공軍功을 탐하여 뒤떨어져 있는 적을 살육하는 자가 있으면 참형에 처한다'고 포고했다.(1593년 4월 26일『선조실록』) 일본군은 '풍악을 울리고 노래 부르고 춤추면서 해상에 이르러'(1593년 4월 1일『선조수정실록』) 성을 쌓고 장기전에 들어갔다. 이여송의 동생 이여백이 1만 기병을 앞세워 이들을 추격했는데, 갑자기 발이 아프다면서 가마를 타고 도로 성으로 들어왔다.(같은 날『선조수정실록』)

명 협상단은 5월 23일 바다 건너 나고야에서 도요토미 히데요시를 만났다. 6월 28일 협상단이 조선으로 출국한 다음 날, 조선 전역에서 집결한 일본군 10만 대군이 진주성을 함락했다. 협상으로 손발이 묶인 조선의 뒤통수를 친 것이다. 6만 성민이 전멸했다. 고니시의 협상 의사를 전달한 의병장 김천일도 이 전투 때 죽었다.

이후 4년 동안 협상이 진행되다가 결국 결렬됐다. 도요토미는 다시 조선 공격령을 내렸다. 정유재란이다. 1년 남짓한 전쟁이었지만 피해는 엄청났다. '조선'의 피해는 엄청났다. 전쟁은 이순신이 끝내고 죽었다. 그들만의 협상, 말잔치로 점철된 협상은 거짓이었다.

용산에 왜명강화비가 있는 이유

이게 임진왜란 300년 뒤 용산에 살게 된 일본인 집터에 '왜명강화지처' 비석이 서 있는 이유다. 기록에는 '배에 이르러 고니시, 가토와 회담했다(到船 招平行長與言 而淸正亦會 相迎講和)'(1593년 3월 27일『선조실록』)고 돼 있다. 선상 회담이라는 말이다. 그런데 세상 사람은 한강이 내려다보이는 정자 심원정이 협상 장소라고 대대로 믿고 살았다. 잘못되었으나, 그리 되었다.

심원정은 빨라야 17세기 후반에 세운 정자다. 임진왜란과 무관하다. 심원정 주인들은 대대로 사대부들이니, 설사 비석이 그 전부터 있었더라도 이들이 파괴해버렸을 것이다. 그런데 비석에는 '심원정' 이름 석 자가 새겨져 있으니, 얼토당토않다. '명왜'가 아니라 '왜명'이니 더더욱 그렇다. 비석은 심원정과 임진왜란 전설이 생긴 이후에 만든 비석이다.

심원정에 살던 이노우에도 그러하였다. 비석을 세운 사람을 찾는다면, 심원정 신화가 굳어진 이후 그 땅을 차지한 일본인 이노우에 요시후미일 확률이 굉장히 크다. 세운 사람도 날짜도 없는, 기계로 글씨를 조야하게 깎아낸 이 수수께끼 비석을 절대 없애면 안 되는 이유다. 그가 비석을 세울 때에도 임진왜란은 진행 중이었으니까.

왜명강화지처 비석. 일제 강점기 이곳에 살던 일본인이 만든 것으로 추정된다.

04 가짜 도굴범을 진범으로 처형하고 국교를 회복하라

왜란 후 국교 정상화와 선정릉 도굴 조작 사건

선정릉 도굴되다

임진왜란 개전 다섯 달 뒤 왕세자인 광해군에게 이런 보고가 올라왔다. '정릉靖陵이 파헤쳐지는 변괴가 있었다.'(1592년 9월 27일 『선조실록』) 정릉은 광해군의 증조부 중종의 릉이다. 그때 광해군은 평남 성천에 있었다. 의주에 있던 선조에게는 사흘 뒤 보고가 들어갔다. 정확한 사태가 파악된 때는 7개월 뒤였다. 선조의 할아버지 중종 분묘가 파헤쳐지고 시신이 불탔으며, 산 너머 성종과 계비 정현왕후가 묻힌 선릉宣陵은 시신이 아예 사라졌다는 것이다.

왕릉 파괴 첩보를 처음 접한 사람은 관악산에서 한성 수복 작전에 돌입한 의병장 김천일이었다. 1593년 4월 17일 밤 김천일은 휘하 이준경과 서개똥徐介同, 왕실 사람 이충윤을 현장으로 보냈다. 서개똥이 정릉 분묘 아래 광중壙中에 들어가 보니 관은 다 타버렸고 그 안에 시체가 가로놓여 있는데 머리털과 수염이 전혀 없었다. 주위에는 불 탄 흔적, 밥을 해먹은 흔적이 있었다. 옆에 있는 선릉에서는 아무것도 찾을 수가 없었다.(1593년 8월 24일 『선조실록』)

주인 없이 텅 빈 왕릉, 서울 강남 도심에 있는 선정릉宣靖陵 이야기다. 왕릉 도굴

중종릉인 서울 강남 정릉. 임진왜란 때 옆에 있는 선릉과 함께 파괴돼 속에는 아무것도 없다.

사건을 둘러싸고 전쟁 후 조왜 국교 회복 과정에서 벌어진 이야기다(영화 <식스 센스>에 버금가는 반전이 있다).

'사수(死守)' 외치며 도주한 선조

1592년 정월부터 이상한 동요가 도성에 퍼졌다. 맨 끝 가사는 '경기감사 우장 직령(京畿監司 雨裝直領) 큰달마기(大月乙麻其)'였다. 난리 후에 사람들이 이렇게 해석했다. '임금이 4월에 도망갔으니 그 달이 큰 달이며 큰달마기는 4월 그믐이라는 뜻이다. 마침 큰비가 내려 경기 감사가 비옷과 직령(외투)을 입고 임금 가마를 뒤따르게 된다는 뜻이다.'(1592년 4월 30일『선조실록』) 과연 그리 되었다. 선조가 임진강을 거쳐 북쪽으로 도망간 날이었다. 도망갈 때까지 선조가 남긴 행적은, 가소롭다. 실록을 본다.

4월 28일 승지 신잡이 동요하는 선조에게 왕세자를 정하자고 주청했다. 신잡은 탄금대에서 며칠 전 전사한 신립의 형이다. 선조가 "옷을 갖춰 입고 논의하자"고 머뭇대자 신잡은 왕의 옷자락을 붙들고 "작은 예절에 얽매이지 말라"고 했다.(4월 28일 『선조실록』) 왕이 밤새 결정을 못하자 신잡이 "오늘은 결정이 내려져야 물러나겠다"고 했다. 다음 날 광해군이 공식 왕세자로 지명됐다. 그리고 선조가 선언했다. "마땅히 도망가지 않고 경들과 더불어 목숨을 바치겠노라(當與卿等效死勿去)." 다음 날 새벽 어영대장 윤두수가 끄는 가마를 타고 선조는 대궐을 떠났다. 다음 날 선조 일행은 널문리(판문板門)에서 점심을 먹고 평양으로 향했다.

6월 2일 평양에서 선조는 백성들에게 죽음으로써 지키겠다는 뜻을 유시하고(諭以死守之意) 그 상징으로 즉석에서 김진이라는 청년을 무과에 급제시켰다.(6월 2일 『선조실록』) 10일 중전中殿이 함흥으로 가기 위해 궁속宮屬들이 먼저 평양을 빠져나갔다. 군軍과 민民이 몽둥이로 궁비宮婢를 쳐 말 아래로 떨어뜨렸다. 성안은 창과 칼과 고함 소리가 가득했다. 다음 날 '상(선조를 뜻함)이 평양을 떠나 영변으로 향하였다(上發平壤 向寧邊).'(6월 11일 『선조실록』) 그 사이 경복궁, 창덕궁, 창경궁을 일시에 백성들이 불태웠다. 재물 많기로 소문난 왕자 임해군과 병조판서 홍여순 집도 불태웠다. 종묘는 고니시 유키나가 부대가 불태웠다.(1592년 4월 14일 『선조수정실록』) 전쟁은 의병과 이순신이 치렀다.

선정릉 도굴 사건 보고서

선정릉 현장 보고는 참담했다. 이미 1592년 12월 강릉(명종릉)과 태릉(문정왕후릉), 헌릉(태종 부부릉)이 일본군에 훼손됐다는 보고가 있었지만 정도는 심하지 않았다.(1593년 1월 22일 『선조실록』)

선릉에는 재만 남았고 정릉에는 정체불명의 시신이 있었다. 주변에는 밥을 해 먹은 흔적, 옷을 태운 흔적이 있었다.(1593년 5월 4일 『선조실록』) 선조는 "속히 처리하라"며 울었다. "생전에 중종 얼굴을 본 사람을 찾아 시신을 확인하라"며 얼굴을 가리고 또 울었다. 최초로 현장을 찾았던 이준경 일행은 석 달 뒤 시신이 '가로 놓여 있었다(橫置)'고 보고했다.(8월 24일 『선조실록』)

6월 28일 영의정 최흥원이 보고했다. 생전 중종을 기억하는 5명이 그림을 그려 확인한 바, 중종이 아니라는 것이다. '수척하고 갸름하며 턱 끝이 굽고 콧등은 높고 키는 크되 풍만하지 않았던' 중종과 다르다는 것이다. 여든이 넘은 판돈녕부사 송찬宋贊이 말했다. "확인할 길이 없으니 꿈같이 아득할 뿐입니다(恍然夢想而已)." 그해 7월 21일과 8월 15일 시신을 찾지 못한 채 선릉과 정릉이 개장改葬됐다. 지금 선릉에는 성종과 정현왕후가 없고 정릉에는 중종이 없다. 비어 있다. 선조는 명나라 총사령관 송응창에게 "선조에 대한 망극한 애통을 호소한다"며 복수를 촉구했다.(1593년 4월 16일 『선조실록』)

종전, 그리고 국교 협상

전쟁이 종료되면 당사국끼리 국교 회복 협상을 벌인다. 요체는 전쟁 책임과 피해 배상이다. 조선 정부에게 그 책임은 일본의 사과였고 배상은 선정릉 도굴범 색출이었다. 이게 『선조실록』에 끊임없이 나오는 '2건二件', 바로 일본 국왕 사과 국서와 도굴범 압송이다.(1606년 7월 5일 『선조실록』 등)

도요토미 히데요시에 이어 도쿠가와 이에야스德川家康가 정권을 잡았다. 도쿠가와 정권은 대마도에 조선과 국교 정상화 협상을 맡겼다. 도쿠가와는 '전쟁은 도요토미가 일으켰고 나는 참전하지 않았다'고 주장했다.

종전 이듬해인 1599년 7월 14일 대마도주 소 요시토시는 명군明軍 인질과 피로인被虜人 즉 조선인 포로를 송환하며 국교 정상화를 요청했다. 이듬해 2월 피로인

서울 남대문 앞에 있는 조선통신사 기념비. 엉터리 국교 회복 조건이 충족되고 일본으로 떠난 쇄환사 출발지다.

57명을 돌려주며 정상화가 안 되면 재침再侵하겠다고 위협했다. 1601년 4월 고니시 유키나가가 도쿠가와 이에야스에 의해 처형됐다. 대마도주 소 요시토시는 고니시의 사위였다. 목숨이 위태로운 소 요시토시는 협상에 목숨을 걸었다.

1605년 5월, 1년 전 대마도로 떠났던 사명당 유정이 피로인 3000여 명을 데리고 귀국했다.(1605년 4월 1일 『선조수정실록』. 『선조실록』 5월 24일 기록에는 1390명으로 적혀 있다) 그런데 조선 정부가 요구한 일본 국왕 명의 사과 문서는 없었다. 도굴범 색출도 없었다. 납치됐던 국민들이 돌아왔지만, 국교 정상화는 불가능했다. 조선 정부는 두 가지 요구 사항을 거듭 요청했다. 이듬해 대마도가 막부 정권의 승인으로 이를 받아들였다.(1606년 7월 4일~6일 『선조실록』)

넉 달 뒤 11월, 대마도 사신이 마침내 도쿠가와 이에야스의 국서를 가지고 왔다. 내용은 이러했다. '누추한 우리나라가 전대前代의 잘못을 고치는 것에 대해서는 지난해 사명당과 사신 손문욱에게 모두 이야기하였으니 지금 다시 무슨 말을 하겠습니까.'(1606년 11월 12일 『선조실록』) 명의는 일본국日本國 원가강源家康이었고 일본 국왕 도장이 찍혀 있었다.

왕릉을 능멸한 범인, '범능지적犯陵之賊' 2명도 함께였다! 최고 지도자 관심 사항인지라, 경상 우수사는 '부산 앞바다에 전선 11척을 띄워 군대의 위엄을 성대하게 베풀었다.'(같은 날 『선조실록』) 이날 사관史官은 '하찮은 죄인 2명을 대동하고 배를 저어올 뿐인데 온 나라가 밥 먹을 틈도 없이 서두른다'고 평했다.

국교 정상화 조건이 충족됐다. 2개월 뒤인 1607년 1월 12일 아침 국서에 대한 회답과 포로 송환을 위한 회답 겸 쇄환사 일행이 서울 남대문을 출발했다. 규모는 정사 여우길呂祐吉, 부사 경섬慶暹을 단장으로 한 507명이었다.(경섬, 『해사록海槎錄』, 1607년) 조선과 일본은 1609년 기유약조를 통해 정식으로 국교를 재수립했다.

이제, 반전이다.

'나는 도굴범이 아니올시다'

성대한 환영식(?)을 치르며 한성으로 압송한 왜놈들에게 혹독한 고문이 시작됐다. 서른일곱 먹은 마고사구麻古沙九는 "전쟁 동안 서울에는 올라오지도 않았다"고 부인했다. 인두로 지져도 "이럴 줄 알았다면 배를 갈라 죽을지언정 어찌 (대마도에서) 나올 리가 있었겠는가"라고 거듭 결백을 주장했다. 스물일곱 살짜리 마다화지麻多化之는 '조선 땅 자체가 처음'이라며 "'네가 조선에 가서 허튼소리 하지 않고 모양 좋게 공사公事를 받든다면 너의 어미와 아내는 후하게 보살피겠다'는 말에 속았다"고 했다. 11월 18일 시작된 고문은 한 달을 끌었다. 좌부승지 박진원朴震元은 "모래에 묻어도 봤지만 발악만 하고 있다(但有發毒)"고 보고했다.(1606년 11월 19일 『선조실록』) 마고사구와 마다화지에게는 지옥 같은 나날이었다.

12월 18일 추국청이 보고했다. '범행이 미심쩍기는 하나 속히 처참하는 것이 마땅함.' 선조가 일렀다. "진범이 아니라도 왜인으로서 적이 아닌 자가 있겠는가." 처형을 허락하며 선조가 덧붙였다. "헌부례獻俘禮만 하지 않으면 된다(不爲獻俘)." 헌부례는 전쟁 포로를 종묘에 바치는 의식이다. 왕실 조상에게는 알리지 말라는 뜻이다. 종묘까지 속이는 기만적 승리였다.

'국서도 가짜올시다'

도쿠가와 이에야스가 보낸 국서國書도 가짜였다. 1636년 인조 14년 일본으로 간 통신사 정사 임계와 부사 김세렴에게 당시 막부 다이묘 도쿠가와 이에미쓰德川家光가 이렇게 털어놓았다. "간사한 역적이 부도不道한 짓을 되풀이하여 국서와 도장을 고치고 바꾸어 두 나라를 속였다. '일본국日本國' 글자 밑에 하나는 '왕王' 자를 덧붙였고, 왕을 뜻하는 도장을 마음대로 팠고, 귀국이 보낸 예단禮單 목록을 늘

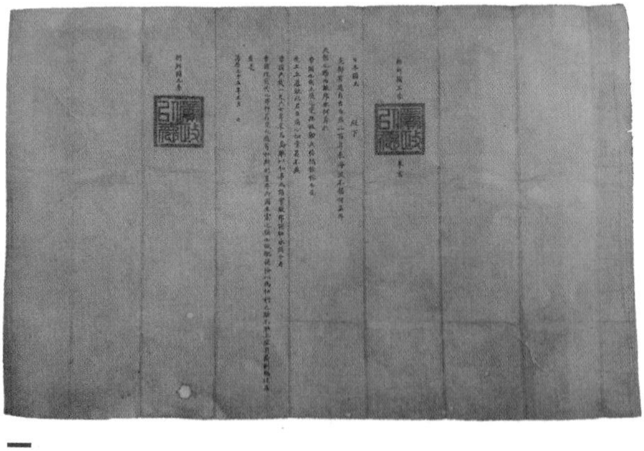

대마도주 소 요시토시가 위조한 조선 국왕 인조 국서

렸다. 그 밖에 교묘히 어긴 것이 하나만이 아니어서 (…)"(김세렴, 『해사록海槎錄』, 1636년) 조선이 목매달던 2건, 국서와 범인 송환은 모두 가짜였다. 대마도주 소 요시토시가 일본이 사과를 먼저 하고 조선이 수교를 요청한 것으로 문서를 뜯어 고친 것이다. 돌이킬 수 없었고, 돌이키지도 않았다. 이를 '야나가와 사건(柳川一件)'이라 한다. 조작된 국서와 조작된 도장은 대마종가문서對馬宗家文書에 포함돼 일본 규슈국립박물관에 소장돼 있다.

쇄환사를 통해 귀국한 피로인은 1607년 1400여 명, 1617년 321명, 1624년 146명이다. 합쳐서 사명당이 데려온 3000명에 못 미친다.(김정호, 「사행록使行錄을 통해 본 피랍조선인 쇄환교섭의 정치외교사적 특성」) 돌아가면 천민으로 천대받거나, 북쪽 국경으로 가서 군역을 한다는 소문이 퍼지면서 10만 피로인 대부분이 귀국을 거부했다. 비겁한 군주가, 명분에 집착해, 하늘이어야 할 민民을 짚신짝 취급한 탓이다. 그 가소로움을 보려면, 선정릉을 보면 된다. 땅의 역사

대마도주 소 요시토시가 위조한 일본 국서 인장

05 만인의총(萬人義塚)에 만인(萬人)은 없었다

남원 만인의총의 비밀과 아기장수 아지발도

만인(萬人)이 없는 만인의총(萬人義塚)

우리는 역사 시간에 이리 배웠다. '정유재란이 벌어진 1597년 추석 무렵 남원성을 공격한 일본 6만 대군에 맞서 싸우던 백성과 의병, 관군 1만 명이 전멸했다. 추석을 하루 넘긴 날이었다. 전후 전사자들을 합장했다. 이를 만인의총萬人義塚이라 한다.'

결론부터 이야기하자. 만인의총에 만인萬人은 없었다. 대한민국 사람들이 참배하는 남원 만인의총 앞 사당 충렬사는 만인이 아니라 전투 수뇌부 8인을 위한 사당이었다. 사당에 '순절만인殉節萬人' 위패가 모셔진 때는 해방이 되고도 28년이 지난 1973년이었다. 게다가 지금 만인의총은 묻힌 이 하나 없는 허묘墟墓다. 의로운 죽음에도 계급이 있는가? 420년 전으로 떠나본다.

1597년 한가위, 남원성

임진왜란 말 명과 일본 사이 종전협상이 결렬됐다. 도요토미 히데요시는 조선에 대한 재공격을 명령했다. 정유재란이다. 그 전쟁에서 육지에서 벌어진 첫 전투가 남원성 전투였다. 일본에 유리한 조건으로 종전終戰을 하려면 기필코 남원을 점령하고 호남을 차지한 뒤 한양까지 진격해야 했다. 이 같은 사실을 조선도 알고 있기에 조선군은 남원에 있는 교룡산성에 요새를 구축하고 대비 중이었다. 교룡산성은 성내에 우물이 여럿이고 산세가 험한 데다 입구도 좁은 군사기지였다.

남원 조선군과 합류한 명나라 사령관 이름은 양원楊元이었다. 부임 첫날 그가 말했다. "그대 나라 사람들은 흐리멍덩하고 겁이 많으니 적을 보고 붕괴된다면 어떻게 할 것인가(爾國之人鬆且怯 若臨敵潰散則將奈何)?"(1597년 8월 6일 『선조실록』) 양원은 연합군 사령부를 들판에 있는 남원성으로 옮겼다.

요새를 포기했으니 전투는 불문가지였다. 한가위를 이틀 앞두고 고니시 유키나가 부대를 선봉으로 한 일본 육군 6만 대군이 남원성을 포위했다. 명나라 부대가 지키고 있던 동, 서, 남문이 뚫렸다. 조선군과 백성들은 북문 쪽으로 쫓겨 들어갔다. 전황을 눈치 보던 양원이 졸개들과 남원성을 빠져나갔다. 애시당초 전의戰意가 없었다.

6만 대 1만. 북문 쪽으로 몰린 조선인은 전멸했다. 관군 4000명에 의병과 민간인 6000명, 도합 1만 명이 학살당했다. 일본군 군승 게이넨慶念은 이렇게 기록했다. '남녀노소 할 것 없이 쳐 죽여서 생포할 놈은 한 사람도 없구나.'(『조선일일기朝鮮日日記』)

도주했던 명나라 장수 양원은 본국으로 송환돼 참수당했다. 명나라 정부는 구경거리로 삼으라고 잘린 양원의 머리를 조선으로 보냈다. 그런데 실록에는 이렇게 기록돼 있다. '관원을 보내어 제사를 지내는 것이 옳을 듯하다고 아뢰니, (선조 임금이) 아뢴 대로 하라고 답하였다.'(1598년 10월 8일 『선조실록』) 이미 패주한 직후 조선 정부는 명나라에 양원 구명운동을 벌였다가 "여러 장수들이 양원의 행위를 본받을 터인데 어떡할 작정인가"하고 힐난을 받은 적도 있었다.(1597년 9월 11일『선조실록』) 바보였거나 제정신이 아니었거나 둘 중 하나다.

사흘 만에 남원을 함락시킨 일본군은 호남을 집어삼키고 기세등등하게 북진하다가 이순신에게 황당한 일격을 당했다. 13척으로 150척을 무찌른, 이순신조차도 '하늘이 도왔다(天運)'고 평가한 명량대첩이다. 피 한 방울 안 흘리고 전주성에 입성했지만, 일본군은 충청도 직산에서 명나라 군에 피해 북상을 멈춰야 했다. 1만 남원 의민義民들이 일본군을 사흘 동안 지체시키지 않았다면 한양으로 올라갔을 일본군이었다.

만인의총 전말사

전투가 끝나고 성문 밖에 시체들이 겹겹이 쌓였다. 살아남은 사람들은 시신들을 북문 밖 물구덩이에 집어넣었다. 그 위에 봉분 하나를 만들어 표시를 해두었다. 아직 더운 가을이었다. 합당한 예법에 따라 장례할 방법이 없었다.

1612년 지역 유림儒林이 순절자들을 위한 사당을 세웠다. 1653년 왕실에서 '충렬사忠烈祠'라는 이름을 내렸다. 이곳에 모신 순국자들은 7명이었다. 만 명이 아니라 7명, 훗날 1명 추가돼 8명이었다. 1940년대까지 만인이 묻힌 자리 또한 '팔충신묘八忠臣墓'라 불렸다.

일제 강점기 1만 의인을 합장했던 물구덩이에 주택가가 들어섰다. 주택가 옆으로 철로가 나고 남원역이 섰다. 질퍽질퍽한 물구덩이는 증기기관차가 뱉어내는 석탄 찌꺼기 처리장으로 사용됐다.

해방이 되고 4년 뒤 남원국민학교 교장 이기원을 필두로 뜻있는 사람들이 남원역 앞 봉분에 상석을 놓고 주변에 담장을 치고서 제사를 지냈다. '만인萬人'이라는 이름으로 치러진 첫 제사였다. 그리고 1964년 3월 14일 왕봉산 기슭, 지금 자리에 의인들을 이장했다. 충렬사도 함께 이건됐다. 그리고 1973년 충렬사 제단 정중앙에 '만인'의 위패가 들어섰으니 1만 의민이 순절하고 376년 만의 일이었다. 왕조 시대 희생된 사람들이 20세기 대한민국 공화정 시대에야 대접을 받게 된 일대 사건이었다.

충렬사에 제사를 지내오던 유림 측은 위패 위치와 제사 방법을 놓고 당국과 갈등을 빚다가 1981년 별도로 충렬사를 만들었다. 현재 남원에는 충렬사가 2개 있다. 만인의 충렬사, 그리고 유림의 충렬사.

석탄재만 쏟아진 만인의총

한병옥은 전직 교사다. 지금은 사학자다. 집요한 사학자다. 2018년 일흔다섯 살이다. 남원역 폐역사 한쪽에서 남원성 북문 터를 발굴한 사람이다. 남원을 휩쓴 동학 그리고 정유재란의 흔적 또한 한병옥의 마음을 옥죄는 기억들이다. 그가 말했다. "부끄러운 얘기지만 만인을 함께 모신 적이 없었다. 한마음 한뜻으로 싸우다 함께 죽은 영령들인데 벼슬아치라고 추앙받고 무명인이라 하여 귀신 취급도 받지 못해서는 안 된다고 생각했지만, 조사해보니 현실이 그랬다." 회한은 이어진다.

"왕봉산으로 이장할 때 아무리 옛 의총 터를 파 들어가도 석탄재에 연탄재밖에 나오지 않았다. 결국 뼛조각 하나 수습하지 못하고 흙만 퍼서 이장했다. 백골이 진토塵土가 되기에는 세월이 너무 짧다. 옛 만인의총 터 깊은 곳에 의인들이 굉장히 많이, 아주 넓은 면적으로 잠들어 있다는 말이다."

정신적·종교적으로는 왕봉산 양지바른 기슭에서 그들이 쉬고 있을지 모르나 물리적으로 만인의총은 여전히 옛 물구덩이에 있다.

황산대첩과 이성계

1380년 고려의 신흥 권력자 이성계는 지리산에 숨어든 왜구들을 상대로 대승

구 남원역 서쪽 주택가에 있는 옛 만인의총 자리. 빈터 가운데에 비석이 서 있다.

을 거뒀다. 운봉 땅 황산에서 벌어진 이 전투를 황산대첩이라고 한다. 기록에 따르면 고려 사람들은 그 왜구의 우두머리를 아지발도阿只拔都라고 불렀다. '아지'는 '어린'이라는 뜻이고 '발도'는 몽골어로 '장수'라는 뜻이다.

'아지발도는 나이 15세가량에 얼굴이 단정하고 고우며 빠르고 날래기가 비할 데 없었다. 백마를 타고 창을 휘두르며 달려와 부딪치고 가는 곳마다 쫓기고 쓰러져서 감히 당해낼 자가 없었다.'(『고려사 열전』) 이성계가 그 무용武勇을 아껴서 생포하려고 했으나 부하들의 만류에 화살로 쏘아 죽였다. 아지발도가 흘린 피가 남원 남천변 바위를 물들여 이를 피바위라고 했다. 지금도 남아 있다. 전투가 어찌나 격렬하고 길었던지 이성계가 지는 달을 끌어당겨 놓고 싸웠다고 해서 황산 아래 마을 이름은 인월引月이다. 남천은 피가 넘쳐 일주일 동안 마시지 못할 정도였다.

훗날 대첩을 기리는 비석이 황산 아래 섰다. 일제 강점기 말 비석은 총독부에 의해 폭파됐다. 기록 벽癖이 있는 그들이지만, 태평양전쟁이 진행되면서 자기네 패배의 역사 기록을 놔두려 하지 않았다. 지금은 그 조각난 비석을 눕혀 놓은 파비각破碑閣과 중건한 비각이 서 있다.

아기장수와 아지발도

그런데 이상한 말이 돌았다. 이성계가 죽인 사람이 왜구 두목이 아니라 민란을 지휘하는 아기장수라는 것이다.

'겨드랑이에 날개가 달린 아기가 태어났는데, 부모가 날개를 잘라버렸지만 용맹하게 자라났다. 훗날 반란을 두려워한 권력자가 관군을 보내 아기를 죽여 버렸다.' 전국 팔도에 떠도는 아기장수 전설이다. 지리산 주변 남원과 구례, 함양 땅에도 똑같은 아기장수 전설이 있다. '우투리 설화'다. 그런데 우투리 설화에서 그 아기장수를 죽인 사람이 바로 이성계다.

황산대첩으로 화려하게 등장한 이성계가 새 왕조를 열었다. "이후 조선 왕조에 부패와 실정失政이 쌓여가며 지리산 주변 민초들에게 각인된 이성계라는 인물이 권력, 관군의 상징으로 정착됐다."(전 부산대학교 한국민족문화연구소 전임연구원 정연현) 여기에 이성계에 의해 죽은 왜장 아지발도가 아기장수로 정착돼 지금까지 전래됐다는 것이다.

만인이 없는 만인의총, 이성계에 대한 원망, 왜구 두목 아지발도에 대한 동정심과 아기장수의 죽음. 무엇을 말하는가. 백성이 주인이고, 주인이어야 한다는 뜻이다. 대한민국은 민주공화국民主共和國이다. 남원 땅에서 그 대한민국을 본다. 땅의 역사

파비각에 있는 옛 황산대첩비(위)와 아기장수 아지발도의 피가 물든 피바위(아래)

06 왜 그들은 가평 땅에 숨어서 명나라를 그리워했을까

가평 조종암의 비밀과 대동법의 숨은 주역 김육

경기도 가평에 있는 조종암. 사라지고 없는 명나라에 대한 충성심이 절절한 흔적이다.

경기도 가평에 있는 조종암. 사라지고 없는 명나라에 대한 충성심이 절절한 흔적이다.

경기도 가평군 옛 이름은 조종현朝宗縣이다. 지금은 가평이다. 그 가평에 조종천이 흐른다. 물이 맑고 잔잔해 여름이면 물놀이하는 사람들로 인산인해를 이룬다. 조종암朝宗巖은 그 조종천변에 있다. 주소는 가평군 조종면朝宗面 대보리大報里다. 주차장도 없고 차 세울 갓길도 변변찮은 천변 도로 옆 산기슭이다.

1684년 경기도 가평 군수 이제두는 가평에 흐르는 조종천변 바위를 조종암이라 이름 붙였다. 병자호란이 끝나고 50년이 채 되지 않은 때였다. 청나라 오랑캐에 대한 굴종을 참지 못하고 산천을 떠돌던 허격 권유가 컸다. 허격은 "오랑캐 비린내가 서리지 않아 마음 두기 좋은 곳"이라고 했다. 백해명이라는 가평 사내와 함께 세 사람이 그곳 암벽에 큰 글자를 새겼다. 마음을 담아 새겼다는 그 글자는 22자다.(유중교, 『조종암지朝宗巖誌』, 1875년)

글자에 담은 마음

맨 왼쪽 위 가장 위에 새겨진 석 자는 '思無邪(사무사)'다. 사특한 생각을 하지 않는다는 뜻이다. 북경으로 쳐들어온 이자성 반란군 앞에서 자살한 명나라 마지막 황제 숭정제의 글씨다. 그 아래 글자는 '日暮途遠 至痛在心(일모도원 지통재심)'이다. '해는 저무는데 갈 길은 멀고, 견딜 수 없는 고통이 마음에 있다'는 뜻이다. 청나라에 복수를 다짐하는 효종의 시를 우암 송시열이 썼다. 오른쪽에는 이렇게 적혀 있다. '萬折必東 再造藩邦(만절필동 재조번방)'. '황하가 일만 번 굽이쳐도 동쪽으로 흐르니, 명나라가 도와서 우리나라를 되찾았네'. 선조가 내린 글이다. '만절필동'은 그 어떤 고난이 있어도 명에 대한 충성은 변하지 않겠다는 뜻이다. 조선 최고 지도자 선조가 직접 쓴 굴종의 자백 선언문이다. 맨 오른쪽에는 선조의 손자 낭선군 이우가 쓴 '朝宗巖(조종암)'이 새겨져 있다. 황제를 배알하는 바위라는 뜻이다. 글마다 명을 향한 고마움과 그리움, 청에 대한 복수심이 절절하다. 명나라가 망하고 40년이 지난 1684년, 한양도 부산도 금강산도 설악산도 아

명나라 마지막 황제 의종의 '思無邪(사무사)'와 선조 글씨로 새긴 '萬折必東(만절필동)'

닌 심심유곡 가평 천변에 담은 마음은 도대체 무엇인가.

명·청 교체기와 조선중화주의

머리부터 발끝까지 성리학과 중화사상을 통치 이념으로 삼은 나라, 조선이었다. 명나라가 임진왜란 때 원군을 보내면서, 명에 대한 지배 세력의 흠모는 상상 이상이었다. 그런데 만주족이 만든 나라 후금이 명을 위협해 중원을 차지했다.

임진왜란이 끝나고 왕위에 오른 광해군은 실리주의자였다. 대륙에서 벌어지는 파워 게임 속에서 어느 편을 들지 않고 균형 외교를 실행했다. 중화주의자에게는, 명에 대한 반역이라는 뜻이었다. 집권 세력인 서인들은 광해군을 몰아내고 인조를 왕위에 올렸다. 1623년이다. 『인조실록』을 보면 인조 취임 첫날부터 인조와 집권 세력은 광해군 세력을 무자비하게 죽여나갔다.

문제는 명은 사라지는 나라였고, 대륙의 주인은 후금, 즉 청이라는 사실이었다. 청은 조선에 화친과 교역을 요구했다. 조선은 거부했다. 평안도 작은 섬 가도假島를 무단으로 점거하고 청을 자극하던 명나라 모문룡 부대를 지원하기도 했다. 결국 1627년 정묘년 청 태종 홍타이지가 조선을 침략했다.

이미 이괄의 난 때 한 번 한양에서 도주한 경력이 있는 인조는 강화도로 피신했다. 두 달 만에 조선은 항복했다. 조선은 청의 동생이 되었고, 왕자들을 인질로 보내기로 했다.

중화와 사대로 먹고살던 집권 세력은 복수에 들어갔다. 그런데 군사력을 통한 실질적인 복수전이 아니었다. 대륙에서 사라진 명의 정신적인 적통을 조선이 잇는다는 조선중화사상, 그러니까 정신적인 복수극이 시작된 것이다. 동이東夷, 동쪽 오랑캐였던 조선은 이제 중화의 정통 계승자이며, 만주의 청은 북쪽 오랑캐(북적北狄)에 불과하다는 논리였다. 실정을 전혀 알지 못하는 무식하고 공허한 논리였다. 왕자를 보내지도 않았다.

후금, 즉 청은 100만에 불과한 인구로 1억 명이 사는 명 제국을 위협하는 강력한 나라였다. 명분과 논리로 복수하기에는 커도 너무 컸다.

진격로까지 다 알려준 병자호란

1636년 봄 청 태종이 황제에 올랐다. 심양에서 열린 황제 즉위식에서 조선 사신들은 "오랑캐는 황제가 될 수 없다"며 고개를 숙이지 않았다. 정신적인 선전 포고였다. 그해 10월 청 태종이 조선 사신에게 말했다. "11월 25일까지 왕자를 보내지 않으면 전쟁이다." '조선의 사신 이곽李廓 등이 와서 조하朝賀하였으나, 배례拜禮를 하지 않았다. 국서를 내려 질자質子를 보내도록 하였으나 다시 아무런 회보가 없었다. 11월 황제는 조선에서 맹약을 깨뜨렸다고 하여 친히 대군을 거느리고 정벌하고자 하였다. 먼저 그 나라 사신인 이곽 등을 귀국시키면서 국왕에게 국서를 보냈다.'(『청사고淸史稿』, 「조선열전」)

조선 왕실은 말귀를 알아먹지 못했다. 대신 전쟁 불사를 외치고 북쪽에 있는 산성山城 보수작업에 들어갔다. 임진왜란 때처럼 산성에서 전투를 벌이겠다는 뜻이었다. 그리고 체찰사 김류의 청으로 소역小驛을 청나라로 보내 동정을 살피게 했다. 이에 사헌부와 사간원, 홍문관 삼사는 있을 수 없는 일이라며 극구 반대했다.(『병자록』)

청은 조선의 실상을 소상히 파악하고 있었다. 청 태종이 소역을 통해 이렇게 전했다. "내가 큰길로 곧장 한양으로 향해도 산성에서 나를 막을 것인가? 너희들의 붓대로 우리 군대를 물리칠 것인가?"(『병자록』) 군사력 열세를 빤히 알고 있는 군부는 화전을 주장했고 대명의리라는 명분을 내세운 문신들은 전쟁을 주장했다. 목소리 큰 문신 세력이 승리했다.

두 달 뒤 병자호란이 터졌다. 청 태종이 직접 군사를 끌고 압록강을 건넜다. 천하 명장 임경업이 지키고 있던 평안도 의주 백마산성은 멀찍이 우회해 큰길로 남하해갔다. 임진강까지 닥친 청나라 기마부대 앞에서 서북쪽 부대 총사령관인 간신배 김자점은 전투를 포기하고 철군해버렸다.

강화도로 세 번째 도주극을 벌이려 했던 인조는 급히 남한산성으로 들어갔다. 인조는 정묘호란 때 한 번, 이괄의 난 때 한 번 도주 경력이 있는 '상습 도주범'이었다. 농성전을 벌이던 인조에게 청 태종이 항복 국서를 보냈다. 내용은 이렇다. "지금 살려고 하는가? 마땅히 성을 나와 항복하라. 싸우려고 하는가? 또한 마땅히 급히 나와 싸우자. 두 군사가 맞붙으면 하늘이 스스로 처분함이 있을 것이다." (『연려실기술』, 「인조조 고사본말」)

결국 인조는 농성 한 달 만에 성문을 열고 나가 땅에 이마를 세 번 피가 나도록 처박고 항복했다. 1644년 명나라 내부 반란군 이자성 부대가 자금성으로 진입했다. 마지막 황제 의종은 자살했다. 중원은 청나라 손으로 들어갔다.

정신 승리? 조종암

소현세자와 봉림대군이 청 수도 심양으로 끌려갔다. 10만(50만이라고도 한다)이 넘는 백성이 청으로 잡혀갔다. 심양에서 서양 문물을 접한 소현세자는 명나라 옛 신하 9명과 함께 귀국해 개혁을 꿈꿨다. 중화를 외치는 집권 세력은 인조의 장남 소현세자를 독살하고 둘째 봉림대군을 왕위에 앉혔다. 효종이다.

북벌을 꿈꾸던 효종이 죽었다. 전쟁으로 중화를 지키겠다는 말은 쏙 들어갔다. 정신적으로 오랑캐를 이기고 중화를 잇겠다는 조선중화사상은 더욱 세가 커져갔다. 현종에 이어 숙종이 왕이 되었다. 집권 세력은 명 최후 황제의 연호 '숭정'을 고집했다. 명 연호는 조선이 사라질 때까지 계속 사용됐다. 조종암은 바로 그 시대정신의 결정체였다.

조종암, 만동묘, 대동단

가평에 조종암을 만들 때, 노론 당수 송시열(1607~1689)이 개입했다. 송시열은 실록에 3000번 이상 이름이 거론되는 조선 중기 이후 정치의 핵이다. 노론은 조선이 망할 때까지 집권 세력이었다. 명이 멸망한 지 1주갑(60년)이 되던 1704년 제자들은 송시열이 생전에 은거하던 충청도 화양계곡에 만동묘萬東廟를 세웠다. 명나라 황제 신종과 의종을 기리는 사당이다. 만동萬東은 '만절필동萬折必東'에서 따왔다. 그해 조선 왕실 또한 대보단大報壇을 설치했다. 역시 명 황제를 기리는 사당이다. 조선이 명을 이은 중화임을 공식적으로 선언한 조치였지만, 그래도 청의 눈치가 보였는지 대보단은 창덕궁 깊숙이 잘 보이지 않는 곳에 설치했다.

조종암은 이 같은 숭명배청崇明排淸과 조선중화사상의 시초요 상징이었다. 조종朝宗은 가평의 옛 이름이기도 했지만 '제후가 황제를 배알하다'는 뜻도 있었다. 더군다나 조종천은 만절필동, 조선에서 보기 드물게 동쪽으로 흐르는 강이 아닌가. 조선이 망할 때까지 많은 유림들이 이 궁벽한 가평을 찾아 제사를 올리곤

했다.

1831년 소현세자와 동행한 명나라 유민 후손들이 조종암 옆에 명 황제 사당 대통행묘를 세우자 유림들 방문은 더 잦아졌다. 대통행묘는 지금도 명나라 후손이 관리하고 있다. 비석에는 명 마지막 연호 '숭정崇禎' 대신 '영력永曆'이라는 연호가 새겨져 있다. 명이 망하고 잔존 세력이 대륙 남쪽에 세웠던 남명南明의 연호다.

운악산에 새겨진 민영환

소중화임을 자처한 조선은 문화적으로 찬란했다. 회화에서는 진경산수, 문학에서는 가사문학이 이 맥락에서 발전했다. 그러나 지배 세력 교체를 허락하지 않는 신분제, 경제 행위를 천하게 여긴 관념적인 풍조는 조선을 멸망의 길로 몰아넣었다. 주변을 오랑캐 취급하고 무시한 자만심도 대단했다. 을사조약이 체결된

송시열 제자들이 충북 괴산 화양동 계곡에 세운 만동묘(萬東廟)

1905년 전 내부대신 민영환이 자결했다. 을사조약에 항거한 민영환(자결), 조병세(자결), 최익현(단식 순국) 삼충신이 가평 운악산 현등사 입구 삼충단에 모셔져 있다. 계곡 암반에는 민영환 이름 세 글자가 크게 새겨져 있다. 조종암에서 30분 거리다.

김육과 대동법

조종암에서 청평, 양평을 거쳐 40분 거리 남양주에 김육金堉(1580~1658) 묘가 있다. 주소는 남양주 삼패동 산29-1이다. 김육은 광해군 때 계축옥사 정쟁에 밀려 가평 잠곡에 은둔하며 새 세상을 꿈꾼 사내다. 호 또한 잠곡이다.

임진왜란으로 거덜이 난 나라를 떠맡은 광해군은 두 가지 큰일을 했다. 바깥으로는 명과 후금 사이에서 균형 외교를 선택했다. 안으로는 국가 재정 확보를 위해 대동법을 시행했다. 인조반정으로 광해군이 쫓겨났지만 대동법은 국가 현안이었다.

기존 세법은 지역 특산물을 세금으로 받았다. 세금 확보도 문제였지만 징수 과정에서 특산물 업자의 횡포에 백성들이 견뎌나질 못했다. 대동법은 이 세금을 토지 면적에 비례해 쌀로 내는 세법이었다. 대지주 집단인 노론 세력이 이에 반대했지만 김육은 끝까지 밀어붙였다.

죽기 전날까지 대동법 무사 시행을 걱정할 정도였다. 훗날 쌀 대신 화폐 징세까지 염두에 두고 화폐 제작도 주도했다. 금속활자도 복원했다. 마차도 제조해 보급했다. 18세기 실학의 시대가 열리기 전 이미 합리주의적인 사고방식과 실천력을 가진 사람이었다. '그가 죽자 상이 탄식하기를 "어떻게 하면 국사를 담당하여 김육과 같이 흔들리지 않는 사람을 얻을 수 있겠는가"하였다.'(1658년 9월 5일 『효종실록』) 그가 바로 조종암에서 멀지 않은 언덕에 묻혀 있다. 관념에 매몰된 흔적과 실질을 추구한 사내 흔적이 서로 멀지 않다. 땅의 역사

07 무능한 정권이 자초한 전쟁, 백성들의 붉은 피

강화도 경징이풀의 비밀과 병자호란

강화도 갯벌을 가득 채운 나문재 풀밭. '경징이풀'이라고도 한다. 백성의 한(恨)이 서려 있다.

1636년 겨울 47일 동안 이 땅에 벌어졌던 전쟁, 병자호란 이야기다. 비현실적으로 무능하고 이기적인 권력자들 탓에 고생한 백성 이야기다. 강화도 갯벌을 뒤덮은 나문재 풀밭이 저리 붉게 된 이야기이기도 하다.

병자호란 40년 전 압록강변

임진왜란 와중인 1596년 2월 13일 명나라 사신 여희원과 조선 통역사 이억례가 압록강을 건넜다. 그 전해 조선 영토 안에서 인삼을 캐다 벌어진 여진족 27명 처형 사건에 대한 협상단이다. 협상단이 3열로 서 있던 보병 6000여 명을 사열할 무렵, 사령관 구령에 맞춰 3000여 기마군이 일제히 부동자세로 정렬했다. 협상단

이 흠칫했다. 전쟁 초, "왜적을 물리칠 원군을 보내주겠다"고 했던 여진족의 청이 떠올랐다. 명과 조선은 "오랑캐의 진위를 알 수 없다"며 이를 거부했었다.

여진족 추장 노을가적老乙可赤이 말했다. "호인胡人이 함부로 인삼을 캤으니 우리가 먼저 잘못을 범한 것이다. 그러나 고려 사람이 마음대로 호인을 죽였으니 어찌 분개한 마음이 없겠는가. 조선에 군사를 투입하여 그 원수를 갚고자 한다."

간이 콩알만 해진 협상단 앞에 추장 노을가적이 몸을 낮춘다. "천조天朝(명나라) 어르신이 이처럼 누추한 곳에 왕림한 것은 전고에 없었던 경사다. 내 어찌 감히 함부로 병사를 일으켜 조선을 침범하겠는가."

협상단 얼굴에 미소가 올라오던 그 순간 분을 삭이던 추장이 소리를 높였다. "풀 한 뿌리를 훔치는 게 죄가 얼마나 크다고 다 죽였다는 말인가. 일찍이 군사를 동원하여 원수를 갚으려 하였다." 조·명 협상단 얼굴이 흙빛이 됐다.(1596년 2월 29일『선조실록』)

침묵을 깨고 여진 추장이 결론을 내렸다. "지금 천조의 명령이 있으므로 중지한다." 협상단은 오랑캐 추장 하나 잘 구워삶았다고 안도하며 다시 압록강을 도강했다. 임진왜란은 이듬해 종료됐다.

그 며칠 전 여진 추장은 위로 선물을 들고 찾아온 조선 사신 김희윤에게 "나라 대 나라로 조약을 맺자"고 제안했다. 제안은 거절당했다. 실록은 이렇게 기록한다. "희윤은 두려운 마음이 들어서 말을 빨리 달려 되돌아왔다."(1596년 2월 1일『선조수정실록』) 이 오랑캐 추장이 훗날 명을 멸망시키고 대청 제국을 건설한 청 태조, 누르하치다.

청을 오랑캐라 배척하다

김희윤의 두려움은 정책으로 연결되지 못했다. 임진왜란이 끝나고 40년이 지났지만 여전히 조선 임금 인조는 명나라 은혜를 잊지 못했다. 명나라는 왜란 때 군사를 일으켜서 조선을 돕지 않았던가. 전쟁 당시 왕이던 선조는 이순신 '따위' 조선 장수들과 의병 대신 황제국 명나라에 모든 공을 돌렸다.

그때 명나라 인구는 1억 정도였다. 만주 땅 여진족은 다섯 부족 다 합쳐 100만 정도였다. 그 무렵 누르하치라는 걸출한 추장이 여진족을 규합해 세를 확장하고 있었다. 전쟁 후 왕이 된 광해군은 이 새로운 세력에 대한 협조와 두려움을 외교 방향으로 정했다. 소위 등거리 외교다. 명에 대한 배신자라는 핑계로, 그때 야당 세력이던 서인파가 광해군을 몰아내고 인조를 등극시켰다. 쿠데타 명분이 친명親明이었다. 인조 또한 당연히 친명이었다. 친명은 즉 배청排淸이었다.

1616년 누르하치가 후금이라는 나라를 세웠다. 1626년 아버지에 이어 왕이 된 홍타이지는 정묘호란을 일으켰다. 명나라 잔당 모문룡을 조선이 보호하고, 교역 요청을 거듭 거부한 데 따른 보복이었다. 모문룡은 명이 망할 지경에 이르자 압록강 앞에 있는 섬 가도에 군사를 데리고 들어와 있었다. 강화도까지 도망갔다가 올라온 인조 정권은 배청 정책을 강화했다. 문신文臣들은 전쟁 불사를 외쳤다. 무신武臣들은 협상을 요구했다. 인조가 권력을 유지하려면 반정 공신인 문신들 말을 따라야 했다.

전쟁의 징조들

1636년 2월 후금 권력자 용골대와 마부대가 사신으로 조선에 입국했다. 가지고 온 서류에 인조 정권이 경악했다. '우리는 이미 대원大元을 획득했고 또 옥새를 차지했노라(我國旣獲大元 又得玉璽).'(1636년 2월 16일 『인조실록』) '대원' 혹은 '대원전국大元傳國'은 진시황이 만들었다는 전설 속 옥새다. 중원을 차지했던 역대 왕조는 이 옥새를 정통성 상징으로 여겼다. 이 옥새를 1635년 누르하치 아들 홍타이지가 손에 넣었다는 말이니, 이제 '후금이 황제국임'이라는 뜻이다. 세상 어떻게 돌아가는지 모르는 관료들이 뚜껑이 열렸다. 이미 그 전해 후금 조정이 심양에

온 사신 박로朴簬에게 옥새를 종이에 찍어 주며 돌아가 보여주라 했지만 조선 먹물들은 무슨 뜻인지 몰랐다.(1635년 11월 12일『인조실록』)

사간 조경이 청했다. "사신을 죽이고 그 국서를 취하여 사신 머리를 함에 담아 명나라 조정에 아뢰소서(戮其使而取其書 函其首 奏聞于皇朝)."(2월 21일『인조실록』) 장령 홍익한은 '나도 모르게 3백 번이나 가로 뛰고 세로 뛰었다'고 상소했다.(나만갑,『병자록』)

2월 26일 사신 일행 가운데 마부대가 창덕궁을 찾았다. 인열왕후 조문단이었다. 조선 정부는 제단 위로 인도하지 않고 금천교 옆에 천막을 쳐줬다. 푸대접에 마부대 일행이 천막 속에서 분을 삭이고 있는데, 강풍이 몰아쳐 천막이 날아갔다. 중무장한 궁궐 수비대가 천막을 에워싸고 있었다. 용골대와 마부대는 고꾸라질 듯이 서둘러 나가버렸다.(『병자록』) 따로 인조와 만나고 있던 용골대는 황제국 인정을 하지 않자 자리를 박차고 나가버렸다. 파주 벽제까지 사람들이 따라가 만류했으나 허사였다.(2월 26일『인조실록』) 사헌부에서 '사신을 죽이자는 말을 들었기 때문이니 내통한 자를 가려 죽이자'고 요청했다. 전쟁 냄새가 났다.

사흘 뒤 영의정 윤방은 "당장 강화도로 피난하자"고 했다. 그러자 도승지 김경징이 "도망갈 생각 말고 방어책을 강구할 때"라고 입을 막았다. 이 강건한 김경징, 그 두 얼굴을 가진 김경징 이야기는 뒤에 또 하기로 한다.

3월 1일 인조가 대국민 담화문을 발표했다. '충의로운 선비는 책략을 다하고 용감한 사람은 종군을 자원하여 난국을 구제해 나라 은혜에 보답하라.' 3월 7일 '화친을 끊고 방비를 강화하라'는 왕명 문서를 들고 평안도로 가던 전령이 원대 복귀 중이던 용골대 일행에게 붙잡혔다.

4월 11일 결정적인 사건이 발생했다. 심양에서 열린 청 태종 홍타이지의 황제 즉위식에 조선 사신 두 사람이 참석했다. 모두가 머리를 조아리는데, 나덕헌과 이확은 절을 하지 않았다. 홍타이지는 이 둘에게 '형제국을 무시한 행위'라는 국서를 들려보냈다. 이들이 국경을 넘자 사람들은 '왜 자살하지 않았는가'라고 힐난했다. 사헌부와 사간원은 두 사람 목을 잘라 거리에 걸자고 주장했다. 인조는 거듭된 양사 주장을 물리치고 각각 백마산성과 검산산성으로 3년 유배형을 내렸다.(5월 27일 『인조실록』, 『일월록』)

5월 26일 인조가 교서를 내렸다. "우리 국토가 수천 리인데 어찌 움츠리고만 있을 것인가." 6월 17일 또 내렸다. "우리는 명의 동쪽 신하국으로, 명이 땅을 잃었다고 다른 마음을 품지 않으리라."

세상이 어떻게 돌아가는지 알려 하지도 않는 정권이었다. 그해 10월 청 태종이 선언했다. "11월 25일 전 화친을 결정하라. 아니면 동정東征하리라. 나는 큰 길을 통해 곧장 경성으로 향할 것인데, 산성을 가지고 나를 막을 수 있겠는가. 귀국이 믿는 것은 강화도지만 내가 팔도를 유린하면 일개 섬으로 나라가 되겠는가. 유신儒臣들이 붓을 들어 우리를 물리칠 수 있겠는가."(『병자록』)

청 태종이 말한 그대로 전쟁이 시작됐고 끝났다. 그해 12월 9일 청군이 압록강을 건넜다. 서울까지 10여 개 성은 건드리지 않고 내리 달려서 남하했다. 14일 마침내 청군이 양철평에 도착했다. 지금 서울 은평구 일대다. 청군은 '사람은 침해하지 못하게 하고 출입과 왕래도 전혀 금지시켰는데, 다만 우마牛馬를 보면 빼앗아가고 아름다운 여자를 보면 붙잡아갔다.'(『일월록』) 인조는 여자들과 봉림대군을 강화도로 보내고 숭례문 대신 시체들을 운반하는 문인 광희문을 통해 남한산성으로 급히 도주했다. 이제 전쟁 중 벌어진 일을 나열해본다.

남한산성 풍경

산성에 들어간 지 13일째. 성안에 말 먹일 풀이 떨어져 말이 많이 굶어 죽었다. 그 말을 거둬 군사들을 먹였다. 군사들은 "살이 있을 때 먹이지 왜"하고 원망했다.(『병자록』) 그런데 조정에서는 성 밖에 있는 청군에 술과 소를 대접했다. 관료

남한산성 북문 전승문(戰勝門). 병자호란 때 참패한 문이다.

들은 "고위직을 보냈다가 억류되면 창피하니 아랫사람을 보내자"고 했다. 소 두 마리와 돼지 세 마리, 술 열 병을 가지고 하급 관리가 갔다. 홍타이지가 말했다. "굶주린 그대들이 나눠먹어라. 팔도의 술과 고기가 우리 마음이다." 관료들은 "술을 보내자는 놈 목을 베자"고 주장했다.(1636년 12월 27일『인조실록』) 심열沈悅이라는 유생이 화친하는 계책을 세우기를 청했다. 격분한 조정은 그 상소문을 불살라버렸다.

12월 29일 전시 사령관 김류가 산성 북문 밖에서 전투를 벌였다. 적은 싸우려 하지 않고 소와 말을 두고 물러났다. 김류가 비장 유호를 시켜 나가지 않는 자를 목 베게 하였다. 유호가 만나는 사람마다 함부로 찍어 죽였다. 온 군사가 내려가면 반드시 죽을 것을 알면서도 내려갔다. 매복한 청군에게 200명이 몰사했다.(『연려실기술』) 다음 날 인조가 말했다. "처음 들어왔을 때에는 새벽에 뭇 닭 울음소리가 들렸는데, 지금은 그 소리가 전혀 없다. 나에게만 바치는 까닭이다."(『잡기』)

또 어느 밤에 한 장교가 성 밖에서 적의 목 2개를 들고 왔다. 김류가 목을 받아 인조에게 올리자 옷감 세 필을 상으로 주었다. 머리에 피가 한 점 없어 기이했다. 잠시 뒤 보니 북문 전투에서 적에게 죽은 사람 목이었다. 사람들이 '두 번 죽였다'며 얼굴을 가리고 울었다.(『병자록』)

김류를 파면하라는 상소가 올라왔다. 김류가 사표를 제출했다. 인조는 사표를 반려하고 대신 파직 상소를 올린 협수사協守使 유백증을 파면했다.(1637년 1월 4일『인조실록』)

짐작 가는 이유가 있다. 김류는 인조반정 일등공신이다. 또 다른 일등공신인 조선군 총사령관 김자점은 청이 압록강을 건너 남하할 때 모든 것을 버리고 도주했다. 그 또한 전후 무사했다.

설날이 되었다. 인조는 명나라 수도 북경을 향해 예를 올렸다. 망궐례望闕禮라고 한다. 망궐례 격식을 두고 관료들끼리 난상토론을 벌인 뒤 임금과 세자 부자가 음악에 맞춰 춤을 추었다. 청 태종은 산성 동쪽 벌봉에서 대포를 겨누고 누런 우산 아래에서 지켜보고 있었다.(1637년 1월 1일『인조실록』) 이튿날 청 태종이 진영을 찾은 조선 사신에게 말했다. "자식이 거꾸로 매달린 듯 위급한데 아비로서 구원하지 않는 자가 있겠는가. 아비처럼 섬기던 명이 어떻게 너희를 구원할까?"(『연려실기술』)

17일 청 태종이 다시 문서를 보냈다. "살려고 하는가? 귀순하라. 싸우려고 하는가? 또한 마땅히 나와 싸우자. 두 군사가 접전하면 하늘이 처분할 것이다." 정권을 창출한 공신은 무능력해도 개의치 않았고, 중화기로 무장한 적 앞에서 최고 지도자가 춤을 추었다. 19일 청군이 성안을 향해 홍이포를 쏘았다. 탄환이 거위알 만했다. 사람들이 모두 놀라고 두려워하였다.(1637년 1월 19일『인조실록』) 매양 행궁行宮을 향해 종일토록 끊임없이 쏘았다. 기와집 세 채를 꿰뚫고 땅속으로 한 자가량이나 들어갔다.(『병자록』) 열하루 뒤 인조는 푸른 신하 복을 입고 성 뒷문으로 나가 홍타이지에게 항복했다. 이제 우리의 주인공 김경징 씨 이야기다.

강화도 갑곶진

김경징은 남한산성 사령관 김류의 아들이다. 그리고 강화도 수비 총책임자였다. 그런데. '(김포에서 강화로 건널 때) 경징이 배를 모아서 그의 가속과 친구를 먼저 건너가게 하고 다른 사람들은 건너지 못하게 하였다. 사족 남녀士族男女가 수십 리나 뻗쳐 있었으며, 빈궁 일행이 나루에 도착해도 배가 없어서 건너지 못한 채 이틀 동안이나 밤낮을 추위에 떨며 굶주리고 있었다. 사녀士女들이 온 언덕과 들에 퍼져서 울부짖다가 적병이 들이닥치니 차이고 밟혀 혹은 끌려가고 혹은 바닷물에 빠져 죽어 바람에 휘날리는 낙엽과 같았으니 참혹함이 차마 말할 수가 없었다.'(『연려실기술』) 쓰러진 사람들이 울부짖으며 원망을 내질렀다. "경징아, 경징아. 네가 이럴 수 있느냐…."

김경징은 추위를 이긴다는 핑계로 술을 마셨고, "바다가 꽁꽁 얼었는데 배가 뜰 수가 없다"며 청군의 공격을 무시하였다. 정작 청군이 바다를 건너자 "우리 아버지가 마련한 무기이니 함부로 쓸 수 없다"며 군사들을 맨손으로 출정시켰다. 이윽고 적선 1척이 출몰하매, 갑곶 해안수비대가 조총을 쏘자 습기가 차서 격발이 되지 않았다. 달아난 김경징 대신 부관 강진흔이 분전했으나, 결국 청나라 전군이 홍기를 들고 성으로 들어왔다.

강화도 함락 소식과 함께 남한산성 농성전도 끝났다. 조선 국왕 인조는 잠실 한강변 삼전도로 나가서 땅에 이마를 찧고 군신의 맹세를 했다. 전쟁 후 강진흔은 패전을 이유로 유배형을 받았다가 벌이 가중돼 처형됐다. 그가 옥졸에게 자기 칼을 주며 말했다. "예리한 칼이니 내 목을 빨리 베고 가져라." 군졸들은 친척을 잃은 것 같이 슬퍼하였다.(『병자록』)

1684년 경기도 가평 군수 이제두는 가평 조종천변 바위를 조종암이라 이름 붙이고 글자 22자를 새겼다. 그중에 '萬折必東 再造藩邦(만절필동 재조번방)'이라는 선조 어필이 눈에 띈다. '황하가 일만 번 굽이쳐도 동쪽으로 흐르니, 명나라가 도와서 우리나라를 되찾았네'. 명이 망하고 40년이 지난 뒤였다. (1권 1장 〈6. 가평 조종암의 비밀과 대동법의 숨은 주역 김육〉 참조)

지금 강화도 갯벌에는 나문재가 가득 피었다. 강화도 노인들은 붉은 나문재를 경징이풀이라 부른다. 무엇을 느껴야 하는가. 이 분노는 무엇에 퍼부어야 하는가. 화풀이를 한다고 역사가 달라질 것인가. 그렇다면 어찌해야 하는가. 전쟁은 끝났으되 상처는 매우 깊고, 여전히 붉다. 땅의 역사

서울 송파에 있는 삼전도비. 왜 항복을 해야 했는가.

08 그날 조선은 눈 뜨고 모든 걸 도둑맞았다

1876년 강화도조약 도장 찍던 날

양놈들의 난동

1871년 신미년 6월 1일 존 로저스 제독이 지휘하는 미 아시아함대 군함 5척이 강화도에 도착했다. 군함에는 해군과 해병대 1230명이 승선해 있었다. 강화도와 김포 사이 염하鹽河 동쪽 김포 덕포진과 강화도 포대에서 포 수백 문이 미 군함을 포격했다. 미군 병사들이 "남북전쟁 때도 그렇게 엄청난 폭격은 경험하지 못했다"고 회고할 정도로 대규모 포격이었다. 정신을 차리고 보니, 배에는 포탄은커녕 물보라도 튀지 않았다.

뒤에 안 사실이지만, 조선군 주력 중화기인 홍이포는 사정거리가 너무 짧았다. 대포들은 또 죄다 통나무 포좌에 고정돼 있는 데다 성벽에 뚫린 포문 또한 좁고 길어서 포를 조준할 방도가 없었다. 그냥 막 쏴댄 것이다. 미군은 이후 남북전쟁 이래 최대의 불꽃놀이 속에 염하를 북상하며 초지진을 함포로 박살내고 덕진진을 무혈점령하고 광성보에서 백병전 끝에 조선군을 전멸시키고 퇴각했다. 이를 신미양요辛未洋擾, '신미년에 양놈들이 벌인 소동'이라고 한다.

미군이 강화도를 습격한 이유가 있었다. 5년 전인 1866년 대동강에서 벌어진

강화도에 있는 초지진. 일본 군함 운요호에 박살난 군사기지다.

일이다. 그때 대동강 하구에 미국 상선 제너럴셔먼호가 나타나 평양까지 올라가 통상을 요구했다. 평안 감사 박규수는 조선 국법에 따라 통상은 금지돼 있으니 돌아가라고 명했다. 명을 거부하자 강직한 평안 감사는 군대와 민간인을 동원해 제너럴셔먼호를 불태워버렸다. 그 복수극이 신미양요였다.

신미양요 5년 전인 병인년에는 불란서 양놈들이 강화도에 와서 난동을 부렸다. 신미양요가 터지고 4년 뒤, 이번에는 왜놈들이 와서 난동을 부렸다. 그리고 이듬해 1876년 겨울 조선은 이 왜놈들과 조약을 맺고 문호를 개방했다. 이를 조일수호조규, 통상 강화도조약이라고 한다. 자, 현실에 대한 무지와 명분에 대한 투철한 의지가 만나서 무슨 일이 벌어졌는지 이제 알아본다.

동갑내기 고종과 메이지(明治)

1867년 일본은 막부 정치를 청산하고 왕정을 복고했다. 열다섯 살 먹은 무쓰히토睦仁가 천황 자리에 올랐다. 왕명은 메이지明治라 했다. 조선에서는 4년 전 26대 왕이 등극했다. 아명은 이명복, 고종이다. 무쓰히토와 동갑이다. 동갑내기 최고 권력자의 행로는 많이 달랐다. 고종 대신 아버지 흥선대원군 이하응이 권력을 잡았다. 무쓰히토는 왕정 세력과 함께 개혁을 단행했다. 이를 메이지유신이라 한다. 조선은 쇄국 정책을 폈고 일본은 개국책을 폈다. 1854년 함포로 무장한 미국에게 강제로 개항을 한 이래 막부 권력자들이 최종적으로 선택한 결론이었다. 그때 세상은 이러했다.

아편에 무너진 천하(天下)

영국은 인도에서 생산한 아편을 중국에 팔아먹고 있었다. 1839년 흠차대신 임측서가 광동성 호문강가에 모아놓은 아편 2만 1000상자에 생석회를 뿌리고 바다에 던졌다. 중국에는 부도덕하고 비생산적인 물품이었고 영국에는 막대한 이득이었다. 이득이 도덕을 이겼다. 전쟁이 터졌다. 천하의 중국이 영국에게 졌다. 1842년 상해와 남경까지 함락당한 청나라는 패전을 선언하고 배상금을 지불하고 홍콩을 내줬다. 남경조약이다. 천하의 중심인 중국이 최신 무기로 무장한 서양 오랑캐에게 굴욕을 당했다.

천하天下는 사라졌다. 대신 냉혹한 국제 정치가 시작됐다. 그 풍경을 조선도 보았고 일본 막부 정권도 보았다.

사신으로 중국을 오갔던 조선 관료들은 왕에게 이렇게 보고했다. '대단한 걱정거리는 아니나, 소요는 적지 않다.'(동지사 정사 박회수, 1841년 3월 19일 『일성록』) '이미 화친하였다 하며 토색질(侵漁之弊)은 없다.'(동지사 이최응, 1843년 3월 29일 『일성록』) 이들이 정보를 얻는 경로는 청나라 정부 관보官報인 경보京報가 대부분이었다. 내용과 배포 모두 통제가 얼마든지 가능했다.(하정식, 「구미 열강의 중국 침략과 조선의 반응」) 조선 정부는 심각성을 깨닫지 못했다. 일본은 달랐다.

그때 일본은 '접근하는 모든 외국선에 대해 두 번 생각할 것 없이 무조건 격파령(異國船無異念打拂令)'을 시행 중이었다. 그런데 유일한 개방항인 나가사키에서 네덜란드 상인들로부터 객관적인 전황을 입수했다. 영국군이 청군을 압도했다는 소식, 중국이 영토를 빼앗겼다는 소식이 속속 들어왔다. 중국 천하 붕괴 소식에 일본은 1842년 7월 무조건 격파령을 해제했다. 대신 물과 장작을 주고 돌려보내는 신수급여령薪水給與令을 내렸다. 막강한 서구 세력과 충돌하지 않으려는 조치였다.(강진아, 「동아시아의 개항: 난징조약에서 강화도조약까지」) 12년 뒤 일본은 미국과 수교했다.

징조를 무시한 조선

1867년 2월 청나라 예부에서 조선 정부에 비밀 전문을 보내왔다. 내용은 이러했다. '중국에서 발행된 신문에 야도 마사요시八戶順叔라는 일본인이 기고한 글에 따르면, 지난해 병인양요 때 당한 패배를 복수하기 위해 프랑스가 다시 공격할 것이다. 프랑스뿐만 아니라 일본 또한 화륜선 80여 척을 건조해 조만간 조선을 칠 것이다.'(1867년 2월 19일, 『동문휘고』, 「양선정형」) 화들짝 놀란 조선 정부는 일본 막부 정권에 "유언비어가 아닌가"하고 문의했다. 청나라에 "근래에 서양 여러 나라에서 번갈아 침입해오는 바람에 걱정을 끼쳐드리고 있다"는 사례도 잊지 않았다.

일본의 개항 요구

1868년 왕정으로 돌아간 일본 정부는 조선에 개국을 요구했다. 대마도와 동래를 통해 왜관에서 이뤄지던 교역을 국가 간 교역으로 정상화하자는 제안이었다. 일본 사신 다이라노 요시아키라平義達가 들고 온 수교 문서에 '皇室(황실)', '奉勅

(봉칙)' 따위 단어가 들어 있었다. 문서를 받은 동래부 왜관훈도 안동준은 '놀랍고 괴이하다(大覺駭異)'며 문서 접수를 거부했다. 황제는 오직 하나고 일본은 오랑캐였다. 이후 지루한 수교 협상이 8년 동안 진행됐다.

대원군 정권은 철저하게 쇄국을 고수했다. 자기 아버지 묘를 독일인 오페르트가 도굴한 사건(1868년)까지 터지자 쇄국은 강화됐다.

1871년 일본이 청나라와 수호조약을 맺었다. 그해 미 해군이 강화도를 쑥대밭으로 만들고 사라졌다. 이듬해 대원군은 동지사 민치상으로부터 "일본은 이미 청 황제에 대해 칭신稱臣하지 않는 듯하다"는 보고를 받았다.(1872년 4월 4일 『승정원일기』) 대원군은 일본은 곧 '서양오랑캐(倭洋一體)'라고 규정했다. 1873년 일본 외상 소에지마 다네오미副島種臣가 청나라 실력자 이홍장을 면담했다. 소에지마는 '조선과 일본 관계에 청은 간여하지 않는다'는 확약을 받았다. 일본은 주도면밀했다. 1874년 일본은 타이완을 침략했다.

'양복을 입었으니 왜놈도 양놈'

1873년 대원군이 실각하고 고종이 직접 권력을 잡았다. 쇄국의 지도자가 없으니, 일본은 다시 개항을 요구했다. 수시로 어전회의가 열렸다. 제너럴셔먼호를 불태웠던 박규수가 이리 말했다. "대마도주가 황제요 칙서요 한 것은 그들 자신이 높여서 부른 것이지 결코 우리나라에서 그렇게 불러달라는 요구는 아니다."(1874년 6월 29일 『고종실록』) 박규수는 대원군에게도 이렇게 말했다. "저네들 나라 정령政令이 일신되어 과시한 것뿐이다. 우리에게 무슨 상관인가?."(『박규수전집』, 「1874년 대원군에게 보낸 편지(答上大院君)」) 박규수는 북학파 실학자 박지원의 손자다.

하지만 대세는 명분이었다. 개항 내용은 뒷전이었다. 천하에 태양이 둘일 수 없고 일본에 황제가 있으면 질서가 깨진다. 그 사이에 청나라에서 또 비밀 정보

병인양요 후 강화도 덕진진에 세운 항행 경고비. '海門防守他國船愼勿過(바다의 관문을 지키고 있으므로 외국 선박은 통과할 수 없다)'고 적혀 있다.

보고가 들어왔다. "프랑스 제독 지켈의 의견에 따르면 일본이 타이완 정벌을 수행한 군사 5000명으로 장차 조선을 정벌하려 한다. 프랑스와 미국도 조선과의 관계가 미해결상태라 일본을 도울 것이다. 서둘러 프랑스·미국과 통상관계를 체결하라."(1874년 6월 24일 『고종실록』)

1875년 2월 조·일 국교 교섭이 재개됐다. 여전히 문서에는 '大日本(대일본)', '皇上(황상)'이라 적혀 있었다. 게다가 일본 교섭관인 모리야마 시게루森山茂는 양놈과 똑같은 양복을 입고 있었다. 교섭은 또 결렬됐다. 결국 일이 터지고 말았다.

강화도 초지진. 신미양요부터 운요호 사건까지 근대사가 거칠게 흘러간 공간이다.

운요호 사건과 강화도조약

1875년 5월 일본 군함 운요호가 부산에 입항했다. 9월 20일 운요호는 강화도 초지진을 공격했다. 4년 전 미군이 파괴했던 그 부대였다. 넉 달 전 열린 어전회의에서 박규수는 이렇게 말했다. "그 나라에서 황제라고 칭한 것은 주나라부터 수천여 년이 되었다."(1875년 5월 10일 『승정원일기』) 고종 생각이 바뀌기 시작했다.

이듬해 일본에서 모리야마 시게루 일행이 강화도에 왔다. 군함을 타고 왔다. 명칭은 변리대신. 자기네 '피해'를 조사하고 판정하겠다는 것이다. 조선 정부는 무관 출신 관료 신헌을 보냈다. 명칭은 '접견대관'이었다. 의전이 당초 목적이었다. 고종은 접견대관으로 나간 신헌에게 전권을 위임했다. 개화파인 역관 오경석과 역시 개화파인 강위가 수행했다.

집요하고 치밀했던 일본의 계획

그 사이 일본은 '조선의 종주국' 청의 의중을 집요하게 캐물었다. 1875년 12월 19일 주청 일본 공사 모리 아리노리森有禮가 청 총리아문에 질의를 한다. '조선은 청과 무관한 독립국가이니 청은 상관 말라'는 것이다.(『청계중일한관계사료淸季中日韓關係史料』 2권 문서번호 217) 사흘 뒤 총리아문은 '조선은 청의 소속 방토이니 침월侵越하지 말라'고 회신했다. 다음 날 모리가 다시 물었다. '장래에 조선 정부 및 그 인민이 우리에게 행하는 일에 대해 귀국이 책임을 자임할 수 없다면 비록 속국屬國이라고 하여도 헛된 이름일 뿐.' 은근한 협박에 총리아문이 북양대신 이홍장에게 의견을 구했다. 질의와 응답은 해를 넘겼다. 1월 4일 총리아문은 '속방인 조선을 침범하지 말라'고 회신했고, 사흘 뒤 모리는 '속국은 공허한 이름이며 조선과 일본 사이 일은 청과 무관하다'고 했다.

청의 의지가 박약하기 짝이 없음을 확인한 일본은 곧바로 행동으로 옮겼다. 1월 18일 모리는 조선이 청의 속국이라는 주장을 재반박하고 조선과 조약을 맺겠다고 통보했다. 청의 간섭은 일방적으로 배제됐다. 이제 조선을 구워삶으면 끝이었다. 요리법은 아주 간단했다.

완전한 상실

강화도 병영 연무당에서 신헌과 모리야마는 8년을 끈 교섭 협상을 사흘 만에 끝냈다. 모리야마는 신헌에게 13조로 된 조약 초안을 내밀었다. 황제라는 명칭은 쓰되, 이름은 쓰지 않는다는 조건을 일본이 받아들였다. 신헌이 이렇게 기록했다. '大' 자와 '황제 폐하'와 '국왕 전하'를 지웠다. 일이 타당하게 되었다.(신헌, 『심행일기』) 나머지 조항은 모조리 통과됐다.

이로써 조선은 일본을 황제라 부르지 않게 되었다. 조선 내 일본인 범죄자는 일본 관리가 관할하는 치외법권을 누리게 되었고(10조) 해안을 마음대로 항해하

일본과 개항 조약을 맺은 강화도 연무당 터

며 지도를 작성하게 되었다(7조). 13개 조항에 분명하게 적혀 있는 이들 불평등 내용에 대해 조선 정부는 전혀 개의치 않았다. 황제라 부르지 않게 됐으니까. 그 날이 1876년 2월 27일이었다. 명분에 눈이 가려, 모든 것을 잃은 날이었다.

떠나던 날, 일본 측 수행원 미야모토 오카즈宮本小一가 신헌에게 말했다. "귀국은 마치 깊은 산속에 있는 것과 같아서 국외의 일은 돌아보지 않았다. 이제 각성한 이후 후회할 만한 부분이 있을 것이다."(『심행일기』) 이후로 오래도록 조선은 무엇을 상실했는지 알지 못했다. 땅의 역사

초지진 성벽에 남은 미 군함 포격 흉터

09 사람들이 말하길 "창덕궁 주인은 무당이라네"

국정을 농단한 무당, 진령군

불우했으되 총명했던 여자가 야반도주해 비루하되 신통력 있는 여자를 만났다. 충주 장호원 아흔아홉 칸짜리 민응식이라는 사람 집에서였다. 지금은 매괴초등학교와 매괴성당이 서 있다. 이후 역사는 기이하게 흘러간다. 130여 년 전, 1882년 여름날이다.

뒤죽박죽된 인연 속에 두 여자는 두 달 뒤 장호원을 떠나 서울로 함께 올라왔다. 비루한 여자는 서울 동소문 성곽 안쪽에 터를 잡고 살았다. 원래 그 집터에는 송시열이 살았다. 송시열은 조선 중기 이래 초장기 집권한 노론당의 정신적 지주다. 여자는 그 집터에 사당을 짓고 살았다. 사당 이름은 북묘北廟다. 중국 관운장을 기리는 사당이다. 지금은 연립주택촌으로 변했다.

총명한 여자는 성은 민씨요 이름은 자영이다. 훗날 사람들은 민비라고, 명성황후라고 불렀다. 신통력 있는 여자 이름은 박창렬이다. 사람들은 진령군眞靈君이라 불렀다.

세간에는 이런 말이 돌았다. "어젯밤 진령군이 창덕궁에서 한 말이 다음 날 아침에 어명으로 내려오더라"고. 진령군 박창렬은 무당이다.

창덕궁. 고종 부부는 이곳에 살면서 무당에게 농락당했다. 나라가 농락당했다.

서울 명륜동 북묘

서울 명륜동 연립주택촌 골목길에 큰 암벽이 하나 있다. 골목길은 승용차 운행이 어려울 정도로 좁다. 암벽에는 이렇게 새겨져 있다. '曾朱壁立(증주벽립).' 성리학을 완성한 증자와 주자를 잇는다는 뜻이다. 조선 중기 거물 정치가 송시열이 자기 살던 집에 새긴 글씨다. 지금이야 빽빽한 건물군 사이 골목이지만, 130년 전까지만 해도 이곳은 봄이면 앵두꽃이 만발한 아름다운 골짜기였다. 송시열은 송자宋子라 불릴 정도로 거물 중의 거물이다. 이곳 지명도 송동宋洞이었다. 그런 거물 집터를 자기 살 곳으로 고르다니, 무당 박창렬은 보통 사람은 아니었다.

사당 건립 경위는 서울 용산 국립중앙박물관 동쪽 마당에 있는 비석에 적혀 있

서울 명륜동 주택가에 있는 송시열 집터이자 무당 진령군이 살던 북묘 터. 벽에 '曾朱壁立(증주벽립)'이라 새겨져 있다.

다. 이름은 '북묘묘정비北廟廟庭碑'다. 글은 고종 임금이 지었고 글씨는 민영환이 썼다. 북묘라는 사당을 짓게 된 경위와 이를 대대손손 지키겠다는 의지를 적은 비석이다. 그런데 이상하다. 비문에 따르면 고종은 "나와 중전의 꿈에 관운장이 나타나 나라를 살렸기에 사당을 짓는다"는 것이다. 관운장이 현몽했다는 사실은 일제강점기인 1926년 잡지『별건곤』에도 언급돼 있다.

꿈? 한 나라의 최고 지도자가 꿈 따위에 홀려서 사당을 지었다? 1883년 10월 21일 북묘 공사가 완료되자 고종은 왕세자와 함께 가서 제사를 올렸다. 창덕궁에서 산 너머 북묘까지 길도 새로 닦았다.

임오군란과 명성황후

1882년 6월 9일 조선의 구식군대가 반란을 일으켰다. 임오군란이다. 신식군대인 별기군 급료는 후한 반면, 구식군대는 쌀로 받는 월급이 열세 달이나 밀린 데다 겨우 받은 한 달 치 쌀은 양도 적었고 절반이 모래였다. 폭우 속에 월급 담당 기관인 선혜청과 신식개혁의 자문역 일본공사관이 불탔다.

권력에서 밀려나 있던 흥선대원군 지원 속에 구식군대는 이튿날 중무장을 하고 고종이 있는 창덕궁에 난입했다. 조선 왕실 법궁인 경복궁은 화재로 방치돼 있었다. 군인들은 먼저 선혜청 청장이자 병조판서(지금의 국방부장관) 민겸호를 죽였다. 대표적인 척족에 대표적인 탐관오리였다. 그 아들 민영환은 훗날 나라가 사라질 때 자결했으니, 참 묘하다(그 무렵 등장인물 가운데 민씨가 워낙 많으니 같은 성씨라도 같은 무리일 이유는 없었다).

타깃은 민비였다. 당시 개방 정책을 채택한 고종, 특히 왕비 민씨(명성황후라고도 하는데, 여기서는 이하 '민비'라 한다)가 척결 대상 1호였다. 민비는 궁녀로 변장해 궁을 탈출했다. 홍계훈이라는 사내가 민비를 들쳐 업고 난을 탈출했다. 홍계훈은 훗날 왕비의 남자라 불리며 역사 속에 다시 등장한다.(2권 1장 〈1. 오지랖 넓은 친일파 이두황의 행로〉 참조)

난이 수습되고 군인들 후원자로 궁에 들어온 대원군은 민비가 죽었다고 선언했다. 종적을 알 수 없었고, 알려고 하지도 않았다. 그게 실수였다. 군란 닷새 뒤인 6월 14일 오후 3시 45분(신시申時 초初 3각刻) 사람 없는 수의壽衣를 이불에 싸고 입관까지 마쳤는데(1882년 6월 14일 『고종실록』), 그 며느리가 충청도 장호원에서 생존 신호를 보낸 것이다.

두 달이 채 되지 않은 그해 8월 초하루, 대원군의 며느리이자 불구대천不俱戴天의 정적 민비가 화려하게 환궁했다. 대원군은 민씨 일가가 불러들인 청군에 의해 용산 동작나루에서 청나라로 일찌감치 끌려간 다음이었다.

무당과 왕비

시아버지에 의해 사망 선고를 받은 왕비가 장호원에서 절치부심하고 있을 때 미색美色과 신통력을 겸비한 무녀가 나타났다. 일찌감치 과부가 된 박창렬이다. 왕비가 물었다. '나는 언제 환궁하느냐.' 무녀가 말했다. '8월 보름이나이다.' 보름 차이가 났지만, 상관없었다. 왕비는 시름을 덜어주고 희망을 준 무당을 데리고 환궁했다. 그리고 그녀에게 군호君號를 내렸다. 진령군眞靈君.

여자에게 군호는 파격이었다. 원체 무속과 점술을 좋아하는 성격인지라, 왕비는 세상에 귀를 닫고 진령군을 맹신했다. 구한말 지식인 황현은 이렇게 기록했다. '왕비는 그 무당을 언니라 부르기도 했다.'(황현,『오하기문梧下記聞』)

무당은 궁을 제집처럼 드나들고 침전 또한 마음대로 들락거렸다. 배를 만지면 복통이 나았고 머리를 만지면 두통이 나았다. 굿을 하면 시름이 걷혔다. 무당이 궁에 상주한다는 소문이 퍼졌다. 소문을 의식한 무당이 이리 말했다. "저는 본디 관운장의 딸이니, 관운장 사당을 지어주면 그리로 옮기겠어요."

창덕궁에서 코 닿을 거리 경치 좋은 산기슭에 북묘가 건설됐다. 사대문 안 동소문 안쪽, 송시열이 살던 그 앵두꽃 만발한 언덕이었다. 왕과 왕비가 몸소 행차하여 무릎을 꿇고 제사를 지냈다. 1884년 김옥균이 주도한 갑신정변 때 왕과 왕비는 이 북묘로 피신해 목숨을 건졌다. '꿈에 관운장이 나타나 나라를 두 번이나 살렸다'는 비석 내용은 이를 말한 것이다.

무당의 국정 농단(壟斷)

『매천야록』(황현),『윤치호 일기』(윤치호) 같은 개인 기록은 물론 실록에도 진령군이 행한 악행이 세세히 기록돼 있다. 당시 형조참의 지석영은 이렇게 상소를 올렸다. '신령의 힘을 빙자하여 임금을 현혹시키고 기도한다는 구실로 재물을 축내며 요직을 차지하고 농간을 부린 요사스러운 계집 진령군에 대해 세상 사람들이 그의 살점을 씹어 먹으려고 한다.'(1894년 7월 5일『고종실록』) 1894년에 오른 상소이니, 무당이 농단을 자행한 기간이 10년을 넘었다는 뜻이다.

무당이 살던 북묘에는 벼슬과 돈을 노리는 양아치들로 문전성시를 이뤘다. '그의 말 한마디에 화복이 걸려 있어 수령과 변장들이 그의 손에서 나오기도 하였다. 염치없는 자들이 간혹 자매를 맺기도 하고 혹은 양아들을 맺자고도 하였다. 그중 조병식, 윤영신, 정태호 등이 더욱 심하게 보챘다.'(『매천야록』)

압권은 경상도 김해 사람 이유인이다. 무관을 꿈꾸며 상경한 이유인은 미리 시중 잡배들을 귀신으로 변장시켜 놓고 진령군을 북한산으로 유인해 호령에 따라 출현시켰다. 신통력이 뛰어난 무당도 야밤 산중 귀신에게 속아 넘어갔다. 진령군은 이유인을 수양아들로 삼고서 북묘에 함께 살았다. 황현은 이리 기록했다. '아들이라 했으나, 추문醜聞이 들렸다.' 진령군과 이유인은 왕과 왕비에게 '금강산 일만 이천 봉에 쌀 한 섬과 돈 10냥씩 바치면 나라가 평안하다'고 계시를 내렸다. 왕은 그리 시행하였다.

쏟아지는 상소

당대 지식인과 관료의 상소가 쏟아졌다. 이유인을 벌하라는 전 왕실 강사 김석룡의 상소에 고종은 "취하지 않는다"고 답했다. 전 사간원 정언 안효제가 「시일야방성대곡」의 저자 장지연과 함께 「청참북묘요녀소請斬北廟妖女疏」, 그러니까 '북묘의 요상한 계집 목을 베라'는 상소를 올렸다.(1893년 8월 21일『고종실록』) 간사한 자들이 그를 처벌하고, 심지어 사형에 처하라고 고종에게 간했다. 고종과 왕비는 안효제를 유배시키라 명했다. 처벌 전 고종은 지평持平 이재영李載榮이 올린 처형 상소에 대해 '과연 여러 사람의 의분심에서 나와서 그러는 것인가?'하고 거듭 물었다. 잘못 알고 있는 게 아니냐는 말이다.

지석영의 상소도 마찬가지였다. 결국 김석룡도, 안효제도, 지석영도 원악도遠

惡島, 멀고 험한 섬으로 유배형을 받았다. 안효제는 훗날 만주로 망명해 독립운동을 하다가 죽었다.

그 사이 왕비는 또 기이한 일을 벌였다. 친정아버지 민치록의 무덤을 네 번이나 이장한 것이다. 왕비가 되자마자 그녀는 경기도 여주 여흥 민씨 문중 묘역에 있던 아버지의 묘를 제천, 이천, 광주를 거쳐 1894년 충남 보령 바닷가로 이장했다. 풍수연구가인 우석대 교수 김두규가 말했다. "초장지도 썩 훌륭한 명당이었고 다른 땅도 나쁘지 않았다. 다만 왕비가 올바른 풍수관, 인생관, 국가관을 갖추지 못했을 뿐." 보령에 있던 묘는 2003년 왕비의 후손에 의해 처음 묻혔던 여주 선산 그 자리로 다시 한 번 이장됐다. 김두규가 말했다. "오천육장五遷六葬은 조선 풍수사에 남는 진기록이다." 국가 최고 지도자 부부가 무속과 주술에 빠져 있는 사이에 나라는 파탄이 났다.

민비가 네 번이나 이장한 아버지 민치록 묘(2017년 촬영)

진령군 그 후

친정아버지 묘를 보령으로 이장한 이듬해 왕비는 일본인에 의해 시해됐다. 남편 고종은 성강호라는 점쟁이에게 죽은 왕비의 혼령이 어디 있는지 캐묻곤 했다. 또 정환덕이라는 시종에게 수시로 왕실과 나라의 운세를 자문했다. 정환덕 또한 역술가였다. 정환덕은 『남가록南柯錄』이라는 저서에 이 같은 내용을 기록해 놓았다. 진령군의 수양아들 이유인은 양주 목사, 병조참판, 한성부 판윤, 함경남도 병마절도사에 이어 법무대신까지 올랐다. 그리고 1905년 직권 남용 혐의로 체포된 직후 심장마비로 죽었다.

북묘는 1910년 5월(추정) 폐쇄됐다. 진령군은 갑오개혁이 있던 1894년 군국기무처에 의해 거열형(수레에 사지를 묶어 찢어 죽이는 형)을 선고받았다.(이용목, 『백석서독白石書牘』) 형 집행 여부는 알 수 없다.

파란만장한 여자 민자영, 민비 혹은 명성황후가 생전에 살던 침전 대조전大造殿은 1917년 화재로 전소됐다. 지금 건물은 경복궁 교태전을 뜯어다 재건했다. 그 오른쪽 부속채 이름은 흥복헌興福軒이다. 1910년 8월 22일 민비의 아들 순종이 대한제국 마지막 어전회의를 흥복헌에서 주재했다. 일주일 뒤 대한제국은 식민지가 되었다. 땅의 역사

10 남의 땅에서 벌어진 전쟁, 조선군은 그들을 위해 싸웠다

1894년 청일전쟁과 무력한 권력자들

충남 공주 우금치에 있는 동학혁명군 위령탑. 학정에 저항해 일어난 동학혁명은 우금치 패전으로 비극적으로 막을 내렸다.

1894년 7월 29일 새벽 장맛비가 쏟아졌다. 밀물이 안성천에 밀려들었다. 충남 천안 성환 소사평 벌판은 물구덩이로 변했다. 그 악다구니 속에서 일본군과 중국군이 전투를 벌였다. 일본군이 대승을 거뒀다. 이보다 사흘 전 바다에서도 전투가 있었다. 인천 앞바다 풍도 해전이다. 이 또한 일본군이 승리했다. 청일전쟁이다. 대륙의 청나라와 바다의 일본이 싸운 전쟁이다.

궁금하다. 왜 성환에서 싸운 것인가. 왜 북경도 아니고 동경도 아닌, 조선 땅 한적한 들판에서 청과 일본이 전쟁을 벌인 것인가.

'조선을 돕기 위해서'라고 했다. 조선 전역을 휩쓰는 반란을 진압하겠다고 했다. 오지랖이 넓은 게 아니라, 반란군을 토벌해 달라는 조선 정부의 공식 요청을 받고 출정했다고 했다. 엄연하게 공권력과 군사력을 보유하고 있어야 할, 조선 정부의 요청. 120여 년 전 이 땅에서 벌어진 황당한 전쟁, 청일전쟁 전말사다(이 글에 나오는 날짜는 모두 양력이다).

1893년 5월 조선 국무회의

청일전쟁이 터지기 1년 전인 1893년 5월 10일 정기 어전회의가 열렸다. 이미 전국이 동학東學으로 시끄럽던 때였다. 고종이 묻는다. "동학당의 소요가 놀랍고 통탄스럽다. 엄히 징계했더라면 오늘날처럼 창궐하는 폐단은 없지 않았겠는가." 대신들이 "소요가 일어난 근본 원인은 탐관오리 때문(致擾之本 由於貪吏矣)"이라고 한목소리로 아뢰자 고종은 "반드시 먼저 탐오하는 자들을 징계해야 한다"고 교시했다. 그러며 한마디를 더 했다. "중국에서는 (반란 진압에) 영국 군사를 빌려 쓴 일이 있었다." 우의정 정범조가 이리 답했다. "어찌 중국의 일을 본받아야 할 일이겠습니까(上曰 中國曾有借用英國兵之事矣 範朝曰 此豈可效中國事乎?)."(1893년 3월 25일『승정원일기』)

날은 맑았지만, 대신들 마음은 편치 못했다.

위선적인 회의였다. 대신들은 자기들이 탐관이 아닌 듯 주청을 했고 고종은 역시 한번 이야기해봤다고 의중을 스쳐 보냈다. 계절이 세 번 바뀌도록 탐관오리가 횡행하는 세상은 바뀌지 않았다. 마침내 이듬해 2월 15일 전라도 고부에서 민란이 터졌다. 동학농민혁명이다. 고부 군수 조병갑이 만석보라는 쓸데없는 보洑를 지어 물세를 받아먹고, 제 아비 조규순의 선정비에 비각을 세우겠다며 비용을 징수한 것이다. 전봉준이 이끄는 농민 무리는 만석보를 부수고 군수 조병갑을 몰아냈다. 조정에서는 농민 세력 설득을 위해 장흥 부사 이용태를 안핵사로 보냈다. 군사들과 함께 고부에 온 이용태는 농민들을 동비東匪, 동학 도적이라 불렀다. 민가 약탈과 강간이 횡행했다. 다시 민란이 벌어졌다. (2권 5장 〈3. 1894년 정읍과 의인 박잉걸〉 참조)

전북 정읍에 있는 조규순 영세불망비(왼쪽 끝). 고부 군수였던 아들 조병갑이 벌인 쓰레기 같은 작태의 상징이다.

조정에서는 홍계훈을 사령관으로 중앙군을 내려보냈다. 홍계훈은 1882년 임오군란 때 민비를 등에 업고 달아난 공으로 벼슬을 한 사람이다. 농민군은 5월 10일 장성 황룡촌에서 홍계훈의 관군에 대승을 거뒀다. 농민군은 분당 400발을 발사하는 개틀링 기관포를 위시해 관군이 가지고 있던 무기를 대량으로 노획했다. 왕이 보낸 중앙군을 격파한 농민들은 전주로 향했다. 서울까지 올라가 조정에 세상을 알리고 개혁을 주장하려 함이었다. 전주는 전주 이씨 왕실의 성지였다. 5월 30일 전주가 함락됐다.

민영휘가 주도한 청, 일의 개입

황룡 전투에 앞서 황토현에서 농민에게 참패한 이래 홍계훈은 여러 차례 조정에 청나라 군대가 필요하다고 보고서를 보냈다. 관군만으로는 민란 진압이 불가능하다고 판단한 것이다. 탐관오리와 학정이라는 민란 근본 원인을 뿌리 뽑지 않겠다는 뜻이었다.

홍계훈이 비슷한 때에 보낸 또 다른 보고서에는 이렇게 적혀 있다. "비적들은 민영준을 축출해 정사에 간섭하지 못하게 한다면 모두 귀순할 것이요 그렇지 않는다면 몸이 갈라지고 뼈가 부서지더라고 영원히 해산하지 않겠다고 한다."(주한일본공사, 1894년 6월 12일 「일청양국군래방에 따른 국내외탐정보고」)

하지만 전주를 장악했던 동학농민군은 6월 10일 일본과 청이 개입했다는 소식을 듣고 무장을 해제하고 농사에 복귀했다. 외세의 개입을 원치 않는다는 몸짓이었다. 노획했던 무기도 모두 반환했다. 순진했다.

외국 군사를 요청하라는, 민영준을 축출하라는 두 보고서를 민영준이 읽었다. 민영준은 선혜청장이었다. 선혜청은 세금을 관할하는 관청이다. 매천 황현은 "어린아이까지 더러운 놈이라 침을 뱉고 욕할 만큼 재물 긁어모으는 모든 일을 주관한 자"라고 했다. 민씨 정권에서 가장 부패한 자라고 손가락질 받는 자였다. 그럼에도 "요즘 세태가 어떤가"라 묻는 고종에게 "아무 탈 없이 여전하다"고 대답해 힐책을 받던, 그런 자였다. 민영준은 훗날 민영휘로 개명했다.

민영휘는 당장 서울에 와 있던 청나라 장수 원세개를 찾아가 원병을 청했다. 그리고 궁궐에 들어가 고종에게 "원세개가 허락했으니 청나라 군사를 부르시라"고 청했다. 고종은 "여러 대신들 논의 역시 구원을 요청하는 것이 마땅하니, 청관조회의 발송을 재촉하는 것이 좋겠다"라고 하였다.(1894년 6월 4일『갑오실기』)

을사조약 후인 1905년 11월 30일 민영환이 자결했다. 용인 장지葬地에서 민영휘를 만난 한 무관武官이 그에게 말했다. "네가 나라를 망쳐 오늘에 이르렀으니 두렵지 않은가? 가라, 아니면 내가 죽일 것이다." 민영휘는 힘없이 그 자리를 떠났다.(황현,『매천야록』)

청나라군이 들어오면 청과 일본이 맺은 조약에 따라 일본도 자동으로 군사를 보내리라는 사실을 고종도 알고 있었다. 아무리 일찌감치 '금송아지를 고종에 준 민영휘'(『매천야록』)라고 해도 이에 동의해서는 아니 되었다. 결국 일본은 6월 9일 청군에 앞서 정예부대를 제물포로 먼저 상륙시켰다. 며칠 뒤 민영휘를 뜯어말렸던 영돈령부사 김병시가 고종에게 이리 고함을 질렀다. "한마디 훈계나 꾸지람도 없었으니, 어찌 이런 나라가 있습니까?" 고종이 이리 하교하였다. "참으로 그렇구려!"(1894년 6월 23일『갑오실기』) 영돈령부사는 실권 없는 왕실 척족 친목회장이다.

일본의 경복궁 점령

양국 군대가 조선에 들어오고 한 달 뒤인 7월 23일 일본 혼성여단이 경복궁을 무장 점령했다. 여단장은 오시마 요시마사大島義昌 소장, 아베 신조 현 일본 총리의 외고조부다. 조선군은 많은 병력이 동학 진압을 위해 내려가 있었다. 중앙군인 장위영은 이미 일본군에 장악됐다. 사대문에도 일본군이 배치돼 지원군 진입이 불가능했다. 오로지 평양에서 파견된 방위군 병력 500여 명만 궁성에 남아 있었다. 0시 30분 작전이 개시됐다.

새벽 5시 지금 청와대로 들어가는 효자로 쪽 영추문을 일본 공병대가 부쉈다. 격렬한 교전이 벌어지고 오전 7시 30분 조선 병사가 북악 쪽으로 후퇴하며 사격이 멈췄다. 야마구치라는 대대장이 건청궁에 있던 고종에게 칼을 들이밀고 무장해제를 요구했다. 고종은 군사에게 무기를 내려놓으라고 명령했다. 그제야 전투가 끝났다.(『일청전사』 초안) 병사들은 통곡하며 총을 부수고 군복을 찢으며 도망했다.(『매천야록』) 이틀 뒤 풍도에서 일본 군함이 청 군함을 격침시키고 연이어 성환에서 일본군이 청군을 섬멸했다. 8월 1일, 상황을 장악한 일본이 청에 선전포고했다.

경복궁을 점령한 일본군은 무기고에 있던 조선군 무기를 효창동에 있는 여단 사령부로 옮겼다. 무기 목록은 이렇다. 크루프 산포 8문, 개틀링 기관총 8문, 모젤, 레밍턴, 마르추 소총 2000정, 화승총과 활 다수, 군마 14필.(『경성부사』) 전 세계적으로 보기 드문 명품 무기들이었다.

조선군끼리 총을 쏴댄 평양 전투

퇴각한 청군을 쫓아 일본군은 평양으로 진군했다. 경복궁 점령 직후 일본은 친일 정권을 세우고 한일공수동맹을 맺었다. 이에 따라 평양으로 가는 일본군에 중앙군인 장위영이 수색대로 합류했다. 고종-민비 세력과 다투다 실각했던 흥선대원군은 그때 평양 관찰사였던 민병석에게 청나라 군사와 연합하라고 밀지를 보냈다. 평양성 내 청군과 연합한 평양 지방군 위수병이, 외곽에서는 일본군과 연합한 장위영이 서로에게 총을 쏘았다.(『신편 한국사』) 9월 15일 벌어진 평양 전투는 일본군 승리로 끝났다.

죽창을 내려놨던 농민들이 다시 무기를 들었다. 이번 목표는 외세 축출이었다. 조선 정부가 신설한 동학농민군 진압군 '양호도순무영'이 일본군과 함께 남쪽으로 진군했다.(양호도순무영,『갑오군정실기』)

우금치와 석대들 전투

영돈령부사 김병시의 고함은 헛되었다. 공주 우금치에서 일본군과 만난 농민군은 완전히 패배했다. '머리끈을 묶고 남색 옷을 입은 열네댓 살 소년이 무동을 타고 깃발을 흔들면 농민들도 주문을 외며 일사불란하게 움직였다. 농민들은 소년을 신동神童, 신의 아이라 불렀다. 주문을 외면 총알도 뚫지 못한다고 생각했다.'(『매천야록』)

관군과 일본군이 고개 양쪽에서 회선포回旋砲를 쏘는데, 한방에 수백 명이 쓰러졌다. 순식간에 고개는 '시체의 산이요 피의 바다(屍山血海)'로 변했다.(관군 기록『양호초토등록』)

피바다를 만들어버린 그 회선포가 바로 경복궁에서 일본군이 노획한 개틀링 기관총이다. 바로 그 기관총인지 혹은 전주에서 농민군이 획득했다가 반납한 기관총인지는 기록에 없다. 전의를 상실한 농민군은 뿔뿔이 흩어져 남하했다. 조일 연합군은 전남 장흥까지 농민들을 추격했다. 장흥에 대기하고 있던 장흥동학군이 이들과 함께 전투를 치렀다. 석대들 너른 들판에서 농민 2000여 명이 죽었다.

장흥동학혁명기념관 관장 이대흠은 "과녁에 대고 사격연습 하는 수준"이라고 했다. 생포된 자들 가운데 지휘부는 지금 장흥서초등학교가 서 있는 공터에서 산 채로 화형당했다. 처형은 조선군이 맡았다. 장대에 걸고 형을 집행했다고, 지금도 학교 터 이름이 장대터다.

남은 기억들

1915년 10월 일본 사업가 아카보시 데쓰마赤星鐵馬는 청일전쟁 첫 육전이 벌어진 성환에 150만 평짜리 목장을 지었다. 종마장이다. 목장 한가운데에 조선식 목재 기와집과 중국식 석재집과 일본식 다다미방을 절충해 집을 지었다. 아흔아홉 칸짜리 집 이름은 취원각翠遠閣이다. 광복 후 목장은 대한민국 축산시험장으로 변했다. 지금은 국립축산과학원으로 쓰인다. 취원각은 한때 초대 대통령 이승만 별장으로 사용됐다. 축산과학원 그 자체, 그리고 그 안에 있는 취원각. 다행히 이들이 남아 있어 120여 년 전 이야기를 들려준다.

장흥서초등학교 운동장에는 늙은 팽나무가 한 그루 서 있다. 2016년 학교에서는 나무를 베려던 계획을 취소하고 나무 반대쪽 건물 하나를 헐고서 체육관을 지었다. 선생님들 덕분에, 팽나무가 보았던 그 역사가 살아남았다. 없었다면 좋았으되 지운다고 지울 수 없는 그런 이야기. 땅의 역사

충남 천안 성환에 있는 취원각. 일제 강점기 일본인 기업가가 만든 집이다. 성환 들판에서 벌어진 청일전쟁의 상징이다.

11 솔숲은 늘 푸른데 숲에 난 발자국은 모두 다르더라

담양의 세 기인

전남 담양에 있는 송강 정철의 정자 식영정. 스승들이 만들어준 완벽한 지성을 정철은 정쟁(政爭)에 낭비했다.

대나무가 많은 담양에는 인물도 많다. 인물이 많으니 사연도 많다. 사연 많은 인물만 추려도 글이 한 바가지이니, 비슷한 무렵 살았던 두 사람만 이야기한다.

정철이 살았다. 16세기 정적政敵들에게 공포를 안겨준 냉혹한 정치가요, 21세기 대입 수험생들을 공포에 몰아넣는 대문장가다. 정철의 친구 고경명도 담양에 살았다. 환갑 나이에 전쟁이 터지자 두 아들과 함께 의병을 일으켰다가 죽었다.

같은 시대 같은 공간에 산 인물들인데 누구는 냉혹한 정치가政治家가 되었고 누구는 목숨을 초개처럼 버린 의사義士가 되었다. 살아간, 죽어간 방법이 그리도 다르다. 같은 곳 같은 시대 살았던 두 사람 이야기.

대문호(大文豪), 냉혹한 정객 정철

18세기 후반~19세기 초 시조집『근화악부槿花樂府』에 귀양살이 중인 노인과 기생이 주고받는 시조가 나온다. 내용이, 끔찍하다. 그대로 읽고 짐작만 해본다. 현대어로는 민망하다.

'옥玉이 옥이라커늘/반옥玉만 너겨떠니/이제야 보아하니/진옥眞玉일시 적실的實하다/내게 살송곳 잇던니/뚜러 볼가 하노라' 여자가 화답한다. '철鐵이 철鐵이라커늘/섭철鐵(잡철)만 녀겨떠니/이제야 보아하니/정철正鐵일시 분명하다/내게 골풀무 잇던니/뇌겨 볼가 하노라'

옥이 옥이라는데 가짜 옥이라 생각했더니
이제 보아하니 진짜 옥이 분명하다
나에게 살로 만든 송곳이 있으니 어디 한번 뚫어 볼까나

쇠가 쇠라는데 잡철이라 생각했더니
이제 보아하니 진짜 철이로구나
나에게 뼈 녹이는 풀무가 있으니 어디 한번 녹여 볼까나

'살송곳'으로 여자를 유혹하는 시인은 송강 정철이다. '골풀무'로 역공을 하는 시인은 그 송강이 귀양 시절 만난 기생이다. 상상만 해도 난잡하기 짝이 없다. 당연히 이 시조는 국어나 문학 등의 교과서에 실려 있지 않다.

그런데 정철에 관해 교과서에 실리지 않은 내용이 또 있다. 문헌을 본다. "선조가 문득 깨닫고 전교했다. '음흉한 성혼과 악독한 정철이 나의 어진 신하를 죽였다(兇渾毒澈殺我良臣).' 이 여덟 글자가 간사한 그들의 속마음을 갈파하기 넉넉

하다."(이긍익, 『연려실기술』 별집, 「사전전고祀典典故」)

정철더러 악독하다고 평한 기록은 한두 건이 아니다. '선조는 정철을 간사한 정철(간철姦澈) 또는 독한 정철(독철毒澈)이라 칭했다. 그 자손을 독종毒種이라고까지 했다.'(윤선도, 『고산유고』, 「국시소國是疏」)

『선조실록』에 간략하게 실린 그 졸기卒記는 이렇게 끝난다. '죄려罪戾가 잇따랐으므로 죽을 때까지 비방이 그치지 않았다(罪戾相尋暨身之沒而不止焉).'(1593년 12월 21일 『선조실록』)

바야흐로 16세기, 사화士禍의 시대였다.

조선의 흑역사, 사화(士禍) 시대

조선 건국 초기부터 권력을 잡은 개국공신들을 훈구파라 한다. 훈구파는 왕권과 타협과 견제를 주고받으며 국가 체제를 만들어간다. 9대 임금 성종 대에 종합 법전인 『경국대전』이 완성되고 국가 체제가 확립됐다.

이제, 비대해진 훈구파를 성종이 두고 볼 리 없었다. 성종은 조선 개국을 반대하며 은둔했던 지방 학자들을 대거 중용했다. 속칭 사림파다. 이 신흥 권력집단을 또 옛 권력자들이 두고 볼 리 없었다.

성종이 죽고 4년 뒤인 연산군 4년 무오사화(1498년)를 시작으로 갑자사화(1504년), 기묘사화(1519년·중종 14년), 을사사화(1545년·명종 즉위년)가 잇달아 터졌다. 기득권 집단인 훈구파가 갖은 핑계를 걸어 사림파를 숙청한 암흑시대다. 한 번도 아니고 네 번이나 이 같은 일이 터지자, 많은 이들이 벼슬을 포기하고 고향으로 돌아갔다. 사태가 심각했다.

충청도 공주 주학제독관州學提督官(감영 학교 교장)에 임명된 조헌趙憲이 상소를 올렸다. '(사화로 말미암아) 성수침은 성시에 은거했고 성운은 보은에 은거했고 이황은 예안으로 물러났고, 서경덕은 화담에 은둔했고 조식과 이항은 바닷가에 숨었고 성제원은 해학으로 일생을 보전했고 이지함은 미치광이로 세상을 피했다. 모두 세상을 구제할 재목들이었으나 산골짜기에서 늙어 죽었다.'(1586년 10월 1일 『선조수정실록』)

50년 권력투쟁에 연패한 사림파는 집단으로 처형되고 유배당했다. 그 가운데 정철 아버지 정유침이 있었다. 왕실과 사돈 관계라 잘 나가던 정씨 집안이었다. 그런데 을사사화에 연루돼 가족이 함경도로 전라도로 경상도로 유배를 당했다. 큰아들은 곤장을 맞고 죽었다. 1551년 유배가 풀렸다. 정유침은 전남 담양 창평으로 은둔했다. 그때 정유침의 넷째 아들 정철 나이는 열다섯 살이었다. 철들기 전부터 정철 인생은 꼬여 있었다.

창평에서 완성된 모순된 인격체

누나들이 왕실로 시집간 덕에 궁궐을 맘대로 드나들던 아이였다. 영민했으되 어른들 권력투쟁으로 그 모든 걸 빼앗긴 정철이었다. 전前 나주 목사 김윤제가 정철을 알아보고 자기 정자 환벽당에서 글을 가르쳤다. 김윤제의 학문적 동지인 송순, 임억령, 양산보, 양응정, 김인후가 환벽당에 모여 아이를 함께 가르쳤다. 당대 최고 지성이 총동원돼 지혜와 지식을 쥐어짰다. 정철은 지성의 완전체였다. 11년 뒤 정철은 과거에 장원으로 급제해 당당하게 중앙 정계에 진출했다.

그 완전체의 한 얼굴이 문학가 정철이다. 정철은 한학은 물론 16세기 유행한 언문 문학, 가사歌辭에 천재적인 재능을 보였다. 또 다른 얼굴은 무자비한 정치가 정철이다.

대입 수험생을 끝없이 괴롭히는 불후의 명작, 「사미인곡思美人曲」을 본다.

이 한 몸 생겨날 제 임 좇아 생겨나니/한평생 연분이며 하늘 모를 일이런가/나 하나 젊어 있고 임 하나 날 괴시니/이 마음 이 사랑 견줄 데 다시 없다/평생에 원

광주시 환벽당. 당시 담양에 살던 지성인들이 모두 모여 천재 소년 정철을 가르치던 곳이다.

하기를 함께 가자 하였더니/늙어서 무슨 일로 홀로 두고 그리는고/임이야 나인 줄 모르셔도 내 임 좇으려 하노라

21세기 민주공화정 언어로 옮겨본다. '날 때부터 각하를 따른 동지애는 하늘도 압니다. 청년 시절 각하께서 저를 총애하셨으니 그 마음 비할 데가 있겠습니까. 죽을 때까지 동지로 여기겠다 하셨거늘, 제가 연로하다고 하여 저를 은퇴시키는 이유를 알 수 없습니다. 각하께서는 모르셔도 저는 끝까지 각하와 함께하렵니다.' 명작의 실체다.

1589년 임진왜란 직전 동인東人 정여립의 모반 사건이 터졌다.(1권 1장 <12. 불운한 혁명가 정여립과 혁명의 산, 진안 마이산> 참조) 서인西人 영수였던 정철은 수사반장을 자임하며 동인 당원을 대거 숙청했다. 기축옥사라 한다. '기축년에 정여립

옥사가 일어났다. 임금이 정철에게 옥사를 다스리게 했다. 정철이 평소에 과격했던 동인은 죽이지 않으면 귀양 보내니, 조정이 거의 비다시피 했다.'(이중환, 『택리지』, 「복거총론-인심」 편) 임진왜란 직전까지 3년 동안 1000명 넘는 동인 선비들이 죽었다.

비겁한 권력자, 선조

동인 학살극이 끝났다. 선조는 정철을 앞세워 이번에는 비대한 집권여당을 정리했다. 옥사가 마무리될 무렵, '정철이 뜻이 다른 사람들을 없애고자 하였다'는 상소가 올라왔다. 선조는 그날로 공식문서 없이 비망록 한 장으로 정철을 강계로 유배시켰다.(1591년 5월 1일 『선조수정실록』) 그 무렵 선조가 한 말이 "악독한 정철이 나의 어진 신하를 죽였다"였으니, 토사구팽도 아주 비겁한 토사구팽이다. 이러구러 여정 끝에 정철은 강화도 농가에서 굶어 죽었다.

정철의 친구, 고경명과 그 후손

정철과 같은 마을 창평에는 고경명이 살았다. 정철과 함께 식영정에서 스승 임억령으로부터 글을 배웠다. 고경명은 정철보다 세 살 위다. 1591년 동래 부사를 끝으로 정계에서 은퇴하고 고향 창평으로 은둔했다. 이듬해 임진왜란이 터졌다. 선조가 중국으로 달아났다는 소식이 담양까지 날아왔다. 각지에서 도주한 관군을 모아 의병을 일으켰다. 혼자가 아니었다. 큰아들 종후와 둘째 아들 인후가 선봉장이었다. 담양에 육천 의병이 일어났다.

1592년 7월 10일 충청도 금산에서 의병-관군 연합군은 일본군과 전투를 벌였다. 일본군은 관군을 먼저 공격했다. 관군이 패배했다. 이에 의병군은 전의를 상실했으나 고경명은 끝까지 전투를 지휘했다.

그날 고경명이 전사했다. 둘째 아들 인후도 함께 죽었다. 큰아들 종후는 아버

담양 삼지내마을 고정주 고택. 일제 강점기 교육사업으로 나라를 준비했다.

지와 동생의 복수를 위해 다시 군사를 일으켰다. 복수의병장이라 불린 고종후는 이듬해 6월 29일 진주성 2차 전투에 참전해 전사했다. 세 사람은 훗날 '불천위不遷位' 지위를 나라로부터 받았다. 4대 이후에도 영원토록 제사를 지내는 지위다.

세월이 흘러 300년 뒤 일본이 다시 조선을 침략했다. 1895년 고종 왕비 민씨가 일본 외교관과 깡패 집단에 살해됐다. 고경명의 후손 녹천 고광순이 의병을 일으켰다. 고광순은 1907년 구례 연곡사에서 의병 훈련 도중 일본군 포격에 전사했다.

역시 창평에 살던 만석지기 후손 고정주는 학교를 세웠다. 영어를 가르치고 일본어를 가르치고 수학을 가르쳤다. 고씨 문중 산속 상월정上月亭에 영학숙을 세웠다. 김성수, 김병로 같은 한국 현대 보수 정객들이 어릴 적 이 학숙에서 공부했다. 학생이 불어나자 영학숙은 창흥의숙으로 확대했다. 창평초등학교가 그 후신이다.

고정주가 만든 사립 학교 상월정

군량미가 떨어지면 고광순은 옆집에 사는 고정주 집 마당에서 쌀을 훔치곤 했다. 무장투쟁과 신교육으로 서로 노선은 달랐지만, 고정주는 고광순을 묵인했다. 고광순은 고정주를 존경했다.

도사 전우치와 황금리

기록에 따르면 사화의 시대를 살았던 도사 전우치는 실존 인물이다. 실학자 이덕무는 전우치를 담양 사람이라고 했다.(이덕무, 『청장관전서』, 「한죽당섭필寒竹堂涉筆」) 담양 어딘가에 황금 대들보를 묻었다고 했다. 전우치가 금을 묻은 들판을 사람들은 황금리라 불렀다.

2018년에 아흔한 살이 된 황금리 노인 강일수는 오른손 세 손가락이 없다. "경운기가 먹어버렸다"고 했다. 100년에서 10년 빠지는 세월, 청진 일본제철소에서도 일했고 중국에서도 일했다. 6·25전쟁 때 인민군에게 잡혔다가 풀려나 "오해받기 싫어서" 국군에 자원입대도 했다. 인민군 포로 시절 배웠던 이발 기술로 군인들 머리 깎아주며 지냈다.

마을 한가운데에는 벼락을 네 번이나 맞은 팽나무가 서 있다. 한눈에 봐도 다산 듯 보이는 팽나무 아래에 전우치가 황금 대들보를 묻었다고 마을 사람들은 믿었다. 그런데 사람들은 땅을 파헤치는 대신 경운기에게 손가락 먹여가며 농사를 짓는다. 손가락 부족한 강일수가 말했다. "하우스 농사로 수확하는 방울토마토가 우리한테 황금이다."

동시대를 살았던 정철과 고경명과 전우치는 서로 다른 길을 걸어 세상을 나갔다. 정철의 황금, 고경명과 그 후손의 황금, 그리고 100년을 살아온 노인의 황금. 무엇을 택할 것인가. [땅의 역사]

12 마이산 그늘에 숨어 있는 16세기 블랙리스트

불운한 혁명가 정여립과 혁명의 산, 진안 마이산

마이산. 조선 왕조를 상징하는 〈일월오봉도〉를 닮았다.

서기 1380년 어느 날 고려에 귀화한 몽골제국 다루가치 가문 출신 무사가 꿈을 꾸었다. 귀화한 지 24년 만에 꾼 길몽이었다. 꿈에서 수염 하얀 도인이 금으로 만든 자, 금척金尺을 주면서 세상을 바꾸라고 말하는 것이었다. 무사 이름은 이성계다.

금척은 왕조의 정통성을 뜻하니, 무장 이성계는 고려를 뒤집어엎는 혁명을 꿈꾸게 되었다. 전라도 남원 땅 황산에서 왜구를 상대로 대승리를 거둔 다음이었다. 기분 좋게 수도 개경으로 철수하는데, 문득 고개를 들어보니 꿈속에서 금척을 받은 그 산이 하늘에 떠 있지 않은가.

하여 산에 '금척을 붙잡아 놓은 산', 속금산束金山이라 이름 붙이고 산중 사찰 은수사에서 백일기도를 마치고 길을 떠났다.

훗날 진안 땅을 지나던 아들 이방원이 속금산을 바라보며 "산이 말 귀와 닮았다"하여 개명을 지시하니, 이 산이 바로 전북 진안 마이산馬耳山이다.

세상은 그리 되었다. 이성계는 왕씨가 지배하는 고려를 파하고 이씨가 왕실을 차지하는 역성혁명易姓革命을 성공시켰다.

신기한 마이산

5억 년 전 호수 속에 자갈과 모래가 엉켜 있던 진안 땅이 솟구치면서 마이산이 되었다. 콘크리트 같은 단일 암석 2개가 비죽 솟아 있다. 진귀하기 짝이 없다. 질감이나 형성 연원이 영락없이 콘크리트라, 영문을 모르는 일부 관광객들은 "저 산 만들려고 사람도 사람이지만, 저 많은 시멘트는 어디서 갖고 왔을꼬?"하고 믿으려 하지 않는다.

이성계가 금척을 받은 이래 마이산은 조선조 내내 조선 왕실의 정통성을 상징하는 산으로 대접받았다. 산신제山神祭도 꼬박꼬박 지냈다.

20세기 들어 이갑룡이라는 사내가 이 산 가운데에 돌탑들을 쌓았다. 수십 년 동안 돌 하나하나 옮겨가며 열심히 쌓았다. 돌탑 그대로 지금은 탑사라는 절이 되었다. 근 90년 가까이 모진 풍수해 속에도 돌탑들이 쓰러지지 않아, 1990년대까지 사람들은 이갑룡이 축지법과 차력을 써서 만들었다고 알고 있었다. 게다가 한겨울 탑사와 은수사에 마당에 물통을 놔두면 고드름이 하늘로 치솟으며 자라니, 축지법을 통한 해석이 과학적인 해석보다 더 그럴 듯했다.

미완의 혁명가 이석용(1878~1914)

마이산 남쪽 입구로 가는 길목 오른쪽에 마이산을 닮은 바위가 하나 있다. 이름은 용바위다. 이정표가 작아 잘 보이지 않는다. 바위에는 龍巖(용암)이라 새겨져 있다. 그 뒤로 커다랗게 흉터가 있는 바위산이 있다. 용이 승천하면서 꼬리로 친 자국이라 한다.

1907년 9월 12일 이석용이라는 스물아홉 먹은 사내가 그 앞 바위에 올랐다. 길바닥에는 관중 500명이 서 있었고 일본 경찰이 주위를 에워싸고 있었다. 이석용이 바위에 쌓은 제단에서 소피를 뿌리며 이렇게 하늘에 고했다. "사사로운 정이 우리를 방해하거든, 하늘이 죽음으로 응징하소서."

사람들 위세에 일본 경찰은 주눅이 들어 제지도 하지 못했으니, 이가 호남의병 창의동맹단이 결성된 현장이다. 때는 정미조약으로 대한제국 군대가 사라진 다음이었다.

이석용은 만장일치로 의병장에 추대됐다. 1년 넘도록 준비해둔 군자금과 무기로 창의동맹단은 진안, 용담, 임실, 순창을 훑으며 전투를 벌였다. "일왕의 살을 씹고 가죽을 벗겨 방석으로 삼겠다"고 나선 이석용이었다. 그러나 거기까지였다. 의분義憤한 혁명가가 혁명을 완성시키기에 대한제국은 이미 굴뚝까지 침몰해 있었다. 결국 이석용은 1914년 4월 식민지로 전락한 나라 법원에서 사형을 선고받고 석 달 뒤 처형됐다. 용바위 앞에는 이를 알리는 작은 안내판이 서 있다. 바위와 바위산 사이에는 혁명 동지들이 새 세상을 논의했을 은밀한 공간이 숨어 있다.

혁명가들의 흔적, 이산묘

용바위에서 1km 정도 마이산 쪽으로 가면 주차장 입구 오른편에 커다란 비석이 나온다. 비석에는 '호남의병창의동맹단 결성지'라 새겨져 있다. 안내판에는 비석 옆 바위산에서 이석용이 제사를 올렸다고 적혀 있다. 왜곡이며 오류다. 이 비석 글자를 쓴 사람은 '대통령 김대중'이라 새겨져 있는데, 이 또한 왜곡이라는 주장이 많다. 김대중이 선거에서 패배하고 칩거하던 시절에 쓴 글이고, 훗날 그가 대통령이 된 이후 어느 시점에 대통령이라는 글자가 추가됐다는 것이다.

어찌됐든 비석은 무시한다. 대신 뒤에 있는 이산묘駬山廟를 본다. 마이산 경치에 홀려 대개 무시하고 지나가는 공간이다. 정식 명칭은 대한이산묘大韓駬山廟다.

독립운동가·임시정부 주석 김구 친필 '영광사'

독립운동가·대한민국 초대 부통령 이시영 친필 '이산묘'

1906년 위정척사파 유학자 면암 최익현이 의병을 일으켰다. 최익현이 체포되면서 의병은 무위로 돌아갔다. 이에 영향을 받은 사람이 바로 앞서 등장한 이석용이었다. 나라가 망하고 1924년 최익현의 제자들과 또 다른 학자 송병선의 제자들이 마이산 자락에 이산정사를 세웠다. 금척을 받은 곳에, 사라진 조선의 정기를 부활시킨다고 했다.

그리고 해방이 되고 1946년 조선조 충신과 독립투사들 위패를 함께 모시고 이산묘라 개칭했다. 그때 백범 김구가 거액을 내놓고 투사들 위패가 있는 사당 이름을 '永光祠(영광사)'라 지었다. 충신들을 모신 사당은 해공 신익희가 '永慕祠(영모사)'라 지었다. 외삼문에 붙은 현판 '駬山廟(이산묘)'는 상해임시정부 초대 부통령 이시영의 글씨다. 사당 오른편에는 1956년 당시 대통령 이승만이 쓴 대한광복기념비 비각이 서 있다. 사당 왼편 까마득한 절벽에는 김구가 쓴 '青丘日月 大韓乾坤(청구일월 대한건곤)'이 커다랗게 새겨져 있다. 도로 건너에는 김영삼 정부 때 세운 독립유공자추모탑이 서 있고, 뒤편 절벽에는 고종이 쓴 글씨 '非禮勿動(비례물동. '예가 아니면 움직이지 말라'는 뜻)'이 새겨져 있다. 다시 말해서, 역사 교과서에 나오는 당대 최고 권력자 혹은 혁명가 리스트, 그 흔적을 바로 이 사당에서 한꺼번에 볼 수 있는 것이다. 어마어마한 공간이다.

진안 죽도와 혁명가 정여립(1546~1589)

마이산 남부주차장에서 20km 동쪽으로 가면 죽도가 나온다. 무주에서 오는 물길과 진안에서 나오는 물길이 이곳에서 만나 용담호로 흘러 금강이 된다. 조선 선조 때 문신 정여립이 이곳에서 죽었다. 자살인지 타살인지는 430년 되도록 수수께끼다.

정여립은 혁명가였다. 단재 신채호는 정여립을 '동양 최초의 공화론자'라 규정했다. 봉건 국가에서 공화주의를?

폭정에 항거하고 왕조를 바꾸는 역성혁명론易姓革命論은 맹자 이래 혁명가들이 주창하던 이론이다. 조선 왕실이 금척 신화를 들고 나온 명분도 혁명이었다. 그런데 정여립은 아예 '천하는 공물公物인데 어찌 주인이 따로 있으랴'라고 대놓고 혁명을 주장했다.

정여립은 관직 초기 서인西人의 태두인 율곡 이이 문하에서 벼슬살이를 했다. 그러다 하루아침에 탈당해 집권여당인 동인東人 당으로 전향해버렸다. 선조가 이를 못마땅하게 보자 관직을 버리고 은거한 곳이 진안 죽도다.

사방이 산이요, 물길로 갇힌 이곳에서 정여립은 대동계라는 조직을 만들어 관료부터 천민까지 다 만나며 세력을 모았다. 대동계는 황해도까지 조직원이 있을 정도였다. 한 달에 한 번씩 활쏘기 대회도 열었다.

정여립의 꿈이 사라진 진안 죽도

1589년 '한강에 얼음이 얼 때 황해도와 전라도에서 정여립 세력이 한양으로 진격한다'는 첩보를 서인 당이 선조에게 일러바쳤다. 『정감록』에 나오는 정도령을 참칭하고 정씨 왕조를 꿈꿨다는 보고도 올라왔다. 선조가 듣고도 믿기지 않을 정도였다. 이후 벌어진 일은 불문가지다. 난공불락의 요새인 죽도가 순식간에 공동묘지로 변했다.

이곳저곳에서 전투를 벌이던 정여립은 결국 죽도 강변까지 몰렸다가 관군에 포위돼 죽었다. 관군이 죽였다는 보고는 물론 "땅에 세운 칼로 목을 찔러 자살했다"는 보고도 있다. 심지어 죽은 곳이 죽도가 아니라는 기록도 있다. 살던 집은 허물어서 연못으로 만들었다. 삼족이 멸하고 정여립에 관한 일체의 기록이 역사 속에서 삭제됐다. 혁명가의 죽음은 그게 전부가 아니었다.

16세기 블랙리스트, 기축옥사

서인은 권력을 되찾을 절호의 찬스를 맞았다. 대대적인 역모 세력 검거 작업에 착수했다. 수사반장이던 송강 정철은 정여립의 '정' 자만 들먹여도 붙잡아 고문을 했다. 조대중이라는 지방 관료는 기생과 헤어져 울다가 정여립을 슬퍼한다는 오해를 뒤집어쓰고 곤장 맞고 죽었다. 서인이었던 형조좌랑 김빙은 이듬해 정여립의 시체를 꺼내 다시 고문하는 현장에 참석했다가 날씨가 추운 탓에 흘린 눈물을 닦은 죄로 사형당했다. 3년에 걸친 색출 작업 끝에 동인 당 세력 1000여 명이 학살됐다. 서인은 블랙리스트를 작성해가며 동인 세력을 차곡차곡, 그러나 무자비하게 제거해갔으니, 이를 기축옥사己丑獄事라 한다.

이후 몇몇 역사적 에피소드를 제외하고는 대한제국이 망할 때까지 서인 당, 그중에서 노론 당은 권력을 빼앗기지 않았다. 권력 재편 과정을 가만히 지켜보던 선조가 훗날 한마디 했다. "악독한 정철이 나의 어진 신하를 죽였다(毒澈殺我良臣)."(이긍익, 『연려실기술』) 역사는 그게 끝이 아니었다.

300년째 작동한 블랙리스트

1900년 양력 4월 17일 대한제국은 새 훈장 조례를 발표하며 금척을 상징하는 금척대훈장을 최고 훈장으로 규정했다. 훈장을 받은 사람은 고종과 순종을 포함해 27명이다. 일본인이 11명, 대한제국인이 14명, 독일인과 오스트리아인이 각각 1명이다. 일본인 가운데는 당시 일본 추밀원 의장인 이토 히로부미 후작(1904년), 훗날 2대 조선 총독이 된 일본 주둔군 사령관 하세가와 요시미치(1907년)가 포함돼 있었다. 대한제국인은 내각총리대신 이완용, 궁내부대신 민병석이 명단에 들어 있었다.

1910년 8월 22일 대한제국은 일본국과 한일합병조약을 체결하고 일주일 뒤인 29일 월요일 일본국 황제에게 통치권을 양여했다. 경술국치庚戌國恥라 한다. 일본은 훗날 통치권 이양에 기여한 조선인 76명에게 귀족 작위와 거액의 은사금을 하사했다. 사학자 이덕일에 따르면 당파를 파악할 수 있는 귀족 64명 가운데 56명이 노론이었다. 이 가운데 이완용과 윤택영, 민병석, 이재각은 대한제국 금척대훈장과 조선 귀족 작위를 함께 받았다. 나라가 사라진 지 5주가 지난 1910년 10월 7일 금요일이었다. 300년 전인 16세기에 작성된 블랙리스트는 나라가 사라지던 그날까지 작동 중이었다. 하여 마이산에 대놓고 묻는다. 빛나는 금척은 어디로 갔는가. 땅의 역사

2장

대인들 - 고집 혹은 지조

사람이었으되 큰사람들이었다

곡성 침실습지

01 왜 그는 혁명을 택하지 않았는가

14대 조선 국왕 이연과 조선 군인 이순신

군인 이순신은 무너졌다. 계급장을 떼이고, 고문을 당하고, 감옥에 갇히고, 무계급으로 전투에 임하고, 전쟁터에서 죽었다. 그가 겪은 정신적 수모와 육체적인 고통은 끔찍하다. 의문이 생긴다. 군신軍神이되 그 또한 인간이거늘, 그는 왜 항명을 하지 않았을까. 나라는 어지럽고 민심도, 군사도 그의 편이었는데. 우직한 군인, 이순신 이야기다. 조선 최고 지도자인 이연李昖(이균李鈞, 이후 이연)이야기도 함께. 이연은 조선 14대 임금 선조의 이름이다.

계급장 떼이던 날

서기 1597년 2월 26일 조선 해군 총사령관 이순신은 가덕도로 향하던 도중 사령부인 삼도수군통제영으로 귀대했다. 통제영은 경남 통영 한산도에 있다. 중앙정부에서 파견한 체포조가 대기 중이었다. 지금으로 치면 이순신은 별 넷, 대장大將이 계급장을 떼이고 서울로 압송됐다. 단 한 차례도 전투에서 패한 적 없는 용장이었다. 체포조 옆에는 후임 사령관이 대기 중이었다. 후임은 원균이다. 압송되기 전 이순신은 원균에게 군비軍備 일체를 인계했다. 한산도 병영 내에는 군량미

전남 진도 울돌목에 있는 이순신 동상

9914석, 화약 4000근이 있었고 각 군함에는 총통 300자루가 탑재돼 있었다(『이충무공 행록』). 다섯 달 뒤 이 병력과 군수품은 거제도 옆 칠천량 바다에 몽땅 수장됐다.

전쟁 초기 헛소문과 선조

이순신이 연전연승을 거두자 그가 명나라로부터 벼슬을 받았다는 소문이 떠돌았다. 소문이 이순신 본인에게까지 들어왔다.

'선전관 이순일 말이 "명나라에서 공에게 은청금자광록대부(銀青金紫光祿大夫) 작위를 내려준다는 소문이 있더라"하였으나 필시 헛소문일 것이다.'(1593년 5

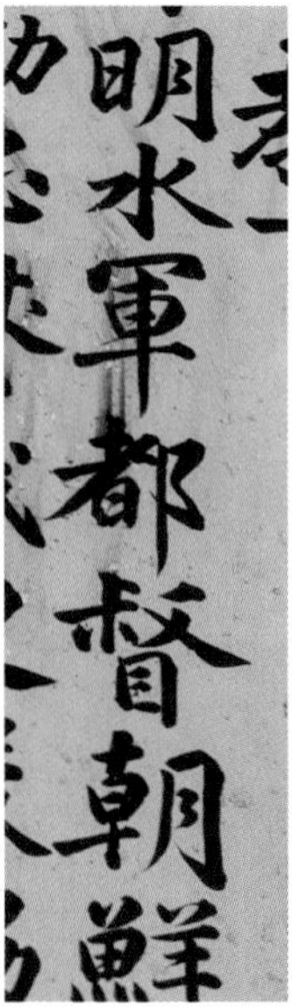

선조가 이순신을 복귀시키며 내린 글(왼쪽 좌). '아무 할 말이 없다'고 거듭 사죄했다. 정조가 이순신을 영의정으로 추증한 교서(왼쪽 우). '명나라 수군 도독'이라 돼 있다. 아래는 백의종군 중이던 이순신이 선조로부터 복직 명령을 받은 경남 진주 수곡 손경례 가옥 기념비

월 5일 『난중일기』 초고草稿)

전라좌수사로 전쟁에 임한 지 1년, 그리고 그가 전라, 충청, 경상 삼도수군통제사로 임명되기 석 달 전이다. 광록대부는 명나라 종1품이다. '금자'와 '은청' 광록대부는 그 아래로 따로 있으니 소문 자체가 낭설이다. 종1품이었던 소문 속 벼슬은 전쟁이 진행되면서 정1품까지 올라갔다.

소문은 중앙 정부에도 들어갔다. '순신의 직품은 정1품이었으니 자연 법전法典에 따라 제사를 지내야겠으나(舜臣職在正一品 自當依法典致祭)'(1598년 11월 30일 『선조실록』), '충무공은 황조皇朝의 도독都督이라는 고인誥印을 받았음에야 말할 나위가 있겠는가(況忠武之受皇朝都督之誥印者乎).'(1792년 7월 25일 『정조실록』) 1793년 정조가 내린 영의정 추증 교서도 '유명수군도독有明水軍都督'으로 시작한다. 명나라 수군 도독이라는 뜻이다.

그런데 중국 어느 사서에도 이순신이 명나라 황제로부터 정1품 도독 벼슬을 받았다는 기록은 보이지 않는다. 뜬소문이거나 비밀리에 내린 벼슬이거나 둘 중 하나다. 황제가 비밀리에 벼슬을 내릴 까닭이 없다. 최근에는 그가 황제로부터 받았다는 여덟 가지 하사품, 팔사품八賜品(보물 제440호)이 황제가 아니라, 조명연합군 사령관 진린 선물이라는 주장이 나오기도 했다.(장경희, 「통영 충렬사 팔사품 연구」, 2014년) 팔사품 모사품을 전시했던 충남 아산 현충사는 전시를 철회했다.

문제는 사실 여부가 아니다. 그 소문을 선조가 알고 있었다는 사실이 중요하다. 선조는 어떤 지도자인가.

이기심 가득한 지도자, 이연

14대 국왕 선조, 이연은 유능한 인물이었다. 주위 만류를 뿌리치고 정읍 현감 이순신을 7계급 특진시켜 전라좌수사로 임명한 지도자였다. 개전 초 전선이 붕괴되자 가망 없음을 알고 요동으로 망명할 꿈을 꾼, 판단이 빠른 사람이었다. 전란 초기 조선군을 무기력하게 만든 조총鳥銃을 스스로 역설계해 조립도 하고, 각 전투마다 각료들과 함께 전황을 토론하는 전술가이기도 했다. 그런데 이 영민함을 덮고 남는 것이 있었으니, 바로 이기심이다.

전쟁이 터진 지 14일 만에 중국으로 가려는 선조에게 관료들은 "왕세자부터 결정하라"고 주장했다. 왕이 떠나면 민심을 진정시킬 수 없다고 했다.(1592년 4월 28일『선조실록』) 이틀 뒤 선조는 둘째 아들 광해군을 세자로 임명하고 의주로 달아났다.

이를 목격한 백성들은 경복궁을 불태워 화를 풀었다. 이후 전쟁 준비와 백성 위무는 열일곱 먹은 광해군이 책임졌다. 육지에서는 선조가 팽개친 백성이 의병을 일으켰고, 바다는 그가 낙점했던 탁월한 장수 이순신이 구했다.

악연(惡緣)

도주한 선조가 평남 안주에서 명나라 관리 유황상을 만났다. 그가 이리 힐난했다. "귀국은 고구려 때부터 강국이었는데 선비와 서민이 독서와 농사에만 치중한 탓에 변란을 초래했다." 선조는 이렇게 대답했다. "오직 대인의 가르침에 따를 뿐."(1593년 6월 5일『선조실록』)

백성으로부터, 황제국으로부터 조롱과 비난을 받은 지도자는 그 분노를 군사에게 돌렸다. 나라를 버린 지도자에게 나라를 살린 의병장들과 이순신은 깊은 분노와 두려움의 대상이 됐다. 의병장 김덕령은 전쟁 도중 반란죄로 처형됐다. 전후 논공행상에서 퇴직 관리 출신을 제외하고는 의병장들은 1명도 공신록에 오르지 못했다. 그리고 선조 이연 자신에게 없는 모든 것을 소유한 자가 맹활약 중이었다. 민심과 군사력을 갖춘, 이순신이다. 그 사내가, 조선과 조선 국왕을 비웃은 황제국 명나라로부터 정1품 벼슬을 받았다는 것이다.

우직한 군인, 파면되다

해군 사령관 이순신은 우직한 군인이었다. '사직의 위엄과 영험에 힘입어 겨우 조그마한 공로를 세웠는데 임금의 총애와 영광이 뛰어넘어서(寵榮超躐) 분에 넘쳤다.'(1595년 5월 29일『난중일기』) 이순신은 무력과 민심을 가진 군인이었다. 두 가지 모두 선조 이연에게 없거나 그를 압도하는 덕목이었다. 이순신은 자신에 대한 소문과 무관하게 적과 싸웠다. 일본군은 조선 해군에 보급선을 차단당하고, 전쟁은 소강상태에 접어들었다.

1597년 2월 수군통제사 이순신이 체포돼 고문 끝에 관직을 삭탈당하고 백의종군했다. 전란 초 이순신의 전라좌수영 부대가 구해줬던 원균이 그를 모함하는 데 있는 힘을 다했다(搆誣舜臣 不遺餘力).(류성룡,『징비록』)

일본으로 돌아갔던 일본 사령관 가토 기요마사 부대가 다시 침입한다는 거짓

전남 여수 고소대에 있는 이순신 타루비(墮淚碑). '눈물을 흘린다'는 뜻이다.

정보가 문제였다. 이순신은 가토 부대가 이미 조선에 들어와 있다고 생각했으며 매복을 위한 함정이라고 판단했다. 선조 정부는 거짓 정보를 신뢰하고 이순신에게 일본군 공격을 명했다. 이순신은 거부했다. 선조는 그에게 세 가지 죄를 물었다. '조정을 기만해 임금을 무시한 죄, 적을 놓아줘 나라를 저버린 죄, 남의 공을 가로채 모함한 죄(欺罔朝廷無君之罪 縱賊不討負國之罪 至於奪人之功陷人於罪).' (1597년 3월 13일 『선조실록』)

이미 두 달 전 선조는 처벌을 작심하고 있었다. "그런 사람은 청정淸正(가토 기요마사)의 목을 베어 오더라도 용서할 수가 없다(如此之人 雖得淸正之頭 不可容貸)."(1597년 1월 27일 『선조실록』) 이날 풍경을 기록한 류성룡의 『징비록』 초고草稿에는 '임금이 죽이고자 원하여(上欲誅之)'라고 적혀 있다. '원하여(欲)'라는 단어는 완성작에서는 삭제되고 없다.

조선 해군 총사령관이 전쟁 한복판 최전방에서 파면됐다. 모든 사람이 죽이라 찬성했지만, 판중추부사 정탁이 강력하게 사형 불가를 주장했다. 정탁은 그를 구하려는 상소문까지 작성했다. 회의에서 다행히 이순신의 감형이 결정됐다. 선조는 이순신을 수감한 뒤 좌승지에게 "왕위를 내려놓겠다"고 말했다.(1597년 2월 29일 『선조실록』) 전쟁 동안 그가 사표를 던진 횟수는 15차례다. 자기가 불리할 때마다 이연은 양위 소동을 벌였다. 이순신은 거의 죽을 만큼 매를 맞고(栲訊幾死) (이덕형, 『한음문고』) 백의종군 끝에 복직 명령을 받았다. 8월 3일, 출감 4개월 만이었다. 무릎을 짓이기는 압슬형을 받았다는 이야기도 있고, 고문이 형식적이었다는 이야기도 있다.

이순신의 꿈

백의종군 길, 합천을 지날 때였다. 이순신은 꿈을 꾸었다. 시체가 많이 널려 있어서 밟기도 하고 목을 베기도 하는 꿈이었다.(1597년 7월 14일 『난중일기』) 이틀 뒤 칠천량에서 조선 해군이 전멸했다. 다섯 달 전 원균에게 넘겼던 전 병력과 전 군수품과 무기와 군함이 바다에 수장됐다. 원균도 죽었다. 이순신은 이틀 후에 이 소식을 들었다. 그리고 20일이 지난 8월 3일 경남 진주에서 이순신은 삼도수군통제사 복직 명령을 받았다.

중앙에서 파견된 선전관이 가져온 문서는 두 가지였다. 하나는 군직 임명장인 사부유서, 하나는 모친상 중인 이순신을 탈상시키고 복직시키겠다는 복귀 명령서인 기복수직교서다. 명령권자 선조가 이렇게 썼다. '이같이 패전의 욕됨을 만나게 했으니 무슨 할 말이 있겠나, 무슨 할 말이 있겠는가(亦出於人謀不臧而致今日敗衄之辱也 尙何言哉 尙何言哉).'(『이순신 기복수직교서』)

9월 7일 이순신은 장계를 올린다. '신에게는 배가 12척이 있나이다. 죽을힘을 다해 항전하겠나이다(今臣戰船尙有十二 出死力拒戰).'(『이충무공행록』) 그리고 16일 명량해전에 출전해 승리했다. 150척이 넘는 적군을 물리쳤다.

그날 밤 그가 일기를 쓴다. '천행天幸이다.' 전날 꿈에 신인神人이 나타나 이러하면 이기고 저러하면 패하리라 가르쳐줬다고 했다.(9월 15일 『난중일기』) 12척으로, 죽을힘을 다해 싸워 이겼다. 개인에게도, 나라에도 참으로 천행이었다.

복직 후 행한 적 없는 충성 의례

조선 왕조 내내 관료들은 지방으로 전임되면 매달 망궐례望闕禮를 치렀다. 망궐례는 국왕이 있는 궁궐을 향해 올리는 충성 의식이다. 『난중일기』에 따르면 이순신은 백의종군 이후 단 한 번도 망궐례를 행하지 않았다. 복직 후 노량해전까지 기록에 보이지 않는다. 대신 우직한 군인답지 않은 기록이 보인다.

'이런 자들이 권세 있는 사람들에게 아첨이나 해서 자신이 감당하지 못할 지위에 올라가 국가의 일을 크게 그르치고 있건만, 조정에서 살피지 못하고 있으니 어떻게 할 것인가?'(1597년 8월 12일 『난중일기』) 정치에 대한 불만은 전쟁 초부터 있었다.

'비밀 교지가 들어왔는데, 수륙 여러 장수가 팔짱만 끼고 서로 바라볼 뿐 계책 하나 세워서 토벌하려 들지 않는다고 하였다. 3년 동안 바다에 있으면서 그런 적이 없다.'(1594년 9월 3일『난중일기』), '우리나라 역사를 읽어보니 개탄스러운 생각이 많이 들었다.'(1596년 5월 25일『난중일기』)

명량대첩 이후 서해 군산 앞 선유도까지 후퇴했다가 해남 우수영에 돌아와 보니 참혹뿐이었다.(1597년 10월 9일『난중일기』) 그 무렵 그가 독후감을 쓴다.

'송사宋史를 읽다(讀宋史)'. "무릇 신하 된 자로 군주를 섬기면 죽음만이 있을 뿐이다(夫人臣事君有死無貳)." 왜 그 참혹 속에서 죽음으로 군주를 섬겨야 한다고 썼을까. 심리가 무척 복잡하다. 섬길 것인가, 말 것인가. 붓 끝이 흔들리는 그 가을밤이 느껴지지 않는가.

가소로운 지도자

명량대첩 한 달 후 선조가 명나라 장수 양호를 접견했다. 덕담이 오가고, 선조가 말문을 열었다. "통제사 이순신이 사소한 왜적을 잡은 것(捕捉些少賊)은 직분에 마땅한 일이며 큰 공이 있는 것도 아니다(非有大功伐)." 양호가 대답했다. "흩어진 전선을 수습해 큰 공을 세웠으니 매우 가상하다."(1597년 10월 20일『선조실록』). 선조는 이전 봄에는 '반드시 죽여야 한다'고 했다. 그 입에서 여름에는 거듭 '할 말 없다'는 고백과 복직 명령이 내려졌다. 그런데 가을에는 사소한 공을 세웠다고 했다. 선조 이연은 필요할 때와 불필요할 때를 민첩하게 구분하는 지도자였다. 사소한 왜적을 물리친 이순신은 1598년 11월 19일 노량해전 때 죽었다.

전후 한산도

명나라는 임진왜란 종전 후 멸망했다. 대륙은 청나라가 차지했다. 일본에서는 도요토미 히데요시가 죽고 도쿠가와 이에야스의 에도 정부가 들어섰다. 1623년 삼도수군통제영이 있었던 한산도 주민들이 집단 연명해 통제사에게 청원서를 올렸다. '전복과 홍삼 진상과 관아 부역이 과하여 천여 가구가 넘던 인구가 삼백으로 줄었다'고 했다.(『한산도민등장閒山島民等狀』) 조선은 변함없었다. 이순신이 기대했던 세상은 아니었다. 그가 그날 밤, 송사宋史를 왜 읽었는가! 땅의역사

이순신이 노량해전에서 전사한 뒤 유해가 상륙한 경남 남해 관음포의 이락당(李落堂)

02 석탑은 보았다 남한강에 흘러간 복잡다기한 풍경을

중앙탑이 서 있는 충주와 사육신 후손의 수수께끼

충북 충주에 있는 중앙탑. 신라 때 세운 탑이다. 중원에서 벌어진 모든 역사를 목격했다.

백제를 멸하고 고구려를 멸한 지 100년이 더 흐르니, 태평성대를 맞은 신라 38대 원성왕(재위 785~798)이 하루는 걸음걸이 속도가 똑같은 사내 둘을 나라 북과 남에서 걷게 하였다. 이들이 만난 곳에 큰 절을 짓고 탑을 올렸다. 국토 정중앙이라 하여 중앙탑이라 이름하였다. 충북 충주시에 서 있는 칠층석탑이다. 신라와 발해 시대에 이어 1000년 만에 맞이한 또 다른 '남북조 시대'에 이는 더 이상 맞지 않는다. 그래도 충주시는 탑이 서 있는 마을을 중앙탑면이라 이름 붙이고 나라 중심이라 이야기한다.

마침 폭설이 쏟아진 날이었다. 하얗게 변한 천지사방 한가운데에 서서, 충주 땅에 남아 있는 옛 흔적들을 찾아보았다. 사육신死六臣 가운데 하나인 박팽년 사

우祠宇, 신장神將으로 추앙받는 임경업 사당 충렬사, 그리고 조선 육군 사령관 신립의 흔적이 남은 탄금대다.

박계창의 꿈

조선 선조 때 사람 박계창은 경상도 달성 묘골에 살았다. 고조부 기일에 박계창이 꿈을 꾸었다. 꿈에 마당에 인기척이 들리기에 나가보니 정체를 알 수 없는 사내 다섯이 자기 할아버지와 함께 사당 안을 들여다보고 있는 것이었다. 깨어나 생각하니, 함께 사당을 찾은 혼魂들은 고조부 박팽년朴彭年과 함께 죽은 동료들이었다. 이름은 성삼문成三問, 하위지河緯地, 이개李塏, 유성원柳誠源, 유응부兪應孚였다. 훗날 사육신이라 불리게 된 사내들이다.

박계창은 제사상을 다시 차려 여섯 어른을 함께 제사 지냈다. 그는 혼들이 찾아왔던 사당을 하빈사河濱祠라 이름 지었다. 이곳은 훗날 낙빈서원으로 개칭되었다. 1974년 낙빈서원은 육신사六臣祠로 중창되었다. 자, 삼족三族과 삼대三代가 멸망했음이 당연한 이 역적들에게 어찌하여 후손이 있었으며 충주 땅은 사육신과 어떤 식으로 인연을 맺게 되었을까.

계유정난과 사육신

조선 집현전은 왕립학술원이었다. 당대 최고 학자들이 학문을 연구하던 연구소였다. 그 가운데 박팽년, 성삼문, 유성원, 이개, 하위지, 신숙주가 뛰어났다. 박팽년은 문장은 물론 시와 그림에도 능했다. 가야금도 잘 타고 즐겨 타서 호가 취금헌醉琴軒이었다. 별명은 집대성集大成이었다.

세종이 죽고 병약한 문종도 요절했다. 세자 이홍위가 왕위에 올랐다. 열한 살이었다. 너무 어렸다.

그 사이를 제대로 파고든 사람이 문종의 동생, 유瑈였다. 수양대군이라 불린

대구 달성군 하빈면에 있는 사육신 사당 육신사 육각비

이 사내는 1453년 계유년 정적 김종서를 철퇴로 때려죽이더니 2년 뒤 조카 홍위를 왕좌에서 끌어내리고 왕이 되었다.

1456년 6월 2일 신숙주를 제외한 집현전 최고 학자 5명과 무관 유응부가 단종 복위를 계획했다. 거사 당일, 함께 거사를 꾸몄던 김질이라는 자가 세조에게 고자질을 했다. 피바람이 불었다. 동참한 유성원은 그날 집에서 목을 칼로 찔러 자살했다.

성공하면 혁명이고 실패하면 반란이다. 세조가 이들 학자들을 직접 심문했다. 생육신 남효온이 쓴『추강집』과『세조실록』에는 이렇게 기록돼 있다.

세조가 박팽년에게 말했다. "나를 섬기라." 박팽년이 답했다. "한 번도 나으리(진사進賜)를 섬긴 적 없소이다." 세조가 물었다. "내 녹을 먹는 신하(臣)라 칭하지 않았더냐." 박팽년이 대답했다. "그런 적 없소이다."

박팽년 집과 사무실을 수색해보니 충청 관찰사 시절 그가 작성한 서류에는 신하 '신臣' 자 있을 자리에 클 '거巨' 자가 적혀 있었다. 다락방에는 세조 정권이 준 월급봉투가 쌓여 있었다. 박팽년은 심한 고문을 당했다. 그날 밤 세조가 변절자 김질 손에 술상을 들려 옥으로 보내 다시 회유했지만 소용없었다. 다른 역모자들 모두 마찬가지였다.

처벌은 신속했다. 나흘 뒤인 6월 6일 역신들의 아지트 집현전이 폐지됐다. 다음날 박팽년이 고문 후유증으로 옥사했다. 모진 고문으로 이미 살가죽이 칼로 벗겨진 무관 유응부는 배를 지져대는 인두가 식자 "다시 달궈서 지지라"며 고문을 받다가 죽었다. 유응부는 나으리 차원을 넘어, 세조를 '족하足下'라 불렀다. '자네'라는 뜻이다.

그 다음 날 반역자들이 수레에 묶이고 소에게 사지를 묶여 찢겨 죽었다. 이미 죽은 사람들도 시신이 한 번 더 처형됐다. 여자들은 노비로 끌려갔다. 문집은 모두 불태웠다. 삼족이 멸했고 삼대가 멸했다. 일주일 뒤 우의정 이사철이 찬미가를 불렀다. "전하께서는 천년의 운수를 타고나고 덕은 백왕百王의 으뜸이시라." 사건은 그렇게 끝난 줄 알았다.

사육신의 부활

조선 왕실은 사육신의 비극을 큰 부담으로 안고 있었다. 그러던 와중에 선조 때 경상도에서 기적 같은 소식이 올라왔다. 박팽년의 손자가 있다는 것이다.

인조 때 윤순거가 쓴 『노릉지魯陵志』에 따르면 임신 중이던 박팽년의 둘째 며느리 성주 이씨가 친정이 있는 경상도 달성 관비로 내려가 아들을 낳았다. 마침 여종 또한 아이를 낳았는데 딸이었다. 여종은 자기 딸과 이씨 아들을 바꿔 '비婢'라 이름하고 비밀리에 키웠다. 박비는 죽음을 피해 지금 대구광역시 달성군 하빈면 묘동에 숨어 살았다. 그러다 성종 때 이모부 이극균이 경상 관찰사로 부임해 이 사실을 알고 자수시켰다. 윤순거에 따르면 '성종은 크게 기뻐하며 일산一珊이라는 이름을 내려주었다.' 일산은 '구슬'이라는 뜻이다.

박일산의 손자가 바로 사육신 꿈을 꾼 박계창이다. 훗날 1691년 숙종 17년 사육신 6명은 모두 관직을 회복하고 명예를 회복했다. 왕실 정통성에 큰 흉터였던 사육신 사건은 그리 봉합되었다.

사육신 사당은 박팽년 후손이 모여 사는 대구광역시 달성군 하빈면 묘동에 있다. 여섯 사내를 기리는 비석은 육각기둥이고, 비석을 받치는 귀부는 머리가 여섯이다. 서울 노량진에 있는 사육신묘는 생육신 중 하나인 김시습이 시신들을 수습해 묻었다는 뒷자리에 만들어졌다.

역사는 가끔 영화처럼 굴러가기도 한다. 더 영화 같은 역사는 지금부터다. 충주로 다시 가본다.

박팽년 사우와 임경업 사당

1707년 숙종 33년 박팽년의 10세손 박경여가 충청도 청안 현감으로 부임했다. 청안은 박팽년의 고향 회덕과 가깝다. 박경여는 박팽년의 사당을 임지에 세웠다. 지금 충주 땅이다. 사우 외삼문에는 박팽년과 아들 박순, 손자 박일산을 기리는 충신 정려문이 서 있다. 현재 주택가에 숨어 있다.

충주는 무속에서 신으로 떠받드는 장군, 임경업의 고향이기도 하다. 병자호란 이후 무장 임경업에게 적은 청나라뿐이었다. 오로지 청을 적으로 삼다가 명으로 망명한 뒤 간신배의 모략에 걸려 조선으로 압송돼 곤장을 맞고 죽었다. 청을 배신하고 역모를 꾀했다는 것이다. 1646년에 일어난 일이다. 그가 죽고서 전국에 사당이 세워졌다. 서해안 어부들은 그를 신으로 모셨다. 고향 충주에도 사당 충렬사가 있다. 박팽년 사우에서 차량으로 30분 정도 거리다.

충심을 지킨 두 사내의 사당이 지근거리라는 사실도 기이하지만, 그 배경은 더욱 기이하다.

수양대군을 끌어내리려던 충신들은 모사꾼의 변절로 죽었다. 변절자 이름은 김질이다. 그리고 190년 뒤 우직한 장군 임경업이 한 간신배의 모략에 누명을 쓰고 죽었다. 이 간신배가 바로 유자광, 임사홍과 함께 조선 3대 간신으로 꼽히는 김자점이니 사육신을 배신한 모사꾼 김질의 현손玄孫(증손자의 아들)이다. 충신 무리와 간신배 무리가 200년 만에 만난 것이다. 제멋대로 굴러가는 듯 보여도, 이렇듯 역사는 법칙이 있다.

패장의 충절, 탄금대

1000년을 서 있는 중앙탑에서 남한강을 타고 동진하면 탄금대가 나온다. 임진왜란 때 일본군 선봉부대 저지 임무를 맡은 조선 육군 사령관 신립이 전사한 절벽이다. 일본군 사령관 고니시 유키나가가 그리 두려워했던 문경새재를 버리고 달천 변 진흙탕에 배수진을 쳤다가 투신자살한 군인이다. 본인은 물론 8000여 조선 정예군이 몰살했다. 그의 충절을 기리는 탑과 비석이 탄금대에 서 있다. 옛 기록은 물론 현대 군사학자도 이해 불가능한 작전으로 전사한 장수의 충절을 기리는 기념비들이다. 신립이 투신한 달천이 중앙탑 옆으로 흘렀다. 사위四圍가 고요한데, 거기 흘러간 역사가 여간 복잡하고 쓰린 것이 아니었다. 땅의 역사

임진왜란 육군 사령관 신립이 맹목적으로 싸우다 죽은 충주 탄금대

03 문득 알게 되었다 세상은 혼자 사는 곳이 아님을

각성한 유림(儒林) 김창숙과 파리장서 사건

우리 조선 사람은 매양 이해利害 이외에서 진리를 찾으려 하므로 석가釋迦가 들어오면 조선의 석가가 되지 않고 석가의 조선이 되며, 공자孔子가 들어오면 조선의 공자가 되지 않고 공자의 조선이 되며, 무슨 주의가 들어와도 조선의 주의가 되지 않고 주의의 조선이 되려 한다. 그리하여 도덕과 주의를 위하는 조선은 있고, 조선을 위하는 도덕과 주의는 없다.

아! 이것이 조선의 특색이냐, 특색이라면 특색이나 노예의 특색이다. 나는 조선의 도덕과 조선의 주의를 위하여 곡哭하려 한다.

- 1925년 1월 2일『동아일보』, 신채호「낭객의 신년만필」

고등계 형사 자살하다

1919년 5월 14일 밤 만주 봉천 출장길에서 돌아온 종로경찰서 조선인 고등계 형사 신승희가 남대문역에서 체포됐다. 혐의는 수뢰죄였다. 경성 헌병분대에서 이틀간 진행된 심문에서 신승희는 천도교로부터 뇌물을 받았다고 자백했다.

신승희는 "악의가 있어서 한 것이 아니므로 용서해 주기 바란다"며 유치장으

경북 안동에 있는 임청각 군자정. 친인척과 함께 만주로 집단 망명해 독립운동을 한 석주 이상룡의 생가다.

로 들어갔다. 다음 날인 5월 16일 신승희가 유치장에서 청산가리를 먹고 자살했다.(『독립운동사자료집』, 「경성 헌병분대 피고인 신승희 조서」)

신승희, 일명 신철은 천도교로부터 돈을 받고 '3·1 독립운동 거사 계획을 묵인해준' 혐의를 받고 있었다.(총독부 기관지 『매일신보』 1919년 5월 22일) 한 달 열흘 뒤 『신한민보』가 보도한 기사 제목은 '양심良心 재판을 받고 자살해'였다.(미국 샌프란시스코 『신한민보』 1919년 6월 24일)

천도교 쪽 자료에 따르면 신승희는 기미독립선언서 인쇄가 한창인 2월 27일 밤 천도교 산하 인쇄소 보성사를 덮쳐 선언서 한 장을 손에 넣었다. 혼비백산한 사장 이종일이 신승희를 천도교 지도자 손병희에게 데려갔다. 손병희가 "그래도 조선의 아들이니, 며칠만 눈 감아 달라"며 5000원을 보자기에 싸서 내밀었다. 쌀 1111가마 값이다.(천도교 홈페이지) 마흔 살 먹은, 10년 경력 조선인 경찰 신승희는 월급이 40여 원이었고 재산은 열한 칸짜리 집을 포함해 1000원 정도였다.(「신승희 조서」) 신승희는 입을 다물었다. 독립선언은 예정대로 치러졌다. 그리고 두 달 뒤 수사 과정에서 신승희가 자살한 것이다.

각성한 사람들, 각성한 역사

돈에 눈이 돌아갔거나, 아니면 신승희는 각성覺醒을 했는지도 모른다. 문득 정신을 차려보니 자기가 세상을 잘못 바라보고 있었다는, 깰 각覺 깰 성醒. 고등계 형사이기에 앞서 조선의 아들이라는 사실을 그제야 깨달은 중년 사내는 자살을 택했다. 3·1운동은 이 땅에 사는 사람들이 대오각성을 하고 이뤄낸 역사였다. 동시에 세상을 헛되게 바라보고 있던 많은 사람들을 각성하게 만든 역사이기도 했다. 그 각성한 사람들 이야기다. 김창숙金昌淑(1879~1962)도 그런 사람이었다. 마흔 먹은 사내 김창숙은 기미년 3월 1일 경성 한복판에서 낭패를 당했다. 김창숙은 유림儒林이다.

유림 김창숙, 낭패 당하다

김창숙은 선비다. 경북 성주의 거유巨儒, 한주 이진상李震相(1818~1886)을 잇는 한주학파 선비다. 3월 1일 오후 1시 김창숙은 동료들과 함께 탑골공원에 있었다. 배포된 독립선언서를 보니 33인 민족대표 명단에 유림이 한 사람도 없었다. 33인은 기독교 16명, 천도교 15명, 불교 2명이다.

조선 500년을 이끌었던, 바로 그 유림이 없었다. 이에 김창숙이 동료를 붙들고 방성통곡을 하니 사람들이 몰려들었다. 사람들이 유림임을 알아보고는 이렇게 힐난했다.

"이놈도 모양을 보니 아마도 유림인가 보다. 이놈아, 통곡은 왜 하느냐. 나라를 망칠 때는 너희 놈들이 온갖 죄악을 다 지어놓고 오늘날 민족적 독립운동에는 한 놈도 끼이지 않았으니, 이놈아, 이러고도 다시 유림이라 오만하게 자부하려느냐. 이놈아, 통곡은 무슨 통곡이냐."(심산기념사업준비위원회, 『벽옹일대기躄翁一代記』, 「기미유림단사건에 관한 추억의 감상」) 국가보훈처 서동일 박사에 따르면, 이 회고는 "유림에 대한 극단적인 표현이 있기 때문이었는지" (김창숙의) 『심산유고』에는 빠져 있다.

대오각성의 순간이었다. 김창숙이 이리 회고한다. "나라가 망한 원인을 따져보면 유교가 먼저 망하자 나라도 따라서 망한 것이다. 광복운동을 선도하는 데 삼교三教의 대표가 주동을 하고 소위 유교는 한 사람도 참여하지 않았으니 세상에서 유교를 꾸짖어 '오활한 선비, 썩은 선비와는 더불어 일할 수 없다' 할 것이다. 이보다 더 부끄러운 일이 있겠는가?"(김기승, 「심산 김창숙의 사상적 변화와 민족운동」 재인용)

유림 갑(甲)의 시대, 조선

내시와 불교 세력의 발호로 고려가 망했다. 조선은 통치 이념으로 성리학을 채택하고 불교를 억압했다. 지난 시대 왕 옆에서 권력을 휘두르던 승려들이 천민으로 격하되고 승려들은 서울 출입이 봉쇄됐다. 권력은 사대부가 독점했다. 상놈(商)은 천민(工)이 만드는 물품을 팔았고, 농부(農)는 선비(士)가 먹을거리를 생산했다. 신분제는 조선을 지탱하는 근본 체계였다. 신분제에 대한 사대부의 집착은 대단했다.

1620년 광해군 12년 노비에게 무과 응시 자격을 주려는 움직임이 있었다. 임진왜란 직후 국가 노동력이 부족하던 때였다. 그런데 사헌부가 반대했다. "참으로 통탄스럽습니다. 대저 노비와 주인의 구분은 바로 군신의 의리입니다. 이 분계가 없으면 의리가 없어지고 삼강이 없어지게 되는데, 나라에 삼강이 없으면 무엇으로 나라를 다스리겠습니까(誠可痛也. 夫奴主之分 卽君臣之義也. 無此分則無此義而三綱滅矣 國無三綱 何以爲國)?"(1620년 1월 11일 『광해군일기』) 가끔 세종 같은 성군聖君이 나와서 넓은 포용력으로 양민과 천민을 관직에 등용했으나, 가끔이었다. 예외적이었다. 선비 혹은 양반은 과거 제도를 통해 권력 세계에 진입했다. 그 권력의 원천인 지식도 그들이 독점했다.

1792년 3월 정조가 안동 도산서원 선비들을 대상으로 특별시험을 실시했다. 시험은 서원 앞 강변에서 열렸다. 안동 유림은 이 특권을 기리는 비각을 세웠다.

경북 안동 도산서원 앞 시사단(試士壇). 조선 왕조 유학자 특권의 상징이다.

경북 봉화 청량산 절벽에 새겨져 있는 고관대작 이름들.
산에 유람 온 관리들이 자기네 이름을 새겨놓았다.

1970년대 안동댐으로 비각이 수몰되려 하자 유림은 10m 높이 언덕을 쌓고 비각을 수직 이동시켰다. 시사단試士壇이라 한다. 조선 왕조 유림 자부심이 지금 대한민국 낙동강을 바라본다. 그들이 창조한 성리학의 세계는 이상적이었고 풍요로웠다. 가끔 혹은 자주, 그들이 사는 현실 세계에서 그들은 '갑甲'이었다.

퇴계 이황은 어릴 적 경상도 봉화 청량산에서 공부했다. 신라 시대 명필 김생이 공부했고 그때 학자 최치원도 공부했다는 전설도 있다. 조선 선비들에게 청량산은 성산聖山이었다. 산중 사찰 청량사에는 최치원이 공부한 치원암 터가 있다. 그 암벽에 '관찰사 이조원'과 '영주 백 한용구' 이름이 새겨져 있다. 1850년 경술년 8월이다. 그들이 산행하는 모습을 추정해본다.

'술에 취해 누우니 포도탕을 올리고 시 쓸 두루마리를 올리고 상을 깔아주고 등을 켜주었다(醉困隱几而臥 舊面奇上人進葡萄湯 新見熙上人進詩軸 薦床者少上座也 開燈者).'(권호문, 『유청량산록(遊淸凉山錄)』)

원문에 나오는 '上人'과 '上座'는 모두 승려다. 선비들이 고려를 멸망시킨 명분, 지배자의 갑질을 그들은 그렇게 흉내 내고 있었다. 조선 개국부터 500년 되도록 지배구조는 변함없었다. 임진왜란도 깨뜨리지 못했고 병자호란도 못했다.

망국, 그리고 각성하는 유림

1895년 왕비 민씨가 일본인에게 살해됐다. 곧 단발령이 떨어졌다. 성리학의 정신이 담긴 상투와 복식을 버릴 수 없기에 유림은 의병을 일으켰다(을미의병). 적은 단발령을 강제한 친일 내각이고 국모를 죽인 일본이었다. 전국에 번진 을미의병은 국왕 고종이 단발령을 취소하고 해산을 명하자 사그라들었다. 1905년 을사조약이 체결되자 유림은 또 거병을 했다.

조선 전 백성을 위한 거병은 아니었다. 을미의병 때 거병한 의병장 유인석은 양반 출신 의병장에 항의하는 평민 장수 김백선을 처형했다. 동학농민군 출신 의병 4명도 처형했다.

'좌선봉 김백선金伯善이 반란을 일으키므로 대장소에서 목 베었다. 아무나 만나면 생트집을 잡아 공갈하였다. 공은 그의 패만悖慢한 행동을 미워하여 앉아서 맞이하여 위로하자, 백선은 칼을 빼어 들고 크게 떠들며 군사를 지휘하여 범하려 하니 군중이 크게 놀랐다. (유인석)선생이 부드러운 말로 책망하여 그 변을 늦추고 마침내 포박하여 목 베었다.'(『독립운동사자료집1』, 「하사안공을미창의사실下沙安公乙未倡義事實」). 조선 왕조 혹은 대한제국 수호가 목적이었지 공동체 회복은 뜻한 바가 없었다. 동족 간, 개화파와 위정척사파가 서로에게 칼을 겨눈 전투가 을미의병이다. 그래서 '근왕창의勤王倡義', 왕을 보위하기 위해 일으킨 군사는 개화파 관군에게 칼을 겨눴고, 관군은 그들에게 총을 쏴댔다.

그런데 나라가 망했다. 총독부는 1910년 10월 '양반, 유생의 기로耆老(원로)' 3159명에게 15원부터 120원까지 천황 은사금을 지급했다.(강동진, 『일제의 한국 침략정책사』) 500년 조선 지배 이념을 생산해낸 성균관은 즉각 폐지됐다. 대신 1911년 6월 15일 천황을 꼭대기로 한 황국 유학을 보급하는 경학원經學院이 설립됐다. 설립 자금은 천황 은사금이었다. 수장은 모두 유림이었다.

이 꼴을 목격한 제대로 된 선비 하나가 이렇게 기록했다. "온 나라 양반들이 많이 뛸 듯이 좋아하며 따랐다." 그가 바로 기미년 3월 1일 탑골공원에서 펑펑 울다가 낭패를 본 선비 김창숙이다.(김창숙, 『벽옹칠십삼년회상기』)

파리장서와 각성한 유림

3·1운동 주도 세력으로부터 연락을 받았음에도 시기를 놓쳐 서명을 하지 못한 김창숙이었다. 이제 상투도 군주도 왕조도 문제가 아니었다. 문제는 국가와 사회였다. 외세로부터 독립해야 할 존재는 왕조와 유학이 아니라 국가와 민족이었다.

그리하여 김창숙과 그 동지들이 내놓은 계획이 '파리장서巴里長書'다. 프랑스 파리에서 열릴 파리평화회의에 장문의 편지를 보내서 유림의 독립 의지를 보여주자는 계획이다. 500년 내내 서로 등을 돌렸던 기호 지방 유림과 영남 지방 유림이 연합해 독립청원서를 만들고 서명을 했다. 서명한 유림은 모두 137명이다.

김창숙은 고향 봉화 바래미마을로 잠입해 문중과 함께 초안을 작성한 뒤 중국 상해로 떠났다. 상해에서 청원서를 각국어로 번역해 파리로 보냈다. 4월 12일 이 사실이 발각돼 유림들이 대거 옥고를 치렀다. 청원서는 만국회의에 전달되지 못했다. 이른바 1차 유림단 사건이다. 왕조와 유학에 목매고 살던 유림들이 국가와 민족 공동체를 위해 벌인 역사적인 행동이었다. 조선 왕조가 성리학을 통치 이념

경북 봉화 바래미마을(해저마을) 입구에 서 있는 독립운동 기념비(왼쪽). 파리장서를 기초한 마을이다. 오른쪽은 각성한 유림 김창숙

으로 채택한 이래 처음 있는 일이었다. 각성을 한 것이다.

그런데 가슴과 머리가 굳어버린 유림도 한둘이 아니었다. '(김황이) 오히려 임유동에게 말했다. "군君들의 내장에는 서국정신西國精神이 있어 조국정신祖國精神에 병이 되지 않을까 걱정이다." 임유동이 임금이 민족의 대표이지만 제 역할을 다하지 못하면 (임금을) 바꿔야 한다고 하자 김황은 "그대 말이 여기에 이르니 오히려 다시 어찌 하겠는가"라며 대화를 중단했다. 임유동 일행이 방을 나서자 김황과 동석했던 곽윤은 "미친놈(突兀漢)!"이라며 분노를 억누르지 못했다(槐日却恐君輩裏 有西國精神 其爲病於祖國精神 棟日 君爲民族之代表 如車火甬上人一般代表不

善 則自當易之 何有於尊重而世守之. 槐曰 君言至此,尙復奈何. 遂謝罷二人 瞲目送之曰 眞突兀漢也)'.(『중재선생문집重齋先生文集』, 「기미일기己未日記」) 나라를 위해서라도 정신을 바꾸지는 못하겠다는 말이니, 누가 미친놈인가.

임청각 사당이 텅 빈 이유

김창숙은 중국으로 망명했다. 만주에는 안동 선비 이상룡 가족, 서울 선비 이회영 형제들이 집단 망명해 활동 중이었다. 1925년 김창숙은 조선에 돌아와 몽골 지역 독립군 기지 건설 자금을 모았다. 고향 바래미마을을 비롯해 많은 이들이 추렴을 했다. 기지 건설은 실패했다. 대신 군자금은 나석주의 동양척식회사 폭파 의거에 사용됐다. 모금에 동참한 선비들은 또 옥고를 치렀다. 2차 유림단 사건이다. '선비' 김창숙은 상해임시정부 부의장을 지냈다. 김창숙은 1927년 상해에서 병원에 입원했다가 일제에 검거돼 조선으로 압송됐다. 심한 고문을 받았다. 두 다리를 못 쓰게 됐다. 그의 호는 벽옹躄翁이다. '앉은뱅이 늙은이'라는 뜻이다.

'선비' 이상룡은 임정 초대 국무령을 지냈다. 이상룡이 살던 안동 임청각(보물 제182호)에는 군자정君子亭이 있다. 이상룡 가족에서 나온 독립운동가 9명 사진이 걸려 있다. 본인, 동생, 아들, 조카, 손자, 당숙까지. 나라를 위해 신이 된 사람들이다. 이상룡은 1932년 만주에서 죽었다. 사후 77년만인 2009년 국적을 회복했다. 떠나기 전 이상룡은 "나라 없이는 가문도 없다"며 조상 신주를 땅에 묻어버렸다. 하여 임청각 사당은 텅 비어 있다. 선비, 이들이 선비다. 땅의 역사

04 강에게 물어본다 모진 세월 그들은 어찌 살았냐고

곡성 청류동의 비밀과 조병순, 정순태 그리고 장지연

전남 곡성을 흐르는 섬진강 침실습지 겨울 풍경. 굽이굽이 격렬한 역사가 파도쳤다.

섬진강 골짜기마다 마을이 들어서니, 이들을 합쳐서 곡성이라고 한다. 곡소리 나게 운다는 곡성哭聲이 아니라 골짜기가 만든 성, 곡성谷城이다. 전남 곡성군 내 읍, 면, 리 마을 가운데 눈에 띄는 곡谷 자 이름만 봐도 백곡白谷, 호곡虎谷, 수곡水谷, 대곡大谷, 석곡石谷, 염곡念谷, 오곡梧谷, 침곡寢谷, 가곡柯谷, 운곡雲谷, 죽곡竹谷이다. 산 높고 골 깊은 곳 치고 사연 드문 곳 없다. 곡성은 오죽하랴.

일제 강점기 호남 땅을 꿰찬 일본인들은 마을 여섯 군데를 삼성삼평三城三平이라 불렀다. 곡성, 장성, 보성과 함평, 남평, 창평이다. 한마디로 "고춧가루 서 말을 먹고 뻘 속 삼십 리를 기어가는" 독한 동네라는 것이다. 앉은 자리에 풀도 안 난다

는 말도 했다. 기세등등한 일본 자본이 상권을 차지하러 들어왔다가 토착 자본에 뼈도 못 추리고 퇴각한 기억 탓이다. 1914년 총독부는 창평군은 담양군, 남평군은 나주군에 편입시키고 함평군은 많은 읍과 면을 인근 장성과 광주와 나주에 잘라줘버렸다. 사람들은 그 쓰린 패배의 후유증이라고 믿는다. 그만큼 이 고을들은 고집스럽고 배일排日스럽다. 그 삼성 마을 곡성谷城에 강이 흐른다. 곡성 곳곳에 숨은 골짜기에서 물이 내려 강이 된다. 그 물과 강, 골짜기와 사람들 이야기다.

백사장 반짝이던 섬진강

전남 장흥 웅치에서 보성을 거쳐 곡성으로 흐르는 강 이름은 보성강이다. 섬진강과 만나 광양만에서 바다가 된다. 보성강을 곡성에서는 대황강大荒江, 대황천이라 부른다. 크게 거친 강이라는 말이다. 왜 거칠고 왜 황량한가. 지금은 강 주변에 수목이 울창하지만, 20년 전까지 대황천변은 백사장이었다. 그 고운 모래를 중장비로 강바닥까지 싹싹 훑어 제방을 지었다. 남는 모래는 정수기 여과 필터용 모래로 여수를 거쳐 일본으로 수출했다. 황량한 모래밭은 사라졌다.

그런데 문득 모래 사라진 공간에 풀씨가 날아오고 버드나무가 솟더니 습지가 가득 들어선 게 아닌가. 대황大荒이라는 말이 무색하다. 국가습지보호구역으로 지정된 침실습지는 물새 반, 물고기 반, 물안개와 짐승들을 촬영하려는 인간 무리들이 가득하다. 하루걸러 찾아오는 짙은 안개 속에서 태공들이 낚시를 던지고 그 앞에 물새들이 무심하게 장난을 친다. 맑은 날 새벽 물안개가 발생하면, 몽환夢幻이다. 세상이 대개 그렇다. 완벽한 소멸, 완벽한 좌절, 완벽한 완벽은 없다.

효녀 심청과 관음사

그 옛날 전남 장흥에서 보를 쌓는데, 지나가는 승려가 사람을 제물로 삼으라고 충고했다. 그러자 사람들이 "너 잘 왔다"하고 그 스님을 밀어 넣고 공사를 끝냈다

전북 곡성 관음사에 있는 성덕보살 두상. 효녀 심청 설화의 근원이다.

고 했다. 이렇게 대규모 토목공사를 무사히 끝내라고 생사람 하나를 묻어버리는 의식을 인주人柱, 사람 기둥이라고 한다. 주술呪術의 시대, 사람들은 그리 믿었다.

효녀 심청이 대표적인 사람 기둥이다. 중국 상인들은 심청을 인당수에 빠뜨리고 황해를 건넜고, 이러구러 끝에 봉사 아비 심학규는 개안開眼을 했다.

곡성 관음사에는 이런 연기 설화가 있다.

"충청도 대흥 땅에 사는 장님 원량에게 마을 스님이 시주를 하라고 했다. 가진 게 딸밖에 없으니 딸을 주겠다고 했고, 딸 원홍장은 스님 손잡고 포구까지 갔다가 바다 건너 진나라 황후가 되었다. 고향을 잊지 못한 홍장이 돌배(石船)에 실어 보낸 금불상이 벌교 낙안포에 닿았다. 옥과에 사는 성덕이라는 처녀가 새털처럼 가벼운 금불상을 업고 길을 가다가 갑자기 무거워진 불상을 내려놓고 절을 세우니 곡성 관음사요, 원량도 눈을 떴다. 서기 301년 백제 분서왕 3년이었다."

등장인물만 바꾸면 효녀 심청 설화와 똑같다. 1933년 소설가 김태준은 『조선소설사』에서 "관음사 설화가 심청 설화의 원전"이라고 주장했다. 황해도와 경기도 옹진군에도 비슷한 이야기가 있지만, 관음사 설화는 구조가 완벽하게 동일하다. 절에는 성덕 처녀를 본뜬 소조관음상이 있었으나 6·25 때 지리산 토벌대에 의해 절과 함께 불탔다. 머리만 남아 있던 관음상은 전쟁 후 어느 날 도난을 맞았고, 최유선이라는 부산 신도가 "광주 고물상에게 가보라"는 꿈을 꾸고서 찾아왔다.

관음사 가는 길, 개울 위에 놓인 금랑각을 지나 자갈마당을 거쳐 원통전에 들어가면, 시커멓게 그을린 성덕관음보살이 너무나도 그윽하게 미소 짓고 있다. 백제가 숨어서 웃고 있는 듯하다.

태안사, 그리고 신숭겸 목무덤

죽곡면과 목사동면이 대황강변에 있다. 목사동면木寺洞面의 목木을 풀어쓰면 十八이다. 절이 열여덟 곳이나 있어서 붙은 이름이다. 고려 개국 일등공신 신숭겸

전북 곡성 동리산 태안사 뒤편에 있는 신숭겸 목무덤. 고려 개국공신이자 충성의 상징이다.

은 목사동 출신이다.

후삼국 시대 고려를 건국한 왕건이 대구 팔공산 전투에서 후백제 견훤에게 쫓기니, 신숭겸은 왕건과 갑옷을 바꿔 입고 싸우다 목이 베여 죽었다. 복지겸, 배현경과 함께 신숭겸은 왕건과 가족이 되기로 결의한 사내다. 이후 이들 성씨는 피를 나눈 형제라 하여 가급적 통혼通婚을 하지 않는다. 그 가족이 머리 없이 대신 죽었다. 왕건은 강원도 춘천에 마련해둔 자기 묻힐 터에 목 없는 신숭겸을 장례 지냈다. 머리가 없으니 황금으로 머리를 만들고, 묘도 3개를 써서 도굴을 막았다.

신숭겸이 타던 애마 용마龍馬가 그 머리를 물고서 고향 뒷산 죽곡면 동리산 기슭에 돌아와 사흘을 울고 죽었다. 동리산에 있던 절 대안사 스님들은 그 자리에 신숭겸 머리를 묻고, 용마도 곁에 묻었다.

대안사를 창건한 사람은 통일 신라 말 구산선문 중 하나인 동리산문 큰스님

혜철이다. 혜철의 법통을 도선이 이었다. 도선은 광양으로 내려가 옥룡사를 중창했다. 3대조 광자대사 윤다는 왕건에게 스승 격이었다. 2대 임금 혜종의 스승이기도 했다. 이후 태안사로 이름을 바꾼 절은 고려 왕실 보호 속에 성장했다.

용마와 목무덤 전설은 이런 권력 구조 속에서 다져졌다. 절 스님들은 산에 있는 목무덤과 말무덤을 대대로 관리하고 제사를 지냈다. 지금은 평산 신씨 가문이 관리한다. 연전에 이장을 시도했으나 날벼락이 치는 바람에 포기하고 호석護石에 붙은 시멘트를 떼어내고 오솔길을 넓혀 놓았다.

신숭겸 묘는 전국 팔도에 확인된 곳만 다섯 군데다. 황해도 구월산, 강원도 춘천, 대구 전투가 벌어진 대구 팔공산, 그리고 태안사가 있는 곡성 동리산. 나머지 한 군데는 고향 목사동면에 있다. 태胎 항아리를 묻은 태실이다. 신숭겸을 기리는 서원 덕양서원이 그곳에 있다. 태안사는 6·25 때 경찰 본부로 쓰이다 인민군 포격에 불바다가 됐다.

섬진강 안개가 사라지면 골짜기가 나온다. 골짜기마다 단심丹心을 느낄 수 있는 전설과 흔적이 보인다.

위정척사파의 아지트, 도림사 계곡

원효가 세우고 도선국사, 서산대사, 사명대사가 공부했던 동악산 절 이름은 도림사道林寺다. '깨우친 자가 숲을 이룬' 절이다. 도림사 앞을 지나는 계곡은 청류동 계곡이다.

넓은 반석 위로 얇게 퍼지듯 물이 흐른다. 그 풍경도 아름답거니와, 암반과 바위 곳곳에 새겨진 글자 또한 아름다워 청류동 풍경은 문화산수文化山水라 불린다. 그런데 글자들이 심상치 않다.

'保家孝友(보가효우)'. '집안을 다스리는 데 효와 우애로 하라.' 도림사 주차장 옆 바위에 시큰둥하게 새겨져 있다. 그 아래 계곡 이름 '淸流洞(청류동)'이 보인다.

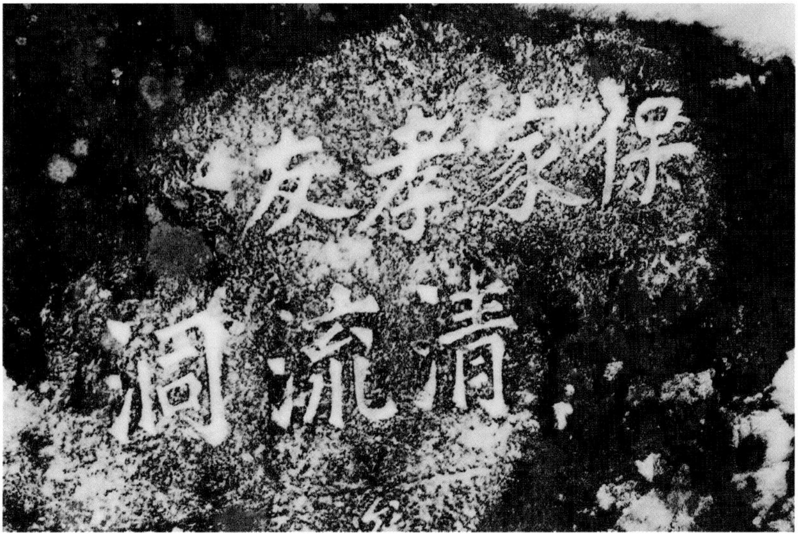

전북 곡성 청류동 계곡에 있는 각석(刻石). 고종 필체로 '保家孝友(보가효우)'라 적혀 있다.

향토사학자 박혜범에 따르면, 이 글씨를 쓴 이는 고종이다. 옆에 작은 글자 몇이 새겨져 있다. '珠淵書于昔御堂(주연서우석어당)'. 주연은 고종의 호다. 석어당은 덕수궁에 있던 고종 침전이다.

온갖 바위와 반석에 새겨진 글자들을 두서없이 적어보면 이렇다. '丹心臺(단심대)', '西山講論(서산강론: 서산 선생이 강론을 한 곳)', '黃梅泉進士杖履處(황매천진사장구처: 매천 황현 진사 다녀간 곳), '田艮齋宋淵齋鄭小松三先生杖履處(전간재 송연재 정소송 삼선생 장구처: 전우·송병선·정소송 세 선생 다녀간 곳), '奇蘆沙松沙兩先生杖履處(기노사송사양선생장구처: 기정진·기우만 두 선생 다녀간 곳). 전우, 송병선, 정소송은 유학자요 송병선과 정소송은 의병장이다. 기정진과 기우만 또한 구한말 의병장이었다. 황매천 진사는 매천 황현이다. 경술국치를 맞아 절명시를 쓰고 자결한 선비다. 단심대는 말 그대로 일편단심을 다지는 반석이라는 뜻이다.

짐작이 가지 않는가. 청류동은 구한말에서 일제 강점기까지 고단한 세상을 고민했던 위정척사파의 회합 장소였다. 개혁 대신 쇄국을 앞세운 한계는 있었으나, 망국의 설움을 의병이라는 무력 투쟁과 비밀결사로 털어내려는 지사들의 모임처였다. 그 많은 글귀 끝에는 이렇게 적혀 있다. 春沂(춘기) 荷亭(하정).

춘기는 정순태丁舜泰, 하정은 조병순曺秉順이라는 인물이다. 일제 강점기 곡성에 살던 유학자들이다. 정순태 집안은 만석꾼이고 조병순 가문은 천석꾼이었다. 향토사학자 박혜범이 말했다. "옛 주민들 증언에 따르면 이들은 재산을 팔아 독립 자금을 대던 지사였으며, 곡성 땅을 노리는 일본 자본에 앞서 토지를 대량으로 매입한 뒤 주민들에게 장기 할부로 되팔아 지킨 자본가였다." 조병순의 증손자 조동현이 말했다. "할머니 말씀이, 어른들이 화전花煎 놀이하는 마냥 청류동 가서 모이셨다고 하셔요." '서산강론'의 서산은 조동현의 6대조 조형일이다. "근데 할아버지께서 골짝 골짝마다 인삼을 심으시고 삼베 뭐 이런 것들을 잘했다네요. 그래가지고 자금을 계속 모으신 모양이에요." 문중 서책이 전쟁 때 불타 기록은 없다. 오직 향토사학자의 채록과 후손의 문중 증언뿐이다.

춘기 정순태 집안은 어떠했나. 조병순과 같은 이치로 재산을 털어 학교를 세우고 '자금'을 모았다고 했다. 그리고 문중에서 7대를 모아온 장서 1만 권을 1931년 연희전문학교에 기증했다. 양반가의 정신적 목숨을 그리 내놓았다.

그러던 1921년 조병순이 죽었다. 음력 7월 15일 백중날, 양력 8월 18일이다. 후손 조동현이 말했다. "당시 돈 1만 원을 들고 나주에 가셨대요. 백구두를 신고, 집사 두 분을 데리고. 다녀오신 다음에 그 한 일주일 정도? 오시자마자 체포되어 가지고 옥고를 치르시고 있다가 나오셔서는 바로 하루 만에 백중날에 돌아가셨대요. 논이 한 마지기에 2원 정도 했대요. 그 돈의 행적 때문에 아마 옥고를 치르시지 않았나. 피 묻은 적삼을 상할머님이 1962년? 63년? 그때까지 살아계셨는데, 그

피 묻은 적삼을 보존하고 있었어요." 무슨 일이 벌어졌는지는 모른다. 범상치 않은 최후 행적과 청류동에 걸린 글자들로 짐작만 할 수 있을 뿐이다.

조동현이 사는 곡성 집에는 조병순의 사랑채 이이재怡怡齋가 있다. 경술국치 때 총독부가 주는 조선 귀족 작위를 거부한 구한말 문신 해관海觀 윤용구尹用求가 썼다. 대청마루 위에는 청류동 입구에 새겨진 고종의 글씨 '보가효우' 현판이 걸려 있다. 죽음도, 인연도, 죽음 이후 100년 세월도, 의미심장하다.

조병순 영사비(永思碑)와 위암 장지연

삼년상을 치르고, 조병순이 살던 곡성 땅 능파리에 그를 기리는 비석이 섰다. 영사비永思碑라고 한다. 비석 머리에는 태극 2개가 새겨져 있다. 앞면에는 이렇게 새겨져 있다. '荷亭曺公秉順永思碑(하정조공병순영사비).' 뒷면에는 이렇게 적혀 있다. '歲旃蒙赤奮若夏四月立(세전몽적분약하사월립).' 갑자을축병인 하는 간지의 옛 표현, 고간지다. 1925년 을축년 여름 사월에 비석을 세웠다는 뜻이다.

1937년 충남 공주의 유학자 이병연李秉延(1894~1977)이 펴낸 인문지리서『조선환여승람朝鮮寰輿勝覽』에 따르면, 이 비석은 위암韋庵 장지연張志淵이 썼다.「시일야방성대곡是日也放聲大哭」을 쓴 그 장지연이다. 장지연은 1921년 10월 2일에 죽었다. 조병순이 죽고 한 달 보름 만이다.

장지연. 망국을 곡哭했던 그는 짧은 망명 생활 후 총독부 기관지 격인『매일신보』에 친일의 극을 달리는 글을 써댔다. 대한민국 시대, 그에게 추서됐던 건국훈장 국민장은 취소되고 그는 지금 친일파로 분류됐다. 글이 너무도 명징하게 친일적이었다.

그런데 그가 비밀스러운 운동가 조병순의 영사비를 썼다. 조병순과 학문적 동지였던 오강 김정호의 유고집도 그가 서문을 쓰고 발행을 했다. 호남 의병장 기우만奇宇萬(1846~1916)이 죽고, 후학들이 그의 문집 정리를 부탁한 이도 장지연이다. 모두 그가 친일적인 글을 공포하고 다니던 친일의 시대에 벌어진 일이다. 삼성三城의 땅 곡성에서, 지사志士 조병순 후손은 어찌 된 인연으로 언필칭 친일파 장지연으로부터 추모 글을 받았을까.

전 재산을 팔아 만주로 떠난 이회영 형제와 함께 중국으로 망명한 양명학자 김택영은 장지연을 이렇게 평했다. '지연은 여자처럼 섬약하였다. 말이 감히 입에서 튀어나오려 하지 않았다(志淵纖弱如女子言若不能出口). 그가 내 손을 잡고 살아온 이야기를 하는데, 뜻한 바가 있었다. 문득 슬퍼서 여기 적는다(握余手述其平生意若有所屬也輒慨然而書此).'(『합간소호당집보유』 권2, 「장지연 사략」) 완벽한 소멸은 없다. 완벽한 좌절은 없다. 완벽한 완벽은 없다. 친일파는 처단 대상이다. 그러나 혹시 세상이 보지 못한 얼굴은 없는가. 100년 전 곡성에 찍힌 발자국은 의혹투성이다.

어떤 조그마한 선행

골짜기를 떠날 무렵, 조병순의 증손자 조동현에게 물었다. "할아버지 훈장 받게 해 달라고 나라에 신청하지 않았습니까?" 그때 예순두 살 증손자가 이리 답했다.

"당연히 그 당시에 독립운동 안 한 사람 있겠어요? 나라 찾기 위해서 누구든지, 말하자면, 나라를 찾는다는 가치는 지금이라도 마찬가지죠. 상황이 그런 상황이라면 저나 박 선생님도 마찬가지일 거고, 아무리 촌부村夫라 하더라도, 어떤 사람이든지. 어쩌다 자기 개인 영달을 한 사람들도 있겠지만, 저는 그냥 그분들이 그 시대를 사시면서 당연히 그러셨을 것이라고 생각해요. 예를 들어서 어떤 조그마한 선행이다, 그런 것들 뭐, 그렇잖아요."

어떤 조그마한 선행을 행하다가 지서에 끌려갔다 적삼에 피 칠갑이 된 채 업혀와 다음 날 세상을 하직하는, 그런 세상에 그런 당연한 촌부들이 곡성에 살았다는 것이다. 골짜기 사이로 강이 흐르는 곡성에서 나는 그리 들었다. 땅의 역사

동리산에 오르는 가을 길

05 너희가 팔아먹은 나라, 우리가 찾으리라

만주로 망명한 사람들과 조선 귀족

나라가 사라지고 만 1910년 경술년 겨울이었다. 중국 간도 땅 유하현 횡도촌에 몇 무리 사람들이 모였다. 모인 사람 이름은 다음과 같다. 강화도에서 온 양명학자 이건승과 홍승헌, 소론 출신 서울 갑부 이회영 6형제와 이동녕. 안동에서 온 이상룡도 합류했다. 이상룡은 부유하되 권력과 거리가 먼 남인 출신 안동 사대부였다.

이상룡의 손자며느리 허은은 이렇게 기록했다. '이회영, 이시영 씨는 관직에 있을 때도 배일사상이 강하여 비밀결사대 동지들과 긴밀한 관계를 취하고 있었다. 합방이 되자 이동녕 씨와 우리 시할아버님(이상룡)과 의논해 만주로 망명하기로 했다.'(허은, 『아직도 내 귀엔 서간도 바람소리가』) 그들이 만주로 향하는 동안 한 줌 되지 않는 친일파들은 나라를 팔아먹고 있었다.

남한대토벌작전(南韓大討伐作戰)

풍전등화, 백척간두 따위 말로도 표현할 수 없는 스산한 1909년이었다. 1895년 민비 시해, 1907년 대한제국 군대 해산으로 이어진 망국 대행진 속에 많은 이

인천 강화도에 있는 이건창의 무덤

들이 의병을 일으켜 일본제국에 저항했다. 현실은 정신력과 신념만으로는 바꿀 수 없었다. 1909년 9월 1일, 그 정신력과 신념까지 꺾어버리겠다는 일본군의 작전이 펼쳐졌다. 이름하여 '남한대토벌南韓大討伐' 작전이다.

1907년 8월 1일 대한제국 군대 해산과 함께 많은 군인들이 의병에 가담했다.(2권 1장 〈2. 정미년 군대해산 : 육군 참령 박승환과 군부대신 이병무〉 참조) 무기와 전술에 절대적인 열세였다. 전국에서 활동하던 의병 대부분이 위축됐다. 1909년 전국 의병 전투 가운데 절반이 호남에서 벌어졌다. 일본 통계에 따르면 호남 의병장은 50명, 의병은 4000명에 달했다.(『한국민족문화대백과』) 동학농민혁명의 흐름이 남아 있던 데다, 곡창지대를 수탈당한 반일의식이 큰 지역이었다. 대구에 있던 한국임시파견대 사령부, 보병 2개 연대, 어뢰정 4정이 호남으로 파견됐다. '위로 진산, 동으로 진주, 남은 목포로부터 일본군이 그물을 쳐놓은 것 같다. 강한 자는 적진에 돌진해 싸우다 죽고 다친 자는 꾸무럭거리다 칼을 받았다. 갈 곳이 다하니 죽은 자가 무려 수천 명이었다.'(황현, 『매천야록』)

의병 사망자가 1만 7779명, 부상자 376명, 포로 2139명. 말 그대로 초토화였다. 체포된 의병들은 해남에서 하동까지 이어지는 도로 건설에 투입됐다. 도로명은 '폭도 도로暴徒道路'라고 했다. 일본 제국주의와 조선과의 전쟁은 전선을 옮겨야 했다.(『한국민족문화대백과』) 많은 무리들이 간도와 연해주로 망명해 독립군으로 변신했다.

1909년 가을, 강화도

그 잔인한 가을, 광양 선비 황현은 강화도에 있는 이건창의 무덤 앞에 있었다. 이건창은 황현, 김택영과 함께 구한말 삼재三才라 불리던 사람이다.

이건창은 양명학자다. 할아버지 이시원은 1866년 병인양요 때 강화도가 프랑스에 넘어가자 동생 지원과 함께 자결했다. 막내 희원에게 "뒷일을 부탁한다"며 대화를 나누다 숨이 끊겼다고 했다.

이건창은 그 피를 이어받고, 집안 대대로 공부한 양명학에 정통한 학자였다. 집권층인 노론이 성리학과 사대주의에 몰두해 있을 때 실용적인 눈으로 세상을 보던 학자였다. 벼슬아치 시절 이건창은 앞뒤 안 가리는 강퍅한 성질로 세도가들과 친하지 못했다.

대신 민심은 크게 샀다. 타협할 줄 모르는 그는 수시로 암행어사로 탐관오리들을 척결해 권력가들 불만을 샀다. 서울 송파와 강화도, 인천 모도에는 그의 영세불망비가 서 있다. 이건창이 사는 강화도에는 많은 후학들이 와서 공부를 했다. 이들 양명학자들을 강화학파라 부른다. 제도권에는 있으되 권력과 거리가 있

강화도 이건창 생가. 현판 글씨는 매천 황현이 썼다.

던 소론파, 현실 직시파들이었다.

이건창의 동생 이건승과 건방, 동학 정원하, 홍승헌과 함께 황현은 선배 이건창에게 술잔을 올리고 낙향했다. 이듬해 9월 10일 황현은 자결했다. 8월 29일 경술국치 얼마 후였다. 유언은 이러했다. "식자識者로 살기가 쉽지가 않구나."(2권 3장 <6. 봄이 흐르는 구례와 매천 황현> 참조)

황현이 죽고 보름이 지난 1910년 9월 24일 새벽 동생 이건승이 만주로 떠났다. 이미 1905년 을사조약 직후 자살 미수에 그쳤던 그였다. 이건승에 이어 속속 만주에 합류한 이들은 홍승헌, 장원하 그리고 신채호와 박은식이다. 모두 양명학자다. 이건창의 막냇동생 이건방은 강화도에 남았다. 동행하겠다는 동생을 형인 이건승이 '양명학을 이으라'며 눌러 앉혔다. 그 이건방이 만든 계명의숙에서 사학자 정인보가 공부를 했다.

수의사(繡衣史, 암행어사) 이건창 공덕비. 이건창 생가로 가는 사기리 선두포 제방 길가에 있다.

1910년 서울, 이회영 형제

이건승이 만주로 떠난 석 달 뒤 서울에 살던 이회영 집안이 만주로 갔다. 건영, 석영, 철영, 회영, 그리고 시영과 호영 6형제다. 망명은 넷째인 이회영이 주도했다. 서울 명동 상동교회에서 만든 민족단체 신민회에서 활동하면서 양기탁 같은 활동가와 독립운동을 기획해갔다. 1908년 만주로 답사를 떠난 이회영은 만주에 해외 독립기지 설립을 결정했다. 뜻이 있었고, 돈이 있었고, 무엇보다 사람이 있었다.

이회영 집안은 충북 진천에 사는 양명학자 홍승헌 집안과 친했다. 역시 집안 어른인 이상설 또한 홍승헌과 동향이었다. 강화학파가 차례차례 만주로 떠나고, 이회영 일가는 서울과 경기도에 있는 토지 수백만 평을 모두 팔았다. 이미 이상설은 용정을 거쳐 헤이그 밀사로 갔다가 연해주에 자리를 잡고 있었다.

1911년 안동, 이상룡과 김동삼

안동은 반골 도시였다. 임진왜란 이후 권력에서 소외된 남인들이 모여 사는 도시였다. 권력은 없었으나 고집과 기개는 강했다. 석주 이상룡도 그러했다. 의병 활동을 하고 있던 이상룡은 신민회와 이회영의 계획에 동참했다. 혼맥으로 인연을 맺은 김동삼도 동참했다.

그리하여 1910년 12월 안동의 사대부 이상룡과 김동삼과 김대락 가족은 집과 논과 밭을 팔아 만주로 떠난 것이다. 김동삼의 의성 김씨 문중과 이상룡의 고성 이씨 문중이 각각 150명씩, 그리고 혼맥으로 이어진 영덕의 무안 박씨, 울진의 평해 황씨, 안동의 홍해 배씨, 영양 주실마을의 한양 조씨 문중이 모두 동참해 미래의 독립운동기지를 향해 떠난 것이다. 이회영의 아내 이은숙은 이렇게 기록했다. '이상룡씨는 경상도 혁명대표로 오신 분이라.'(이은숙, 『서간도일기』)

1911년 1월 횡도촌

그렇게 고향을 떠난 사람들이 만난 곳이 만주 땅 유하현 횡도촌이었다. 침착하고 비장했다. '응당 거기엔 억제됐던 감정의 폭발이 있어야 한다. 하지만 이건승이 남긴 기록 어느 구석에도 그런 흔적을 찾지 못한다. 비정하리만큼 무장된 함구緘口가 있을 따름이었다.'(이건승의 후학 민경규, 『강화학 최후의 광경』·이덕일, 『근대를 말하다』 재인용)

감정 폭발 대신 그들은 자치기구인 경학사를 만들고 만주 독립운동의 산실인 신흥무관학교를 만들어 조선 해방이 될 때까지 독립운동을 이끈 지도자들을 길렀다. 자신들 또한 이념과 주장을 접고 상해임시정부에 참여해 요직을 지냈다.

1910년 10월 7일 조선 귀족

비장하고 스산했던 1909년과 1910년 그렇게 많은 이들이 나라를 살리기 위해 나라를 버렸다. 그런데 1910년 8월 29일 나라가 사라지고 두 달 뒤인 10월 12일, 『조선 총독부 관보』 38호 1면에 고시告示가 공포됐다. 제목은 '授爵, 敍任及辭令(수작, 서임 급 사령)'이다. 2면 한가득 명단이 게시돼 있는데, 모두 76명에게 '조선귀족' 작위를 수여한다는 내용이다. 강화도에서 서울에서 진천에서 안동에서 지사들이 목숨을 걸고 망명을 준비하는 사이, 고위직과 왕족으로 권세를 누리다 나라를 팔아먹은 사람들이다. 그 덕택에 거액의 은사금과 후작, 백작, 자작, 남작 작호를 받고 희희낙락한 그 명단은 다음과 같다. 괄호 속에 '거부'라 표기된 사람들은 일제의 강제적 서임에 반대한 사람들이다.

- **후작**: 이재완, 이재각, 이해창, 이해승, 윤택영, 박영효
- **백작**: 이지용, 민영린, 이완용李完用
- **자작**: 이완용李完鎔, 이기용, 박제순, 고영희, 조중응, 민병석, 이용직(3·1운동 가담 박

탈), 김윤식(3·1운동 가담 박탈), 권중현, 이하영, 이근택, 송병준, 임선준, 이재곤, 윤덕영, 조민희, 이병무, 이근명, 민영규, 민영소, 민영휘, 김성근

●**남작**: 윤용구(거부), 홍순형(거부), 김석진(거부), 한창수, 이근상, 조희연(반납), 박제빈, 성기운, 김춘희, 조동희, 박기양, 김사준(독립운동·작위 박탈), 장석주, 민상호, 조동윤, 최석민, 한규설(거부), 유길준(거부), 남정철, 이건하, 이용태, 민영달(거부), 민영기, 이종건, 이봉의, 윤웅렬(박탈), 이근호, 김가진(임시정부 망명), 정낙용, 민종묵, 이재극, 이윤용, 이정로, 김영철, 이용원, 김종한, 조정구(거부), 김학진, 박용대, 조경호(거부), 김사철, 김병익(박탈), 이주영, 정한조, 민형식

그때 모두가 피를 뿌리며 투쟁할 수는 없었다. 그때 모두가 환호작약하며 나라 팔아먹는 데 동참할 이유는 더군다나 없었다. 그저 하루하루를 살아가던 대부분 소시민들에게 이들은 무엇이었나. 땅의 역사

이건창 생가. 강화군 화도면 사기리 167-3

06 목숨을 바쳤기에 떳떳하였느니라

만주로 떠난 이회영 형제와 투사의 아내 이은숙

이은숙의 혼례

1908년 10월 20일 서울 명동 상동교회에서 열아홉 살 규수 이은숙이 마흔한 살 먹은 사내 이회영과 혼례를 치렀다. 예식은 서양식이었다. 첫 아내와 사별한 이회영은 두 번째 결혼이다. 그는 평안도 암행어사와 이조판서를 지낸 이유승의 넷째 아들이다. 구한말 그 엄한 시대에 고관대작 아들이 중인환시리衆人環視裡에 재혼을 하고, 그것도 서양식으로 했다. 사람들은 이회영과 결혼하는 이은숙을 두고 '2년 전 별세한 양반 가문에 출가했으니 손에 물 한 방울 안 묻히고 비단옷 입고 살겠지' 라고 생각했다.

2년 뒤 이회영 집안은 물론 시아주버니 건영과 석영과 철영, 시동생 시영과 호영, 소영까지 칠 형제 집안이 문중 땅 수백만 평을 일시에 다 팔고서 한꺼번에 만주로 떠났다. 식솔이 60명에 달했고 마차가 열 대가 넘었다. 1910년 경술년 12월 30일, 나라가 일본에 넘어가고 넉 달이 지난 엄동설한 동지선달이었다. 단순한 이사 혹은 이민이 아니었다. 독립운동을 위한 집단 망명이었다. 이은숙의 결혼 생활은 고초와 간난으로 점철됐다.

서울 동작동 국립현충원 애국지사 묘역에 있는 우당 이회영의 묘. 아내 이은숙과 합장이라고 새겨져 있지만, 이회영의 유해는 없다. 허묘다.

경술국치와 집단 망명

1910년 8월 29일 이름만 남아 있던 나라, 대한제국이 이름마저 사라지고 말았다. 많은 고관대작과 지식인은 일본에 빌붙어 권세를 얻었다. 또 많은 사람들은 투쟁을 택했다. 민영환처럼 1905년 을사조약 때 자결한 사람도 있었고 매천 황현처럼 경술년 국치 때 자결한 사람도 있었다. 황현은 "내가 죽어야 할 의무는 없으나 나라가 망하는 날 한 사람도 죽는 사람이 없어서야 어찌 슬프지 않겠는가"하고 아편을 먹고 죽었다.(『매천야록』, 「절명시絶命詩」)

'스스로 죽어서 일본을 이롭게 할 이유가 없다'고 생각한 지식인들은 망명을 택했다. 을사조약 때 거리에서 바위에 머리를 찧어 자살 미수에 그쳤던 이상설이 그랬고(김구, 『백범일지』), 경상도 안동의 지사 석주 이상룡이 그랬다. 이상룡은 궁궐 같은 99칸짜리 임청각을 버리고 온 가족이 만주로 떠났다.

목적지는 대개 만주였다. 러시아 땅 연해주이기도 했다. 이상설은 헤이그 밀사로 파견된 뒤 만주 용정에 교육기관 서전서숙을 설립했다. 그리고 연해주에서 독립운동을 하다가 죽었다(2017년 나온 『정본 백범일지』 상권은 이를 '객사했다'라고 표현했다. 지극히 무례하고 사실에 어긋난 표현이다). 이들은 해방이 될 때까지 총독부 요시찰 인물, 불령선인不逞鮮人 목록에 올랐다. 불령, '푸테이(不逞)'는 '고집 세고 반항하는 놈'이라는 뜻이다.

대신 '착한' 조선인에게는 상을 주었다. 합방에 공헌한 고관대작들에게는 귀족 작위와 돈을 내려주었다. 지역 양반들에게도 효자, 효부상을 듬뿍 내렸다.

'그때 일본이 은사금이라며 관리들과 노인들에게 돈을 지급하고 효자 열부상을 내리니 온 나라 사대부들이 많이 뛸 듯이 좋아하며 따랐다(時倭授韓人在官者及年老者金 又授孝子烈婦金 稱以恩賜 國中士大夫 多踴躍趨之).'(『심산유고잡기』, 「벽옹 73년 회상기」) 고관대작 가문에 갑부였던 이회영 형제는, 망명을 택했다.

이회영 형제의 망명

"사람들은 우리를 공신의 후예라 한다. 괴변으로 한반도 산하가 왜적의 것이 되고 말았다. 명문 호족으로서 대의가 있는 곳에서 죽지 않고 구차히 생명을 도모한다면 어찌 짐승과 다르겠는가. 왜적과 혈투하시던 조상의 후손된 도리라고 생각하니, 여러 형님과 아우님들은 따라주시기를 바라노라." 형제들을 모아놓고 이회영이 이리 말했다.(이회영과 함께 독립운동을 한 이관직, 『우당 이회영 실기』) 이회영 형제는 조선 중기 정승 백사 이항복의 후손이다. 모두가 그를 따랐다.

큰아버지 이유원에게 양자로 간 둘째 이석영은 갑부였다. '이유원은 고종 때

남편 이회영과 아내 이은숙

영의정을 지낸 사람이다. 양주 가오실에 별장이 있는데, 서울에서 거리가 80리였다. 80리 왕래하는 길이 모두 그의 밭두렁이라 다른 사람 땅은 단 한 평도 밟지 않고 다녔다.'(황현, 『매천야록』) 연세대 역사문화학과 교수 왕현종에 따르면 남양주 화도읍 가곡리에 있던 땅은 640정보, 192만 평에 달했다. 서울 명동에도 형제들 땅이 산재했다. 당시 돈 40만 원. 1960년대 한 조사에서 600억 원에 이른다는 추정이 나온 적이 있다. 그 땅을 죄다 급매를 했다. 헐값이 600억 원이었다.

그 땅을 몰래 팔고, 못 판 땅은 그냥 버리고서 이 갑부 집안 6형제가 만주벌 북풍 속으로 떠난 것이다. 소식을 접한 월남 이상재가 이렇게 말했다. "6형제 전 가족이 한마음으로 결의했으니, 동포의 모범이 되리라."(『우당 이회영 실기』)

처분하지 못한 명동 땅은 총독부 토지조사를 거쳐 남의 땅이 되었다. 일제 강점기 주소로는 경기도 경성부 황금정 2목 164번지 591평도 이 형제들 땅이었다. 현재 을지로 2가 164번지 부근이다. 서울 YWCA회관 북쪽이다. 회관 소공원에는 이회영의 흉상이 서 있다. 이회영이 최남선에게 맡겼던 장서 1만 권은 6·25 때 폭격으로 사라졌다. 훗날 이회영의 아내 이은숙은 '(명동성당 앞) 은행나무가 우리 집에 있었다'라고 증언했다. 은행회관으로 바뀐 귀족회관(경술년 한일병합 이후 귀족 작위를 받은 조선인 클럽) 앞에 집이 있었다는 셋째 아들 규학의 증언도 있다. 기록이 없을 뿐, 이회영 가문의 명동 땅은 규모가 짐작이 되지 않는다.

신흥무관학교 설립

독립운동에 조직과 자금은 필수다. 이회영 형제가 바로 그 일을 했다. 형제는 이듬해 4월 안동 선비 석주 이상룡과 함께 만주 유하현 삼원보에 경학사를 설립했다. 밭을 갈아 생산을 하고(耕) 교육을 하며(學) 군사력을 키우는(武) 결사체였다. 사장은 이상룡, 내무부장은 이회영, 재무부장은 오랜 동지 이동녕이 맡았다. 이상룡이 쓴 취지문은 이렇다. '한 삼태기 흙이 쌓여 태산을 이룬다. 힘을 축적해서 끝장에 대비할 것이다.'(『우당 이회영 실기』)

그리고 이듬해 여름 이석영이 자금을 털어 구입한 인근 합니하 산속에 본격적인 독립운동 교육기관이 설립되니, 8년에 걸쳐 3500명에 이르는 항일투쟁 지도자를 배출한 독립운동의 요람 '신흥무관학교'다. 봉오동 전투, 청산리 전투 같은 만주 항일투쟁의 불꽃을 지핀 운동 기지였다. 교장은 셋째 형 이철영이 맡았다. 이회영 형제의 자금과 의지와 지도력이 없었다면 역사에 기록되지 못했을 일들이었다. 3·1운동 이후에는 해마다 입교를 원하는 조선 청년이 600명에 이르렀다. 3년 만에 자금이 바닥났다.

독립투쟁의 중심에서

신흥학교 설립 후 자금난에 빠진 이회영은 1913년 서울에서 돈을 구하고 있었다. 그러다 1918년 이회영은 왕실 시종 이교영을 통해 고종 망명을 기도했다. 일본 귀족 작위를 거부했던 전 내부대신 민영달이 5만 원을 댔다. 동생 이시영이 이 돈으로 북경에 고종 거처를 마련했다. 그런데 이듬해 1월 20일 고종이 급서했다. 식혜를 들이켜고 죽었다고 했다. 독살당했다는 말이 돌았다. 그날 왕실 당직자는 이완용이었다. 훗날 사학자 이증복은 조선 남작 작위를 받은 한창수와 시종관 한상학을 독살범으로 지목했다. 또 다른 친일파 윤덕영이라는 설도 있다.(2권 1장 <4. 이완용 종묘 배향 작전과 친일 귀족 권력투쟁기> 참조)

3·1운동 직전 이회영은 중국으로 돌아가 상해임시정부에 참여했다. 이회영은 "자리다툼에 분규가 끝이 없을 것이니" 행정조직이 아닌 투쟁본부를 만들자고 했다. 긴 논의 끝에 동생 이시영은 재무총장으로 임정에 참여했고 이회영은 무장투쟁노선을 택했다.

이후 북경 자금성 북쪽에 있는 이회영 집은 수많은 독립운동가로 북적거리는 사랑방이 됐다. '그 당시 국내에서 마음을 품은 인물 즉 청년들은 북경에 오면 반

광복 후 상해 비행장에서 귀국을 기다리는 임정요원들. 가운데 키 큰 사람이 김구, 오른쪽 중절모를 쓴 노인이 이시영이다. 울고 있다.

드시 나의 부친을 뵙게 되고 대개 우리 집에 거주하게 됐다.'(이회영의 아들 독립지사 이규창, 『운명의 여신餘燼』)

이규창이 기억하는 사람들을 적으면 그대로 한국 독립운동 인물사가 된다. 한국 독립운동 노선사가 된다. 민족주의, 공산주의, 무정부주의 모든 노선이 이회영의 북경 거처에 모여서 갈라져 나갔다.(이덕일, 『이회영과 젊은 그들』)

간난과 고초, 죽음

'100여 명의 대가족을 이끄는 모습은 만주 원주민들에게는 장관이었다. 중국 육필 마차가 거의 100차가 되니 대부호의 호화로운 행렬쯤으로 짐작했으리라.' (이규창, 『운명의 여신』)

대의를 좇는 남정네를 따라가니, 여자들 간난과 고초는 이루 말할 수 없었다. 이회영이 서울로 간 사이 이은숙은 마적 떼에게 총을 맞고 6개월 된 아들 규창은 얼굴을 화롯불에 크게 데였다. 그 몸으로 이은숙은 큰 딸 규숙과 젖먹이를 안고 업고서 신흥학교 학생들 밥을 지었다. '죽을 쑤는 때면 상을 가지고 나갈 수가 없게 얼굴이 화끈 달아올랐다.'(이은숙, 『서간도시종기西間島始終記』)

가난을 피해, 대의를 좇아 대륙 곳곳으로 흩어진 형제들은 고단하게 살고 고단하게 죽었다. 자금을 책임졌던 이석영은 굶어 죽었다. 맏형 건영도 병사했다. 신흥학교장 셋째 철영도 병에 걸려 죽었다. 여섯째 호영은 아들과 함께 의문의 죽음을 맞았다. 그 아들 대(代)도 대부분 해방 전 중국에서 죽었다.

이회영의 두 딸 규숙과 현숙은 고아원에서 산 적도 있었다. 아들 규창은 함께 살던 사내 옷을 뜯어 교복을 만들어 입고 다니기도 했다. 사내 이름은 단재 신채호다. 1925년 아내 이은숙이 돈을 벌기 위해 혼자 조선으로 돌아갔다. 고무신 공장 급료와 옷 수선으로 번 돈을 이은숙이 보내면, 그 돈으로 가족들이 연명했다. 삶은 매우, 아주 매우 신산했다. '귀한 집 부인들이 이 같은 고생은 듣지도 못했을 것이어늘, 그러나 여필종부의 본의를 지키는 것이다.'(『서간도시종기』) 그러나 그 해 귀국하며 작별한 남편을 이은숙은 영영 보지 못한다.

이회영의 죽음

이회영이 마지막으로 택한 노선은 무정부주의였다. 백정기, 정화암 등 동지들과 의기투합해 만든 남화연맹은 요인 암살이 주된 임무였다. 1932년 11월 윤봉길 의사 의거 후 투쟁의 중심지로 다시 만주를 택한 이회영은 상해에서 대련행 여객선에 올랐다. 4등칸이었다.

그 무렵 서울에 있던 아내 이은숙은 꿈을 꾸었다. 비단옷을 입은 남편이 나와서는 '아직 따라오지 말라'며 홀로 문을 나서는 것이다. 대련 항구에서 이회영은 일본 경찰에 체포됐다. 11월 17일 일본 경찰은 심문 도중 이회영이 목을 매고 자살했다고 발표했다.

시신 인수를 위해 찾아간 딸 규숙은 혈흔이 낭자한 얼굴과 역시 혈흔이 묻은 옷을 보았다. 동지들은 이회영이 고문사했다고 확신했고, 극도의 보안 속에 움직인 이회영을 밀고한 사람이 있다고 확신했고, 찾아냈고, 처단했다. 이회영의 손자인 우당장학회 회장 이종찬(전 국정원장)이 말했다. "밀고자는, 우리 할아버지의 조카 이규서다."

이회영의 아들 규창은 이석영의 둘째 아들인 사촌 형 규서를 동지들에게 암살범으로 고발했다. 동지들은 이규서와 공범 연충렬로부터 자백을 받고 두 사람을 처단했다. 이종찬이 말했다. "집안 어른들은 창피하니 함구하라고 하셨다. 하지만 역사는 떳떳해야 한다. 그때 우리 우국지사들이 얼마나 어려운 상황 속에 투쟁을 했는지 알 수 있는 증거니까."

형제 가운데 다섯째인 이시영만 살아남아 해방을 맞았다. 그때 열 살이었던 이종찬은 기억한다. "상해에 있는 집에 작은 화단이 있었다. 세 칸짜리 소파 크기였는데, 영 어색했다. 그런데 어느 날 아버지가 화단을 파내고는 도장과 서류를 끄집어냈다. 회영 할아버지 물건들이었다. 그날 나는 할아버지들이 하신 일을 처음 들었다."

물건들을 꺼낸 셋째 아들 규학은 곧바로 동료에게 부탁해 양복과 외투를 큰 것 한 벌, 작은 것 두 벌 그리고 흰색 비단 머플러를 준비했다. 이종찬이 말했다. "나중에 보니 큰 옷은 김구, 작은 옷은 시영 할아버지와 임정 재무부장 조완구 선생이 입고 있더라."

조카가 마련한 양복과 외투와 비단 머플러를 두르고 이시영은 1945년 11월 9일 다른 임정요원들과 상해 비행장에서 기념사진을 찍으며 눈물을 닦았다. 노老혁명가, 노老 투쟁가가 울었다. 1948년 이시영은 대한민국 초대 부통령이 됐다가

이회영이 최후에 입고 있던 옷

6·25전쟁 와중인 1951년 사퇴했다. 이시영은 서울 수유동 애국순국선열묘역에 묻혀 있다. 서울 신교동에 우당기념관이 있다.

1946년 귀국한 이회영의 아내 이은숙은 1966년 『서간도시종기』를 탈고했다. 첫 문장은 이러했다. '이영구의 과거나 현재는 모두가 몽환夢幻이라.' 이영구는 남편 이회영이 지어준 이름이다. 땅의 역사

07 만주벌 봉오동 승리 뒤에는 최운산이 있었다

봉오동 전투 영웅 최운산과 수남촌 촌장 라철용

중국 길림성 도문 봉오저수지 구내에 서 있는 봉오동 전투 기념비

저수지 옆 소나무

중국 길림성吉林省 도문시圖們市 봉오동에는 저수지가 있다. 봉오수고鳳梧水庫라고 한다. 육중한 철문을 넘어가면 왼쪽 언덕 아래에 비碑가 하나 보인다. 이렇게 적혀 있다. '봉오골 반일 전적지鳳梧溝反日戰迹地'.

봉오동 전투. 만주 벌판 무장독립투쟁사에 빛나는 봉오동 전투 기념비이다. 1975년에 건설된 봉오저수지 너머 산중에 그 전투 현장이 숨어 있다.

그 뒤로 커다란 소나무가 한 그루 서 있다. 어른 키 높이에서 소나무는 두 갈래로 갈라져 하늘로 뻗어 있다. 봉오동 아래 조선인 마을 수남촌水南村 촌장 라철용이 말했다. 라철용은 1966년생이다. "이 소나무, 100살은 넘었다. 한 갈래는 홍범도 장군이요 한 갈래는 최진동 부장이다." 홍범도는 알겠다. 명포수에 지략을 겸비한 봉오동 전투 지휘자. 그런데 최진동은 누구인가. 게다가 '부장'이라니.

수남촌 촌장 라철용

라철용은 아주 오래 수남촌에 살았다. 1886년 함경북도 회령에서 일가가 두만강을 넘은 이래 집안이 봉오동에 산 지 130년이 넘었다. 수남촌은 조선족 마을이다. 주민 1200명 가운데 260명이 한국을 비롯해 외지에 나가 돈을 번다. 라철용도 그랬다. 20대부터 러시아와 중앙아시아를 돌아다니며 무역을 했다. 큰돈을 만졌다. 마음 한 구석은 늘 봉오동에 있었다.

고향 봉오동은 어릴 적부터 귀에 못이 박히도록 들어온 독립투쟁의 기지였다. 저수지가 생기기 전 라철용은 친구들과 함께 봉오동 초모딩즈산草帽頂子山까지 소풍 가듯 오르내렸다. 녹슨 일본군 철모를 주우면 거기에 한가득 탄피를 채워 내려오곤 했다. 그게 뭔지 몰랐는데, 알고 봤더니 봉오동 전투 때 일본군이 버리고 간 흔적이었다. 라철용이 말했다. "동네 노인들 만나면 무조건 봉오동 이야기를 묻고 다녔다. 카자흐스탄에 가서는 홍범도 장군 무덤도 참배했고, 고려인 할머니들 만나서 울기도 많이 울었다.” 서랍에서 재일교포 레슬러 역도산 전기를 꺼내 보여주는, 분단이 된 줄도 모르고 살고 있던 카자흐스탄 고려인 할머니 손을 쥐고서 한참 망설이다가, 무역을 때려치우고 귀향했다. 뭐가 그리 만들었을까.

라철용이 말했다. “그 당시 피를 흘리고 아까운 청춘이 다친 거 헛되이 하지 말고 후대에게 전해줘야 하는, 그런 사명감?” 그래서 힘 좀 쓸 수 있는 공산당원이 되었고 촌장이 되었고 2013년 6월 봉오동 저수지 초입에 커다란 전적 기념비를 세우게 되었다. 마을회관에는 한국 관광객을 위한 전시관도 만들어놓았다. 그 젊은 촌장 입에서 ‘최진동 부장’이라는 이름이 튀어나온다. 정확하게 말하자면 ‘최진동-운산 형제’다.

수남촌 촌장 라철용과 그가 봉오동 전투 현장에서 수집한 일본군 철모

봉오동과 청산리 전투

1920년 6월 4일 만주에서 활동하는 독립군 부대가 함경북도 종성군 강양동에 있는 일본군 순찰소대를 습격했다. 두만강 건너 바로 나오는 곳이다. 일본군 1개 소대가 이들을 추격하자 독립군은 즉각 퇴각했다. 두만강을 넘어 추격해오는 일본군에게 또 다른 독립군 부대가 일격을 가하고 즉각 퇴각했다. 이에 함경북도 나남에 주둔하던 일본군 19사단이 1개 대대를 보내 독립군 사령부가 있는 봉오동까지 진격했다.

계획된 습격이었고 계획된 퇴각이었다.

삼면이 산으로 싸인 고산 분지 봉오동에서 일본군은 매복해 있던 독립군으로부터 공격을 받고 전멸했다. 사흘 동안 벌어진 교전 결과는 공식 기록상 독립군 전사자 3명, 일본군 전사자 157명, 부상자 300명이었다. '임진왜란 이후 한·일 정규군이 맞붙은 최초의 전투이자 최초의 승리'였다. 4개월 뒤 연합 세력이 주 활동지로 복귀하면서 김좌진의 북로군정서, 홍범도의 대한독립군이 화룡현和龍縣 청산리 일대에서 일본군과 맞붙었다. 청산리 전투다. 이 또한 만주 무장투쟁사에 길이 남을 대승리로 기록된다.

봉오동을 본영으로 하는 독립군 이름은 북로독군부였다. 홍범도의 대한독립군, 안무의 간도국민회군과 최진동-최운산의 군무도독부군이 연합한 부대였다. 1군사령관은 홍범도, 독군부 부장 즉 연합사령관은 최진동이었다.

라철용 촌장에 따르면, 봉오동은 "삿갓처럼 쑥 들어가서 외부에 노출이 불가능한 요새要塞 지형"이다. 그 요새 지대에 1915년 3000평이 넘는 거대한 군사 시설이 들어섰다. 연병장은 물론 대형 막사 3개동과 두께 1m짜리 토성土城도 있었다. 일본군은 '비적 잔당' 뒤를 쫓아 두만강을 넘고 능선을 타고 봉오동으로 들어와 덫에 걸려 자멸한 것이다. 그 사령부를 건설한 사람이 바로 최씨 형제였다. 그중에서도 동생 최운산이었다. 우리는 최운산을 알고 있는가.

청산리 대첩을 이끈 북로군정서 총사령관 김좌진(왼쪽)과 청산리 대첩 기념비(아래)

봉오동의 영웅 최운산(1885~1945)

최운산은 1885년 11월 7일 연길延吉에서 태어났다. 가족은 함경북도 온성 출신이다. 최운산은 중국어에 능통했다. 고위관료 친구도 많았다.

중국 정부가 근대적 토지 정리를 할 무렵 최운산은 몇 개 군郡에 이르는 벌판을 헐값에 불하받았다. 개간 작업을 거친 황무지는 값이 폭등했다. 최운산은 갑부 지주가 되었다. 축산, 미곡, 무역에 주류, 제면, 성냥, 비누 공장까지 운영하는 간도 제1의 거부가 되었다. 최운산의 손녀 최성주는 "함께 투쟁했던 어르신 말씀에 따르면 할아버지 땅이 부산 면적의 여섯 배였다"라고 했다. 손녀는 2018년 현재 예순두 살이다.

최운산은 간도 지역 중국 군관으로 근무하며 무술과 총술을 익혔다. 형 진동, 동생 명순도 함께 일했다. 1912년 마적으로부터 조선인을 보호하겠다는 명분으로 군사학교를 열고 사병私兵도 조직했다. 1915년에 그 사병 숫자가 500명에 달했다. 자위부대 이름은 도독부였다.

1905년 을사조약이 체결됐다. 독립운동가들이 대거 무대를 만주로 옮겼다. 그때 최씨 형제는 봉오동으로 이주했다. 봉오동을 이들 운동가 기지로 택한 것이다. 연변대 민족역사연구소 교수 김춘선에 따르면 "최운산의 지원을 받지 않은 단체나 애국지사가 없었다."

1910년 최운산이 봉오동에 마을을 건설했을 때, 사람들은 마을을 신한촌新韓村이라 불렀다. 최운산은 봉오동鳳梧洞이라 했다. 오동나무에 영원히 사는 봉황처럼, 영원무궁한 조선인 마을을 원해서였다. 장남 이름은 봉황의 날개 봉우鳳羽, 둘째는 봉학鳳鶴이었다. 셋째는 아내 김성녀가 호석浩石이라 지었다.

그리고 1912년 자위대를 창설하고 독립군 기지 건설을 시작했다. 독립군 기지는 1915년 완공됐다. 1919년 3·1운동이 터졌다.

이후 도독부는 군무도독부로 확대됐다. 최운산은 형 최진동을 사령관으로 추

최운산. 봉오동에 무장독립투쟁 기지를 건설한 주역이다.

대했다. 최운산의 아내 김성녀는 이렇게 기록했다. "한 푼의 찬조금 없이 명실공히 최운산 자신의 사재로 장비, 피복, 식량을 조달했다. 대포 6문, 장총 500정, 권총 수십 정, 실탄 수만 발, 수류탄 수백 개…." 무기는 당시 중국-러시아 국경을 넘어 러시아에서 구입했다. 손녀 최성주가 말했다. "소를 팔러 갈 때면 훈춘까지 몇백 마리를 끌고 갔다. 곡물상과 축산업, 무역상까지 했기 때문에 러시아에서 무기를 살 수 있었다."

그리고 만주에서 활동하던 무장독립군, 그러니까 홍범도의 대한독립군, 안무의 국민회군과 최씨 형제의 군무도독부를 통합해 만든 조직이 대한북로독군부大韓北路督軍府였다. 형제 가운데 형 최진동이 그 총사령관 격인 '부장府長'이었다.

그런데 봉오동에 있는 기념탑에는 홍범도가 총사령으로, 최진동이 부사령으로 기록돼 있다. 이유가 있다.

군수물자 구입과 기지 건설, 식량 구입 비용은 모두 최운산이 댔다. '부산 여섯 배에 달하는' 땅을 팔았다. 공장을 매각했다. 한국외대 사학과 교수 반병률이 말했다. "갑자기 봉오동에 연합사령부가 생긴 게 아니다. 최진동, 최운산 같은 물적 토대가 있었기에 가능했던 일이다." 재산 처분은 1930년대까지 이어졌다. 해방 즈음에는 남은 돈이 없어서 곤궁하게 지냈다.

망각된 영웅들

몇 년 동안 공을 들인 군사기지였다. 만주 내 무장세력 통합에 성공한 최운산은 국내 진공 작전을 간헐적으로 벌이며 독립전쟁을 준비했다. 봉오동 지리는 누구보다 익숙했다. 결국 임진왜란 이후 최초로 맞붙은 한·일 정규군 전투는 북로독군부의 대승으로 끝났다. 그런데 우리는 최진동을 모르고 최운산을 모른다. 심지어 봉오동 현지 기념비에도 홍범도의 아래에 최진동이 활동했다고 새겨져 있다.

봉오동 전투 이후 일본은 간도 지역 독립군 박멸 작전에 돌입했다. 이른바 '간도 참변'이다. 상해임시정부 기관지『독립신문』에 따르면 3000명이 넘는 조선인이 끔찍한 방식으로 학살됐다. 이후 간도 무장 세력은 러시아로 대거 옮겨가 사회주의혁명군의 일원으로 투쟁을 이어갔다. 홍범도도 그랬고 최진동도 최운산도 그랬다. 홍범도는 훗날 카자흐스탄으로 강제 이주돼 크질오르다시 정미소에서 일하다가 극장 수위로 생을 마쳤다. 최운산은 1923년부터 26년까지 여섯 차례 투옥과 고문을 겪었다. 가산은 탕진했다. 1945년 7월 5일 광복 40일 전, 최운산은 평양에 피신해 있던 아들 봉우의 집에서 죽었다.

1945년 일본이 패주했다. 중국에서는 사회주의 혁명이 성공했다. 문화혁명기,

봉오동 전투 지휘관 홍범도

이미 죽은 형 최진동에게 친일파 낙인이 찍혔다. 지주라는 출신 성분이 문제였다. 일본에 당시 돈 100원이 안 되는 헌금을 한 사실도 드러났다. 친일인명사전편찬위원장 윤경로는 "그가 한 행적에 비하면 흠결 사유가 되지 않는다"라고 했다. 가족들은 생존을 위해 최진동의 묘를 파묘하고 유골을 개울가에 파묻었다. 여기까지가 소련 빨치산부대에서 활동했던 홍범도가 최진동 대신 기념비에 총사령관으로 기록된 이유다.

분단 후 평양에서 아나운서로 일하던 첫째 아들 최봉우는 1·4 후퇴 때 걸어서 어머니 김성녀와 함께 부산까지 피난했다. 김성녀는 당시 총무처에 남편 공적을 인정받으려 노력을 했다. 1961년 1월 건국훈장을 준다는 연락을 받고 아들과 함께 상경했다. 뒷돈을 요구하는 담당 직원에게 아들 봉우가 주먹을 날렸다. 서훈이 취소됐다.

독립운동가들이 대거 건국훈장을 받던 1963년 형 최진동이 건국훈장 독립장을 받았다. 동생 최운산이 다시 서훈된 것은 세월이 지나 1990년이다. 1983년 KBS 이산가족찾기 운동에서 봉오동에 살고 있던 최운산의 후손들과 한국에 와 있던 김성녀와 최봉우가 극적으로 만났다.

최봉우의 딸 최성주가 말했다. "사가史家들이 사실을 바로잡을 줄 알았는데 아니었다. 그래서 봉오동을 답사하고 옛 사람들, 연변 학자들을 만나 우리가 우리 역사를 다시 쓰고 있다"고.

2005년 개울가에 파묻혔던 최진동의 유해가 대전 국립현충원으로 돌아왔다. 한국외대 교수 반병률이 말했다. "역사는 영웅 한 사람이 만드는 게 아니다. 모두가 함께 만드는 게 역사다. 봉오동 전투도 마찬가지다." 땅의 역사

08 만주벌에서 잊고 있던 그들을 만났다

조선족 사학자 전정혁과 잊고 있는 만주 이야기

중국 길림성 통화현 양정우열사릉원에 있는 동북연군 군상. 맨 오른쪽 여자는 조선인이다.

배달학교 이야기

눈보라가 치던 1920년 11월 3일 중국 길림성 통화현 반라배촌에 있는 한 학교에 통화현 일본군 헌병대가 들이닥쳤다. 청산리 전투와 봉오동 전투에서 참패한 만주 주둔 일본군이 조선인 박멸을 목표로 펼친 경신대토벌 작전의 일환이었다. 학교에 있던 교사와 교직원 7명은 통화현으로 가는 길목 환희령 고개에서 나무에 묶여 총과 칼로 살해됐다. 학교 이름은 배달학교다. 죽은 사람은 교장 김기선을 비롯해 모두 조선인이다. 최연소 사망자는 스무 살이었다. 배달학교는 이시영, 이회영이 설립한 신흥무관학교 지원으로 문을 연 민족교육의 본산이었다.

양세봉 이야기

1934년 9월 18일 밤 반라배촌 남쪽 요령성 환인현에 있는 항일무장투쟁단체 조선혁명군 주둔지에 중국인 아동양이 찾아왔다. 일본영사관의 조선인 밀정 박창해가 보낸 첩자다. 아동양은 사령관 양세봉을 옥수수 밭으로 유인한 뒤 사라졌고, 옥수수 더미 속에 숨어 있던 일본군이 총을 난사했다. 가슴에 3발을 맞고 양세봉은 다음 날 죽었다. 일본군은 며칠 뒤 다시 찾아와 가매장한 양세봉 시신을 꺼내 작두로 목을 잘라갔다. 그때 양세봉은 서른아홉 살이었다.

이봉선과 안순복

1938년 10월 10일 흑룡강성 목단강시 강변에서 중국 항일조직 동북항일연군 100여 명이 일본군 1000여 명에 쫓기던 중이었다. 목단강변까지 몰린 다른 병사들은 도강에 성공했지만 여군 8명은 그러지 못했다. 이들을 구출하기 위해 강을 다시 건너오려는 동료들을 말리며 여군들은 탄환을 소진하고 강으로 뛰어들었다. 일본군이 난사하는 기관총에 여군들은 강에서 떠오르지 못했다. 동료들은 무사히 후퇴했다. 그 가운데 2명 이름은 안순복과 이봉선이다. 조선인이다.

묻는다. 우리들 가운데 이들에 대해 들어본 사람이 몇이나 되는가.

조선인, 조선족

중국 공산당이 나라를 통일하고 3년이 지난 1952년, 길림성에 연변조선족자치주가 설립됐다. 이후 중국에 사는 '재중 동포'에게 조선족朝鮮族이라는 명칭이 부여됐다. 이전에 사람들은 조선민족 혹은 조선사람(朝鮮人)이라고 불렀다.

오늘날 대한민국에서 조선족에 대한 인상은 밝지 않다. 중국 북경 국제방송 기자 김호림은 저서『조선족, 중국을 뒤흔든 사람들』에서 "동포라는 말 뒤에는 이방인, 남, 하층민이라는 의미가 다분하다"고 했다.

전정혁全正革은 바로 그 재중 동포, 조선족이다. 1950년에 중국 랴오닝성 신빈현에서 태어났다. 아버지 이름은 전병균全秉均(1905~1967)이다. '조선인' 아비는 독립운동가였고 '조선족' 아들은 사학자다. 이 조선인들이 만주 벌판에서 행한 독립투쟁과 조선족들이 기록한 그 투쟁사에 대해 우리들은, 무지하다.

조선족 사학자 전정혁

중국 길림성 통화현 집안에 있는 장수왕릉

광개토왕릉비, 장군총, 장수왕릉

연변조선족자치주 주도인 연길에서 서남쪽으로 차량으로 여덟 시간을 가면 집안이 나온다. 고구려 수도였던 그 집안이다. 집안을 제외하면 고구려 역사는 이해할 방도가 없다. 백두산을 찾은 많은 한국 관광객들이 먼 길을 남하해 집안을 찾는다. 역사에 대한 이성적인 호기심이기도 하고, 고대 국가에 대한 그리움이기도 하다. 고구려를 중국 지방 정권으로 편입시켜버린 동북공정 작업으로 인해 집안의 풍경은 많이 바뀌었다.

남북이 함께 영웅으로 인정한 양세봉

광개토왕릉비는 강화유리로 사면이 봉쇄된 비각 속에 서 있다. 비석은 마모가 심하다. 제대로 읽을 수 있는 글자가 몇 없다. 그럼에도 비각 속에서는 그 어떤 촬영도 금지다. 동아시아 3국 고대사를 두고 한·중·일 세 나라가 첨예하게 대립 중인 현실을 말해준다. 입구 진입로 오른쪽 2004년 유네스코 세계문화유산 지정 알림판에는 이렇게 적혀 있다. 'Ancient Koguryo Kingdom'. '고구려'라는 한국식 발음 표기가 선명하다. 조선어 혹은 한국어를 지방 소수민족어로 규정했다는 말이다.

발해가 요나라에 패망하고, 고려가 조선에 패망한 이후 만주는 오래도록 잊혔다. 성리학과 중화주의에 매몰된 조선 지식인들은 이 비석을 금나라 비석으로 알고 있었다. 가보지도 읽어보지도 않고 남의 나라 비석으로 알아버렸다. 20세기 비석을 알아본 일본이 냉큼 자기네 식으로 읽어버렸다. 한국과 일본이 논쟁에 빠져 있는 동안, 실질적인 점유자 중국은 역사를 만들어왔다.

광개토왕릉으로 규정된 돌무덤 석실은 텅 비었다. 시주함이 앉아 있고 유리문 셔터는 떨어져 있다. 한 나라 왕릉이 돈을 바라는 토속 신앙 시주단지로 전락해 있다. 광개토왕릉에서 차량으로 10분 거리에 장수왕릉이 있다. 주인 없는 장군총(장군이 묻힌 큰 무덤)이라 불리던 이 큰 돌무덤을 중국은 장수왕릉으로 확정을 지어버렸다. '시대적으로 이 정도 대규모 무덤을 만들 사람은 장수왕뿐'이라는 주장이 주된 이유다. 당 제국 시대 지방 정권 군주의 왕릉. 조선 지식인들과 대한민국 지식인들이 무관심과 논쟁으로 일관하고 있을 때 벌어진 일이다. 지금도 장수왕릉 안내판에는 '장군총'과 '장수왕릉' 명칭이 혼재돼 있다. 그런데 전정혁이 말했다. "이렇게라도 보존하고 있으니 그게 어디냐"라고.

조선족 사학자 전정혁

신빈현에서 청년기를 맞은 전정혁은 학생 때 전공이 아코디언이었다. 한국은 잘 몰랐다. 1968년 단파라디오로 들은 한국 가요 '코스모스'가 한국과 맺은 첫 인연이라고 했다. 첫 직장인 만주족문화관에서는 아코디언으로 만주족 민요를 연주했다. 싫었다.

나이 열넷에 3·1운동을 경험하고 만주로 건너온 아버지로부터 귀 닳게 들은 말이 민족이고 조선이었다. 전정혁이 말했다. "그래서 자전거 타고 요령성 방방곡곡 돌아다니며 조선 민요를 채집했다. 그런데 노인네들이 부르는 노래 가사에 '독립군'이며 '싸우자' 따위 단어가 튀어나오는 게 아닌가. 이 노인들 죽기 전에 역사를 기록해야겠다고 생각했다." 노랫말 채집이 조선족 역사 채집으로 이어졌다. 손녀딸 피아노 사주겠다고 할머니가 모아둔 중국돈 5000위안이 만주 벌판에 사라졌다. 그 세월이 40년이다. 그 세월 동안 찾아낸 만주 벌판 독립운동가들이 바로 배달학교 교사들이요 사령관 양세봉이었다.

신흥무관학교의 자매학교인 배달학교 희생자들 무덤

배달학교, 양세봉

1920년 그날 환희령에서 벌어진 학살극은 참극을 목격한 중국인 주민에 의해 마을로 즉각 알려졌다. 마을 사람들은 마을 뒷산에 이들을 묻었다. 76년이 지난 1996년에야 전정혁의 발품으로 세상에 알려진 뒤 묘소가 정비되고 '반일지사지묘' 비석이 세워졌다. 해마다 참극이 벌어진 11월 3일이 되면 요령성에 사는 전정혁이 찾아와 술을 올린다.

양세봉은 어찌 되었는가. 1961년 북한 정부는 환인현에 묻혀 있던 양세봉의 시신을 가져가 평양 애국열사릉에 안장했다. 이듬해 대한민국 정부도 양세봉을 독립운동가로 인정하고 서울 동작동 국립현충원에 가묘를 만들었다. 남과 북이 함께 인정한 드문 애국지사다.

전정혁은 요령성 왕청문에 있는 화흥중학교 교사로 일했다. 양세봉의 조선혁명군 사령부가 있던 자리다. 역시 노랫말 수집을 하며 양세봉을 알게 된 그가 주도해 이 화홍중학교 운동장에 양세봉 장군 석상이 건립됐다. 그가 말했다. "양세봉이 북한 김일성의 아버지와 친구였고, 김일성에게 많은 도움을 준 것으로 알고 있다. 하지만 그때 그런 구분이 의미가 있었는가." 박근혜 정부 때 교육부가 공개했던 국정 국사 교과서에도 양세봉의 행적이 소개돼 있다. 다시 자문自問해본다. 나는 김좌진을 알고 있다. 홍범도를 알고 있다. 양세봉을 아는가.

지금, 통화현 열사릉원

다시 지금을 본다. 통화현에는 중국 항일무장투쟁조직인 동북항일연군 사령관 양정우의 묘역이 있다. '양정우열사릉원'이라 한다.

동북항일연군을 실질적으로 조직한 사람은 이홍광이다. 경기도 용인에서 만주로 간 조선인이다. 이홍광은 1932년 2월 부대원 200명을 이끌고 평안북도 동흥까지 진격해 일본을 놀라게 했다. 이홍광은 3년 뒤 만주군과 전투 도중 부상을 입고 죽었다. 스물다섯 살이었다. 양세봉은 암살 직전까지 이 항일연군과 연대항쟁을 벌였다.

열사릉원 입구 왼쪽에는 연군을 이끈 부대원 동상이 서 있다. 그 맨 오른쪽에 여군이 장총을 메고 서 있다. 털조끼에 한복, 두툼한 버선과 군화. 조선 여자다. 전정혁이 말했다. "간도를 포함해 동북쪽 만주에서 무장투쟁을 한 조직은 거의가 조선인이 주도했다. 저 여자를 보라. 내 할머니, 당신 할머니가 아닌가."

너무 모르고 있지 않은가. 그래서 다시 자문했다. 대한국인인 나는 조선인을 알고 있는가. 땅의 역사

09 우수리스크 빈집에서 마주친 한 우국지사의 뒷모습

연해주에서 만난 우국지사 최재형

"코레아 우라!"

1909년 10월 26일 오전 9시 30분 중국 하얼빈역에서 안중근이 이토 히로부미를 사살했다. 그리고 그가 소리쳤다. "코레아 우라!" 서른 살 먹은 의병장 입에서 나온 언어는 중국어도 일본어도 조선어도 아닌 러시아어였다.

황해도에서 의병활동을 하던 안중근은 1905년 을사조약으로 나라가 사라지면서 망명을 떠난다. 그가 독립을 위해 군사훈련을 하고 의지를 키운 공간이 바로 두만강 건너 러시아 연해주였다. 그가 무명지를 잘라 독립 결의를 다진 곳도 러시아였고, 그가 권총을 품고 기차를 탄 곳도 러시아 연해주였다. 프리모르스키(바다와 접한 땅)라는 러시아 극동지역을 사람들은 연해주沿海州라 부른다.

민족주의 사학자요 언론인 신채호, 헤이그 밀사 이상설, 「시일야방성대곡是日也放聲大哭」을 쓴 언론인 장지연, 상해임시정부 초대 국무총리 이동휘, 만주 벌판을 휩쓸며 일본군을 떨게 만든 무장 홍범도. 이들이 민족운동 기초를 닦은 곳이 연해주다. 지금은 중국과 북한, 러시아 3개국 국경이 맞닿은 나진 선봉 지역 개발이 한창이지만, 100년이 채 안 되는 현대사의 초입, 연해주는 독립투사들의 전진기지

러시아 우수리스크에 있는 최재형의 집. 대한민국이 매입해 기념관을 만들었다.

였다. 그런데 느닷없다. 역사책을 읽다보면 맥락 없는 어느 시점에 느닷없이 안중근이라는 이름이 나오고 장지연과 이상설이 나오고 홍범도와 이동휘라는 이름이 등장한다. 분단 와중에 연해주에서 벌어진 역사가 공백으로 남아 있던 탓이다. 러시아와 수교하고, 학자들이 조금씩 발굴해낸 연해주 독립투쟁사에 낯선 이름 하나가 등장한다. 최재형崔在亨(1860~1920)이다. 영화보다 더 영화 같은, 불꽃처럼 살다 허무하게 간 사내 이야기다.

연해주 이민사와 최재형

1863년 함경도에 살던 조선인 가족 13명이 두만강을 넘었다. 권력층은 세상이 어떻게 바뀌는지 알지도 못하고 갈팡질팡하고 있었고 백성들은 가난과 착취에 시달리던 때였다. 함경도 사람들을 시작으로 많은 사람들이 두만강을 넘었다. 혹자는 청나라 쪽 만주로 갔고 혹자는 러시아 쪽 연해주로 갔다. 1869년 대홍수가 함경도를 덮쳤다. 함경북도 경원에 살던 노비 최홍백 가족은 연해주를 택했다. 아홉 살짜리 아들 재형도 함께였다. 가난은 러시아까지 좇아왔다. 굶어 죽은 시체 더미를 치워가며 사람들은 살았다. 러시아 지방정부가 조선인들을 위해 보리와 밀가루를 배급해줄 정도였다.

사람들이 연추煙秋라고 부르던 얀치헤에서 최재형은 러시아학교에 다녔다. 러시아문학과 문화와 역사를 배웠다. 그리고 2년 만에 인근 항구도시 포시에트로 가출을 했다. 상선 노동자로 일하다가 선장 부부의 귀여움을 받았다. 표트르 세메노비츠라는 이름도 받고, 세례도 받았다. 선장을 따라 상트페테르부르크까지 오가며 세계를 보았다. 6년 뒤 열일곱 살이 되니, 가출한 노비 아들이 어엿한 인텔리로 변해 있었다. 선장 주선으로 블라디보스토크 무역회사에 취직을 하고, 러시아 군부대 통역관으로 일하다가 고기를 납품하며 큰돈을 벌었다. 최재형은 부자가 되었다. 국적도 취득했다. 얀치헤 읍장이라는 관직도 얻었다. 1905년 개화파 박영효가 돈 많은 동포 최재형을 일본으로 초청했다. 그해에 나라가 망했다. 선진 일본에서 목격한 망국. 사내의 삶 궤적이 바뀌었다.

동의회, 안중근 그리고 최재형

한인들은 블라디보스토크까지 흘러와 신천지를 개척했다. 볕 잘 드는 해안가 언덕에 길을 내고 집을 짓고 마을을 만들었다. 공식적으로 카레이스카야 슬라바다, '한인 거리'라 했다. 조선인들은 개척리開拓里라고 불렀다. 뜻 모르는 러시아인들은 귀에 들리는 대로 게체기라 불렀다. 조선에서 망명한 우국지사들이 개척리로 몰려들었다. 이름만 들어도 고개가 숙여지는 옛 사람들이 개척리 골목길에 북

우수리스크 고려인문화센터에 있는 안중근 기념비

적였다.

그 무렵 연해주에서 활동하던 독립투사들이 동의회라는 조직을 만들었다. 1905년 이래 연해주에 활동하던 항일조직이 통합된 단일조직이었다. 발기인은 헤이그 밀사로 갔던 이위종, 갑부 최재형, 의병장 안중근 등이고 결의한 장소는 얀치헤에 있는 최재형의 집이었다. 회의에서 최재형이 동의회 총장에 선출됐다. 안중근은 우영장이 되었다. 참모장급 무관이었다.

최재형의 딸 올가의 회고록에는 이런 추억이 나온다. "노보키에프스크(현 크라스키노)에 살 때였다. 안응칠이라는 사람이 있었다. 내가 듣기로 누군가를 사살할 준비를 한다고 했다. 우리 집 마당 벽에 사람 셋을 그려놓고서 권총 사격 훈련을 하고 있었다. 소냐 언니와 함께 마당에서 자주 보았다. 안응칠이 하얼빈으로 가서 어떤 일본 군인을 죽였다. 그래서 자기도 죽었다고 얘기 들었다. 아이들과 부인이 있었는데, 우리 엄마가 음식도 주고 옷도 주고 떠날 때 보따리도 많이 주었다."

안중근이 하얼빈으로 떠날 때 소지한 신분증은『대동공보』기자증이었다.『대동공보』는 최재형이 만든 신문이다. 주필은 장지연이었다. 하얼빈까지 동행했던 동지 우덕순은 최재형이 총재로 있던 동의회 회원이었다. 한국외대 사학과 교수 반병률은 "안중근 개인이 아니라 최재형과 동의회가 치밀하게 계획한 거사"라고 평가했다.

최재형은 재산을 팔아 군자금을 모으고 러시아로부터 무기와 군복과 군수품을 구입했다. 국내 진공작전을 몇 차례씩 성공시키고 나온 결과가 안중근 거사였다. 최재형은 러시아법원에서 안중근 사건을 다루리라 예상해 변호사까지 선임해뒀지만, 일본이 관할하는 바람에 계획은 좌절됐다. 안중근은 순국했다.

신한촌과 대한국민의회

1911년 개척리에 콜레라가 창궐했다. 러시아 당국은 개척리 한인촌을 언덕 너머 하바로프스카야 거리로 이전 결정을 내렸다. 최재형은 동지들과 함께 새로운 한인촌에서 새로운 조직, 권업회勸業會를 만들었다. 회장은 최재형, 총회 의장은 이상설이었다. 홍범도도 함께였다. 명칭은 상공회의소 격이었으나 실질은 무력투쟁 능력까지 갖춘 독립투쟁조직이었다.

일본은 영사관을 통해 러시아에 권업회를 해산시키라 요구했다. 최재형과 친했던 러시아 극동 총독 곤다치는 이를 거부하고 본인이 회원으로 가입했다.『대

블라디보스토크에 있는 신한촌 기념탑

동공보』와 함께 발행한 『권업신문』은 가갸거겨 온통 항일과 민족 기사투성이였다. 권업회 사무실은 블라디보스토크 하바로프스카야 거리에 있다. 상해임시정부 초대 국무총리 이동휘의 집 옆이다. 그 때 거리는 노바 카레이스카야 슬라바다, '신한촌新韓村'이라 했다. 사무실 건물도 이동휘의 집도 사라지고, 지금은 한국생활용품점으로 변했다.

1919년 3·1운동이 터졌다. 한국에는 한성정부가, 중국에는 상해정부가 설립됐다. 러시아에서는 대한국민의회가 설립됐다. 최재형은 대한의회 외교부장이 되었다. 세 정부는 상해정부로 통합됐다. 최재형은 통합정부 재무총장에 임명됐으나 거부했다. 아파트촌으로 변한 옛 신한촌 언덕에 세 임시정부와 남북한, 연해주 고려인을 상징하는 신한촌 기념탑이 서 있다.

1920년 우수리스크, 그리고 최재형

1917년 러시아에 볼셰비키혁명이 성공했다. 연해주까지 불어 닥친 사회주의 혁명에 서방 국가들이 개입했다. 1920년 4월 4일 영국과 미국 군대가 연해주에서 철군했다. 바로 그날, 일본군이 러시아 부대와 한인 마을을 습격했다. 그보다 한 달 전, 러시아 극단주의자 트랴피친 부대가 일본 민간인 수천 명을 살해한 데 대한 보복이기도 했다. 한인촌 습격은 블라디보스토크와 우수리스크에서 동시다발로 벌어졌다. 그때 최재형은 우수리스크에 살고 있었다. 당시 열 살이었던 딸 올가가 회상했다.

"4월 4일 아버지가 밤늦게 돌아왔다. 엄마와 언니들은 아버지를 보고 빨치산 부대로 도망가라고 했다. 아버지가 말씀하셨다. '절대 그럴 수 없다. 내가 도망치면 너희 모두 일본군에 죽는다. 나는 살 건 다 살았다. 너희들을 위해 내 목숨을 바칠 수 있다.' 얘기는 밤새 이어졌다. 엄마는 밤새 울었다. 우리도 많이 울었다. 아침이 왔다. 아이들은 자고 있었다. 아버지는 문밖으로 나갔다. 그리고 얼마 뒤 이웃집 아주머니가 들어와서 '너희 아버지를 군인들이 체포해갔다'고 소리쳤다. 언니가 밖으로 나갔을 때 멀어져가는 차만 보였다." 이인섭이라는 독립운동가가 기록한 최재형의 최후는 이렇다. "김리직, 최재형, 엄주필 기타 지도자들은 감옥이 있는 데서 멀지 아니한 왕바실재라는 산기슭에서 학살하고 땅에 묻은 후에 종적을 감추기 위하여 평토平土를 만들었다고 하였다." 최올가의 구술을 받아 최재형의 손자 최발렌친이 쓴 책에 나온 이야기다.

나는 이 이야기를 2016년 12월 최재형이 살았던 그 집에서 10분 거리, 우수리

최재형. 유일하게 남은 사진이다.

스크 고려인문화센터 사무실에서 들었다. 러시아어 책을 센터장 김발레리아가 한국어로 읽어주었다. 읽다가 발레리아가 울었다. 96년 만에 만난 기이한 애국자의 마지막 모습에 사무실에 있는 모두가 울었다. 문화센터 마당 화단에는 안중근을 기리는 기념탑이 눈을 맞고 서 있었다. 96년 전 봄날 일본 헌병이 가득했던 우수리스크 거리도 눈밭으로 변했다. 세상은 고요했다. 큰 별이 지는 뒷모습을 보았다.

1962년 대한민국 정부는 최재형에게 건국훈장을 추서했다. 2007년 4월 7일 모스크바에 사는 최재형의 손자 최발렌친은 최재형의 총살 추정지인 우수리스크 감옥 뒤편 언덕에서 87년 만에 할아버지에게 제사를 올렸다. 2014년 대한민국 재외동포재단은 최재형 고택을 매입했다. 2016년 8월 15일 대한민국 정부는 최재형의 손자 최발렌친에게 대한민국 국적을 부여했다. 그렇게 학자들이 알고, 유족들이 알고, 정부가 안다. 나는 몰랐다. 당신은 아는가, 그 이름 최재형을. 땅의 역사

3장

막힌 놈들

왜 그들은 세상에 무지했을까

강진 병영성

01 그 많던 장영실은 어디로 가버렸을까

조선 최고 엔지니어 장영실의 미스터리한 실종

어느 날 세종이 영의정 황희와 좌의정 맹사성에게 한 기술직 관리 승진 여부를 의논한다. 서기 1433년 9월 16일이다. “장영실이 자격궁루自擊宮漏를 만들었는데 그 공이 작지 아니하므로 호군護軍의 관직을 더해 주고자 한다.”

자격궁루는 물시계다. 기존에 쓰던 물시계가 오차가 많아 세종 명으로 새로 만든 시계다. 조선의 국가표준시國家標準時를 규정하는 어마어마한 시계다. 이 시계가 어찌나 마음에 들었던지 세종은 자기 자랑도 빼놓지 않았다. “비록 나의 가르침을 받아서 하였지만, 이 사람이 아니라면 만들어 내지 못했을 것이다.”

그때까지 장영실 보직은 정5품 사직이었다. 사직은 특별한 보직 없이 월급을 지급하는 무임소직이다. 그 이전 보직은 상의원 별좌였다. 상의원은 왕실 의복을 다루는 부서다. 별좌는 정5품인데, 무급無給이다. 이제 세종이 월급을 받는 정4품 호군으로 그를 승진시키겠다는 것이다. 왕이 스스로 말하기도 했지만, 장영실은 그런 품계에 오를 수 없는 ‘기생의 아들’, 천민이었다. 하지만 왕명이 추상같고 그 업무 성과에 왕의 가르침이 개입돼 있으니 두 정승은 꼼짝없이 받아들였다.(1433년 9월 16일『세종실록』) 5년 뒤 장영실은 종3품 대호군까지 승진했다.

그런데 1442년 3월 16일 장영실은 곤장 80대를 얻어맞고 하루아침에 사라져 버렸다. 임금이 탈 가마를 부실하게 만들었다는 죄였다. 어떻게 살았고 어떻게 죽었는지 흔적이 없다. 해시계와 물시계, 천체 관측은 물론 금속활자 제작술과 채굴 기술까지 우리가 알고 있는 조선 초기 과학 기술을 장악했던 이 기술자는 도대체 왜 흔적도 없이 사라졌는가.

세종 천문 프로젝트

때는 농사가 주요 산업이던 시대였다. 날씨와 절기는 산업 발전과 사회 안정에 필수적인 변수였다. 명나라 역법은 조선과 맞지 않았다. 고려 이후 사용하던 수동식 물시계는 오류가 잦았다. 시간을 재는 기준은 하늘이었다. 세종은 천문天文을 최우선 국책 사업으로 선정했다.

서울 종로구 계동 현대건설 사옥에 있는 관상감 관천대

즉위 후 3년이 된 1421년 세종은 천문과 역법에 관해 토론회를 열고 윤사웅, 최천구, 장영실을 명나라로 유학 보냈다. 윤사웅과 최천구는 양반이었고 장영실은 노비였다. 이듬해 세종은 '양각혼의성상도감兩閣渾儀成象都監'이라는 천문연구소를 설치하고 이들에게 업무를 맡겼다. 명나라와 아라비아 이론을 바탕으로 이들이 제작한 기계가 바로 물시계요 해시계를 위시한 천문 관측 기구들이다.(『연려실기술』 별집 15권, 「첨성瞻星」)

'내시 대신 옆에 둘 정도로' 장영실을 아낀 세종은 그를 면천시키고 상의원 별좌에 임명했다. 이조판서 허조가 반대했지만 세종은 강행했다. 천민을 중용할 정

충남 아산 인주면 문방리에 있는 장영실 추모비와 가묘(假墓, 오른쪽 계단 위)

도로 과학은 세종에게 중요한 사업이었다. 왕립 천문연구소 설립으로 시작된 프로젝트는 1438년 흠경각欽敬閣 준공으로 완성됐다. 흠경각은 새로운 물시계인 자격루를 설치한 건물이다. '흠경欽敬'은 '공경함을 하늘과 같이 하여 백성에게 절기를 알려준다(欽若昊天 敬授人時)'는 뜻이다.

흠경각 준공과 장영실

1438년 정월 7일 흠경각 준공 보고식이 경복궁에서 열렸다. 위치는 경회루 북쪽, 세종 침전 옆이며 천추전 서쪽이었다. 우승지 김돈은 이 기계를 이렇게 묘사

했다. '사람 힘을 빌리지 않고 저절로 운행하는 것이 마치 귀신이 시키는 듯하고 털끝만큼 어긋남이 없으니 계교가 참으로 기묘하다.'(1438년 1월 7일 『세종실록』) 그러니까 자동 시계라는 뜻이다.

흠경각 제작자는 5년 전 이 물시계를 만든 장영실이다. 장영실이 명나라로 유학을 다녀온 지 17년, 물시계를 만든 지 5년 만에 최첨단 물시계 건물을 준공하면서 세종 프로젝트가 끝을 맺었다. 장영실은 이 공로로 대호군으로 승진했다.

세종이 중용한 과학기술자는 여럿이었다. 장영실은 특출했다. 1433년 유학파 기술자들이 만든 물시계 자격루를 훑어보고 세종은 이리 말했다. "훌륭한 장영실이 중한 보배를 성취하였으니 그 공이 둘도 없다."(『연려실기술』)

훌륭한 장영실이 성취한 보배는 혼의渾儀·혼상渾象·규표圭表·간의簡儀와 자격루自擊漏·소간의小簡儀·앙부仰釜·천평天平·현주懸珠·일구日晷 등이다.(1437년 4월 15일 『세종실록』) 이는 천체관측기, 천구의, 절기 측정기, 천문관측기, 물시계, 해시계 등을 말한다. 1437년 4월 15일 제작 보고된 별시계 '일성정시의日星定時儀'는 '밤에도 시간을 알 수 있는' 시대를 열었다. 이들 관측기구들은 경회루 옆 왕립천문대인 간의대에 설치하고 운영했다. 간의대 또한 장영실이 만들었다.

장영실은 평안북도 벽동군에 파견돼 청옥靑玉을 채굴하고(1432년 1월), 금속활자 주조에 참여하고(1434년 7월), 경상도 지역 구리광산 감독관으로도 일했다.(1438년 9월) 악성樂聖 박연과 함께 악기도 제작했다.(1519년 2월 2일 『중종실록』) 과연 세종이 보배라 할 만한 사람이었다. 그 덕에 경회루 주변과 세종 침소 정원에는 찬란한 과학 동산이 건설됐다.

*

장인匠人의 임무는 비록 천하지만 성품이 공교한 사람이 일을 해야 하는 까닭에 적임자가 드물다.(성현, 『용재총화』)

느닷없는 파직과 처벌

세종이 진행했던 천문 프로젝트가 끝나고 4년 뒤 실록은 이렇게 기록한다. '대호군 장영실이 임금이 타는 가마 제작을 감독했는데, 견실하지 못해 부러졌으므로 의금부에서 국문했다.'(1442년 3월 16일 『세종실록』) 한 달 열흘 뒤 사헌부에서 '불경不敬보다 더 큰 죄는 없다'며 처벌을 요청했다. 세종은 조사가 끝나고 보자고 답했다. 이틀 뒤인 4월 27일 의금부에서 구형을 했다. '곤장 100대.' 세종은 20대를 감형하고 처벌을 명했다. 장영실에게 "부서질 리 없다"며 제작을 강행한 대호군 조순생은 처벌하지 않았다.(1442년 4월 27일 『세종실록』) 엿새 뒤 장영실에게 곤장 형이 집행되고 장영실은 파직됐다. 파직 처분은 의금부 구형량에 없던 처분이었다.(1442년 5월 3일 『세종실록』) '둘도 없는 공을 세운' 장영실은 그렇게 안전사고 발생 두 달이 못 돼 역사에서 사라졌다. 불쾌하고 기이하지 않은가.

예견된 몰락

아산 장씨 족보에 따르면 장영실은 고려 때 송나라에서 망명한 중국인 집안이다. 세종은 "아비가 본래 원나라 소주·항주 사람"이라고 알고 있었다. 족보에 따르면 장영실 아버지 장성휘는 고려 말 서운관 판서를 지냈다. 서운관은 천문 담당 관청이다. 족보에 어머니는 나와 있지 않다. 다만 실록에는 '기생'이라고 돼 있고 따라서 모계 상속에 따라 장영실은 동래 관노官奴가 되었다. 그 노비를 세종이 파격적으로 기용해 노골적으로 편애를 했다. '박힌 돌'에게는 뽑아버려야 할 굴러온 돌이었다.

실록에는 이 '굴러온 돌'에 대한 질투가 은근히 엿보인다. 1437년 완성된 일성정시의 기사에는 제작자 장영실에 대한 언급이 없다. 1434년 자격루를 완성했을 때 장영실 직급은 호군이었다. 이미 오래전 면천을 한 상황이었으나 실록 사관은 그 기사를 이렇게 마무리했다. "장영실은 동래현 관노다."

장영실을 처벌한 뒤 세종이 벌인 일은 더 기이하다. '명하여, 간의대 동쪽에 집터를 보게 하고 마침내 간의대를 그 북쪽으로 옮기게 했다.'(1442년 12월 26일『세종실록』) 별궁을 짓기 위해 경회루 옆에 있던 천문대를 후궁 안으로 이전하겠다는 것이다. 이유는 이랬다. '중국 사신으로 하여금 보게 하는 것이 불가하다.' 그러니까, 명나라와 다른 역법을 사용하는 사실을 명나라 사신들로부터 은폐하려 한 것이다. 두껍고 무거운 신분제 무게가 조직 내 이방인을 망가뜨렸고, 명에 사대事大하는 뿌리 깊은 조선 왕실 사고방식이 과학에 보이지 않는 벽으로 작용한 것이다. 그래서 이후 어떻게 됐는가.

장영실 실종 이후

1505년 11월 24일 폭군 연산군은 물시계를 창덕궁으로 옮기고 간의대를 뜯어버렸다.(1505년 11월 24일『연산군일기』) 세월이 근 300년 흘러 숙종 대가 되었다. 두 차례 전쟁도 지나고 태평성대가 도래했다. 1713년 윤5월 15일『승정원일기』를 본다. '역법은 나라가 중히 여기는 바요 조종이 큰일로 여긴 바, 지금 텅 빈 궁궐 안에는 간의대와 관상감과 옛 기기들이 있었으나 모두 폐기돼 쓸 수가 없다. 어디에 쓴 건지도 알 수가 없다. 중국에서 배운 기술이라고도 하고 세종대왕이 지혜롭게 창조한 기술이라고도 한다. 하지만 오늘날 그 용법을 아무도 모르니 심히 애석하다(曆象之法 有國所重 祖宗朝則視爲大事 空闕內有簡儀臺 觀象監 亦有古圓器 廢而不用 未知用於某處 而似是或學於中國 或世宗大王 以睿智創造矣. 今則有器而不知所用 甚可惜也).'

그리 되었다. 문文은 숭하여 성리학은 원조 중국보다 더 찬란하게 발전했다. 과학은 날로 퇴보하였고 장영실은 완전히 사라져 그 종적을 찾을 수 없게 되었다. 1872년 아산 장씨 족보가 세 번째 만들어졌을 때, 이 노비 출신 할아버지가 족보에 등재됐다. 아산 장씨 후손들은 왜 당시 비루한 신분 조상을 족보에 올렸는지 지금도 알지 못한다. 1984년 아산 장씨 문중은 시조 묘가 있는 아산 인주면 문방리에 장영실 추모비와 제단을 세웠다. 지금 제단은 가묘假墓로 변해 그 혼백을 부른다. 땅의 역사

경기도 여주 영릉에 있는 일성정시의(日星定時儀) 모형(부분)

02 하늘 바깥 섬나라에서 꿈을 꾸었다

제주에서 닫혀버린 세상을 향한 문

제주 용눈이오름. 사람들은 승천을 꿈꾼다.

송시열과 제주도

1689년 3월 3일 노론계 대부 송시열이 제주도로 유배를 왔다. 친족 몇과 함께였다. 나흘 뒤 그가 권치도라는 친구에게 편지를 썼다. '언뜻 풍토를 살펴보니 사람이 살 곳은 아니다. 기후 또한 이상하여 한라산에 눈이 잔뜩 쌓였는데 산 아래는 꽃들이 화려하게 피었으며 상추를 벌써 먹고 있네. 성은이 관대하여 나 같은 죄인을 이런 곳에서 쉬도록 해 주시니 감사한 마음 어찌 한이 있겠는가(乍看風土則非人所居 而氣候亦異常漢拏之山積雪甚厚 而山下則花事爛熳已食萵苣矣 聖恩寬大使此纍臣假息於此間 感戴罄祝).'(『송자대전』, 「권치도에게 보내는 편지(與權致道)」)

지금 해마다 관광객만 1500만 명이 넘는 섬나라, 제주도다. 그 기이한 풍광에 홀려 노 정치가는 성은에 감사하였다.

하지만 송시열은 관광객이 아니라 귀양객이었다. 죽어서는 공자와 맹자처럼 송자宋子라 칭할 정도로 추앙받는 거물이 됐지만, 그저 귀양객이었다. 조선 왕실에서 고를 수 있는 최악의 유배지에 귀양 온 정치범이었다. 그래서 두 달 뒤 그가 이리 읊는다. '아우와 형 손자, 조카가 함께 있으니 하늘 바깥이라도 기쁘구나(弟兄孫子姪 天外喜同堂)'(『송자대전』, 「탐라 유배지(耽羅謫所)」)

'천외天外'. 하늘 바깥이지 사람 사는 땅이 아니라는 것이다. 하늘 바깥으로 패대기질을 당했으니, 참으로 불운이었다. 제주는 뭍사람들이 살 만한 곳은 아니었다.(2권 2장 〈1. 바람 부는 제주도와 강한 그녀, 제주 여자〉 참조) 조선 형법전『대전회통』에는 '제주 3읍과 추자도는 죄명이 특히 무거운 자 외에는 배정하지 않고, 제주목에는 특별한 교지가 없으면 정배되지 않는다'라고 규정돼 있다.

하늘 바깥 제주도와 유배 문화

제주도에는 더할 나위 없는 행운이었다. 뭍에서 고등 지식을 가진 권력자가 걸어 들어왔으니까. 송시열을 비롯한 유배자들이 제주도에 미친 영향은 지대하였다. 섬사람이라 괄시받던 제주 사람들은 유배자들을 찾아가 글을 배우고 예법을 배웠다. 언제 권력을 되찾고 중앙으로 돌아갈지 모를 사람들이기에 접대도 따뜻했다.

제주 대정현 최고 갑부 강도순은 8년 동안 유배된 추사 김정희를 자기 집으로 모시고 아들 가정교사를 청했다. 대정향교는 추사를 따로 모시고 마을 사람들을 가르치기도 했다. 이들 뭍사람 가운데 다섯을 현자賢者라 기리며 세웠던 오현단五賢壇이 지금도 제주시 한가운데에 남아 있다.

제주에 들어왔던 선비들을 기리는 오현단

잃어버린 기회, 유배

섬나라 제주에는 행운이었으나, 나라 전체에는 불행한 일이었다. 그 숱한 고등 인력을 일절 소통을 막아버린 채 천리 바깥 섬에 가둬놓은 것이다. 손과 발을 묶고, 입과 귀를 막아버린 유배형은 개인에게도 낭비였지만 나라에도 낭비였다. 이러저러한 이유로 제주에 흘러온 사람들 가운데 눈에 띄는 자들이 셋 있으니 바로 광해군과 소현세자 가족, 그리고 네덜란드 사람 헨드릭 하멜이다. 17세기 중엽 12년이라는 짧은 기간에 차례차례로 제주에 들어온 사람들이다. 자, 이 순서대로 이들이 남긴 흔적과 이들로 인해 사라져버린 역사 속으로 들어가 본다.

개혁 군주 광해(光海)

1637년 6월 16일 폐군 광해군이 사방을 장막으로 가린 배를 타고 제주도 구좌읍 행원포구에 도착했다. 나이는 예순세 살이었다. 1623년 인조반정으로 왕위에서 쫓겨난 지 14년 만이었다. 이미 경기 강화도와 충청 태안을 거쳐 유배 생활에 이골이 났지만, 마중 나온 관리가 제주도임을 알려주자 "내가 어찌 여기 왔느냐" 하며 서럽게 울었다. 제주목 관아에 당도하자 목사 이시방이 이렇게 말했다. "아첨하는 자를 멀리하고 환관, 궁첩들로 하여금 정사에 간여하지 못하게 하였더라면 어찌 이런 곳에 오셨겠습니까. 덕을 닦지 않으면 배 안에 탄 사람이 모두 적국敵國이라는 옛말을 모르십니까?" 무릎을 꿇고 한 문안 인사지만, 그 날카로운 비수에 광해군은 눈물만 뚝뚝 흘리고 말을 못하였다.(『연려실기술』, 「인조조 고사본말」) 강화도에서 쫓겨난 이유도 서러웠다. '강도江都는 보장保障이 되는 중요한 곳이고 서울에서 가까우므로.'(1634년 1월 12일 『인조실록』)

권좌에서 쫓겨난 이유는 크게 세 가지였다. 동생 영창대군을 죽이고 인목대비를 유폐시킨 죄, 궁궐 넷을 무리하게 중건해 백성들을 괴롭힌 죄, 조선을 구원한 명나라를 배신하고 오랑캐 청의 편을 든 죄. 죄목은 어마어마하지만, 핑계였다.

광해군은 임진왜란으로 파괴된 사고史庫를 정비하고 서적을 간행했다('백성을 괴롭히는 대공사'로 둔갑했다). 토지 크기에 따라 세금을 매기는 대동법을 시행해 피폐한 백성 경제를 부활시켰다(지방 대지주들인 반정공신들에게 빌미를 줬다). 사멸하는 명나라 대신 신흥 강국 후금後金을 인정하고 등거리 외교를 펼쳤다. 후금과 전쟁에 군사를 보내라는 명나라 요청도 받아들이지 않았다. 임진왜란으로 망가진 나라를 또 전쟁에 빠지게 하지 않겠다는 뜻이요 의지였다(사대를 주장한 못난 사대부들에게 근본이 썩었다는 핑계를 제공했다). 이미 세자 시절인 임진왜란 초부터 아버지 선조에게서 왕권을 위임받고 행해온 정치의 연장이었다.

제주에서 사라진 광해의 꿈

그런데 전후 잠시 권력을 잃었던 서인 세력이 재집권을 위해 광해에게 반기를 든 것이다. 궁궐 공사? 배다른 동생 영창 살해 혐의? 명에 대한 배신? 모두 재집권을 위한 명분으로 사용됐다. 광해는 결국 왕위를 빼앗겼다.

이리저리 떠돌던 폐군의 최후 행선지가 제주도였다. 광해는 제주성 안에 있는 집에 갇혔다. '하늘 구멍을 제외하고는 사방이 탱자나무 가시가 빽빽한' 집에서 산송장으로 살았다. 이를 위리안치圍籬安置라 한다. 그리고 4년 뒤인 1641년 7월 1일 병사했다. 강화도에 유배됐을 때 나이는 48세였고 죽었을 때는 67세였다. 20년을 광해군은 혼자 떠돌다 죽었다. '목사 이시방이 즉시 열쇠를 부수고 문을 열고 들어가 예禮로 염빈斂殯하였다.'(1641년 7월 10일 『인조실록』) 탱자나무 울타리에 갇

신도2리 대야수 해변. 『하멜 표류기』를 쓴 하멜과 그 일행이 상륙했던 곳이다.

혀서, 문에도 자물쇠를 채웠다는 뜻이다.

제주목 관아 앞에 있는 관덕정에서 제사를 지내고 관이 제주 섬을 한 바퀴 돈 뒤 경기도 남양주 산기슭에 묻었다. 그가 살았던 유배지 터에는 은행 건물이 들었다. 표석 하나 남아 있다.

제주 사람들은 광해군을 인자한 왕이요 시인으로 기억한다. 제주대 교육학과 교수 양진건이 말했다. "어릴 적부터 할머니들이 말했다. '광해는 폭군이 아니었다'고. 그게 광해군에 대한 제주인의 전승이다." 하지만 조선은 전후 경제를 살리고 전쟁으로부터 나라를 구하려던 개혁 군주를 상실했다. 그 상실의 흔적이 21세기 제주에 남아 있다.

그리고 6년 뒤 네 살배기의 유배

광해군이 죽고 6년이 지난 1647년 제주도에 네 살배기 사내아이 석견이 유배를 당했다. 큰형 석철, 작은형 석린과 함께 도착한 석견은 곧바로 제주성 서쪽 어딘가에 유폐당했다. 역시 가시덤불 가득한 집이었다. 이들 아버지 이름은 이왕, 세간에는 소현세자로 알려져 있다.

광해군을 몰아내고 왕위에 오른 인조에게는 아들이 여럿 있었다. 맏아들은 소현, 둘째는 봉림대군이다. 아비 인조가 병자호란 때 청나라 황제에게 머리를 땅에 박아대며 항복을 하고, 아들들은 청 수도 심양에 인질로 잡혀갔다.

9년 만인 1645년 돌아온 두 아들은 세계관이 달랐다. 소현은 청에 와 있던 숱한 서양인을 만나며 개안開眼을 했다. 독일 선교사 아담 샬은 소현에게 천문지식을 가르쳐 주고, 유럽이라는 땅을 가르쳐줬다. 조선에서 태어나 조선에서 청소년기를 보낸 왕자에게 그 신지식은 놀라웠다. 소현세자가 아담 샬에게 보낸 편지에는 미래 조선 왕조의 지도자로서 포부가 이렇게 적혀 있다.

'그들은 이 책들로 말미암아 자신들이 마치 황무지와 같은 곳에서 학문의 궁전으로 옮겨지게 된 운명의 변화에 대해서 놀랄 것입니다. 코레아인들은 이 모든 것이 에우로파의 글 덕분이라는 것을 깨닫게 될 것입니다(Habebunt unde posthac mirentur sortem suam, qua tamquam ex deserto in Palatium eruditionis translati sunt, scientque Coreani, se hoc Europaeis literis totum debere).'(아담 샬, 『중국 포교사』, 「소현세자가 귀국 전 아담 샬에게 보낸 편지」· 안재원, 「아담 샬, 순치제, 소현 세자:아담을 바라보는 두 시선 사이에 있는 차이에 대해서」 재인용) 그는 신천지를 그리고 있었다. 조선의 관료들은 정반대였다.

이를 실록 사관은 이렇게 기록했다. '학문을 강론하는 일은 전혀 폐지하고 오직 화리貨利만을 일삼았으며, 또 토목 공사와 구마狗馬나 애완愛玩하는 것을 일삼았기 때문에 적국敵國으로부터 비난을 받고 크게 인망을 잃었다. 이는 궁관宮官 무리 중에 궁관답지 못한 자가 있어 도리를 잃어서 그렇게 된 것이다.'(1645년 4월 26일 『인조실록』) 세자가 성리학 공부 대신 실용학문을 했다는 말이다.

권력 유지에 급급했던 인조와 추종 세력은 오랑캐 세계관을 가지고 온 세자를 놔두지 않았다. 귀국 후 두 달이 채 되지 않아, 소현세자는 죽었다. 4월 20일과 23일 아버지 인조가 어의로부터 침을 맞고, 다음 날 세자가 침을 맞고 또 그 다음 날 침을 맞았다. 그리고 다음 날 소현세자가 죽었다. 서른세 살이었다. 시체가 검고 구멍이란 구멍은 죄다 피가 흘렀다고 하니, 독살당했다는 말이 돌았다. 맏아들 석철 대신 세자위는 동생 봉림에게 돌아갔다.

이듬해 세자빈 강씨가 역모를 꾀한 혐의로 사약을 받았다. 또 이듬해 강씨의 자식이라는 죄로 세 아들이 제주도 유배형을 받았다. 사약을 내린 이는 시아버지, 유배형을 내린 이는 친할아버지, 인조였다. 석철과 석린은 1년 만에 풍토병으로 죽었다. 막내 석견은 전국 유배지를 떠돌다 삼촌 효종에 의해 복권됐다가 스물둘에 죽었다.

자, 광해군이 죽고 4년 뒤 소현세자가 죽었다. 개혁과 개방을 통해 강국強國으로 갈 수 있던 조선이 또 한 번 주저앉고 말았다는 뜻이다. 큰 그림 그릴 생각 하지 않고, 죽어도 명나라와 성리학을 외치던 권력층이 벌인 참극이었다.

소현세자가 죽고 100여 년 후에 실학자 이익(1681~1763)이 이렇게 기록했다. '수십 년 전 서양인 탕약망湯若望(아담 샬)이 지은『일월식추보日月蝕推步』한 책을 사다가 바쳤는데, 그 사람은 죽어서 뼈가 이미 썩은 지 오래되었다. 하지만 그 계산 방식을 가지고 이전에 발생했던 일월식에 대하여 맞지 않는 것이 없었으며, 향후 일월식에 대하여도 그가 죽은 지 40여 년이 된 지금에 명료하지 않은 것이 없으니 그 정밀한 것이 이런 정도였다.'(이익,『성호전집』,「잡저」) 우리는 조선을 바꿀 뻔했던 기회를 놓친 것이다.

세자 아들들이 제주에 오고 다시 6년 뒤, 더욱 기이한 일이 제주도에서 벌어졌다. 주인공 이름은 헨드릭 하멜이었다.

기이하고 어이없는『하멜 표류기』

1653년 7월 네덜란드 동인도회사 소속 상선 스페르웨르호가 타이완을 출발해 일본 나가사키로 향했다. 양력 8월 16일 배는 악천후 속에 제주도 대야수 해변에서 난파했다. 서기 하멜을 비롯한 살아남은 선원 36명은 제주목 관아를 거쳐 서울로 압송됐고, 이후 13년 동안 조선에 살다가 생존자들은 일본으로 탈출했다. 탈출 이후 하멜은 13년 동안 밀린 월급을 받기 위해 표류 보고서를 작성했다. 보고서 제목은 '1653년 바타비아발 일본행 스페르웨르호의 불행한 항해일지', 바로『하멜 표류기』다.

유럽 최강의 해양국가 네덜란드에서 최고급 인력 36명이 들어왔다. 몸이 들어온 게 아니라 그 당시 첨단항해술, 무기술과 경험이 한꺼번에 들어왔다. 하멜 일행에게는 불행한 일이었지만 조선에는 최고의 기회였다. 세상을 향한 거대한 창문이 눈앞에 열린 것이다. 그런데 그 거대한 창문 앞에서 대정현감 권극중과 판관 노정은 이리 행동하였다.

'그들은 포도주 맛을 보더니 맛이 있었던지 아주 많이 마셨고 대단히 행복해하며 우리 상급선원들을 텐트로 돌려보냈다. 그리고 그 전에 가져간 은 술잔도 되돌려줬다.(『하멜 표류기』)' 실록에는 기록이 없으니, 단군 이래 최초로 서양인으로부터 양주를 접대받은 사실은 중앙 정부에 보고되지 않았음이 분명하다. 하멜 일행은 광해군이 묵었던 유배지에 머물다 서울 압송 이후 강진, 여수 등지를 떠돌다 13년 20일 뒤 나가사키로 탈출했다.

그런데 하멜 일행을 대한 일본 나가사키 공무원의 태도는 지금 봐도 빡빡하다. 난파선 규모 및 항해 목적, 조선의 군부대 배치 현황, 경제, 풍습, 종교, 탈출 경위가 포함된 5개 분야 54개항을 집중적으로 심문했다. 조선이 13년 동안 하지 않은 일이었다. 하멜 일행이 조선에서 한 일은 '풀 뜯기', '땔감 베어오기', '양반집 구경거리 되기', '구걸하기'가 전부였다. 세상을 향해 열렸던 그 거대한 창문 앞에서 해야 할 일은 분명 아니었다.

결론이다. 광해군이 제주에서 죽고 6년 뒤 소현세자의 아이들이 제주에 왔다. 그리고 6년 뒤 하멜이 제주도에 왔다. 그 12년 사이에 우리가 놓친 것은 무엇인가. 200년 뒤 조선에 불어 닥친 외세의 거친 개항 요구는 그때 창문을 닫아버린 탓은 아니었을까. 나는 맞다고 확신한다.

03 다산(茶山)의 꿈은 사라지고, 성은 불탔다

폐허가 된 강진 병영성과 정약용의 깨진 꿈

강진 병영성. 정약용의 예언대로 동학혁명 때 순식간에 폐허가 됐다.

호남 육군사령부, 강진

전라남도 강진은 탐진이라고 했다. 제주도로 가려면 으레 강진나루를 통했으니 탐라耽羅의 탐耽, 나루터의 진津 자를 써서 탐진이다. 멀고 험한 섬, 원악도遠惡島 제주로 유배당한 이들은 대개 탐진을 거쳐갔다. 중국, 일본과 무역을 할 때도 강진 나루에서 배가 오갔다. 탐진강 따라 물길을 타고 뭍으로 물자와 사람이 오갔다.

1417년 전라 육군 총사령부인 전라 병영이 강진에 설치됐다. 성벽을 둘러 웅덩이를 파고, 웅덩이 바깥에는 깊이 2m가 넘는 함정을 파고 죽창을 곳곳에 박아 넣은, 요새였다. 강진은 무역과 상업 중심지로 변했다. 강진 상인은 개성상인과 동급이었다.

그런데 1784년 전라 병영에서 이임한 전 병사 조학신이 조정에 이리 보고한다. "강진 병영은 평야에 펼쳐져 있고 몹시 좁아 방어용으로 큰 흠이다." 이에 비변사는 "당초 설치할 때 뜻이 있었을 것이니 (…) 우선은 덮어 두는 것이 좋겠다"라고 건의했다. 정조는 그리하였다.(1784년 10월 29일 『비변사등록』)

그 무렵 실학자 다산 정약용이 이렇게 글을 썼다. "무엇 때문에 강진 평야에 병영을 만들었는지 알 수가 없다. 병영성은 아침에 포위되면 저녁에 함락되는 것을 면치 못하고(朝圍夕拔在所不免), 한 번 급한 경계가 있으면 놀란 물고기나 짐승처럼 뿔뿔이 도망칠 것(一有警急魚駭獸竄)이니 옆에 산성을 쌓아야 한다."(『여유당전서』 1집 시문집 9권, 「수인산修因山 축성築城에 대한 의」)

정약용이 죽고 59년이 지났다. 1895년 양력 1월 5일 토요일 아침, 동학농민혁명군이 강진 병영성을 함락시켰다. 정약용이 우려한 그대로, 관군은 물고기나 짐승처럼 도망갔다. 농민군이 아침을 먹고 출정해 오시午時(오전 11시~오후 1시)에 병영을 접수했으니, '아침에 포위되면 저녁에 함락된다'는 예언보다 반나절이 빨랐다.

왜 농민들이 조선 육군사령부를 공격했고, 사령부는 무기력하게 불에 탔는가. 이제, 2018년 성벽만 남은 강진 병영성의 비밀을 알아본다.

강진의 거지, 하멜

1656년 3월 네덜란드 사람 헨드릭 하멜과 동료 11명이 강진 병영에 도착했다. 3년 전 제주도에 난파한 동인도회사 소속 네덜란드 상선 스페르웨르호 선원들이다. 이들은 목적지인 일본 나가사키로 가려 했으나 조선 정부는 이들을 억류했다. 대서양과 인도양과 태평양을 건넌 항해술과 선진 문물을 가진 자들이었다.

『하멜 표류기』에 따르면 조선 정부와 고관대작들은 이들을 광대로 취급했다. 서울에서 강진, 순천, 여수로 분산 수용된, 유럽 최강 해양국가 네덜란드에서 온

하멜 일행이 돌을 쌓아 만들었다는 수로(水路). 지금도 사용된다.

일제 강점기 출판된
『하멜 표류기』 초판

다산초당

최고급 인력들은 땔감을 줍고 양반집에서 춤을 추고 풀을 뜯고 절에서 옷을 얻어 살다가 13년 20일 만에 일본으로 탈출했다. 그들은 구걸이 실패하면 병영 마을 돌담을 쌓고 논에 댈 물길을 만들며 생계를 꾸렸다. 탈출한 하멜은 그 기간 못 받은 봉급을 청구하기 위해 보고서를 썼다. 이게 『하멜 표류기』다.

강진에서 사라진 미래, 정약용

하멜이 도주하고 138년이 지났다. 1801년 양력 12월 정약용이 강진으로 들어왔다. 정조의 총애를 받는 신진 관료였다. 정조가 죽자마자 노론과 정쟁에 밀려 금기사항인 천주교도라는 누명으로 강진까지 유배당한 사내였다. 만 8년 관료 생활에 만족할 수 없는 혁신 정치가였다. 정계에 복귀하는 날을 꿈꾸며 그가 써내려간 혁신 정책과 철학이 훗날 『여유당전서與猶堂全書』에 응집됐다. 1표2서, 즉 『목민심서』, 『흠흠신서』, 『경세유표』가 그가 강진 시대에 완성한 정치 철학이다. 남인南人을 중심으로 일어난 실학사상이 그에게 모두 모여 거대한 개혁론으로 완성됐다.

강진 갑부 해남 윤씨 윤광택 집안은 정약용의 먼 외가요 사돈집이었다. 이들 도움으로 정약용은 강진 다산茶山에 집필실과 살림집을 꾸미고 제자들과 함께 집필에 몰두했다. 방대한 종이와 방대한 자료 수집은 이들 도움이 절대적이다. 훗날 1957년 해남 윤씨 문중은 정약용이 살던 집을 복원하고 추사 김정희 글씨를 모아 다산초당 현판을 걸었다. 초가집이었으나 오래도록 보존하기 위해 기와를 얹었다.

강진 유배 첫해 정약용은 아들들에게 이렇게 글을 썼다. "내 책이 후세에 전해지지 않는다면 사헌부의 계문과 옥안만 믿고 나를 평가할 것이 아니냐. 그렇게 되면 나는 어떤 사람으로 취급받겠느냐?(吾書不傳則後世之人但憑臺啓獄案以議吾矣吾將爲何如人耶)"(『여유당전서』 1집, 「두 아들에게 부친다」) 유배는 생각보다 길었다. 7년째인 1808년 여름, 조바심이 비친다. "내가 죽은 뒤에 아무리 제사를 지내준다 하여도, 내 책 한 편을 읽어주는 일보다는 못하게 여길 것이니, 기억해 두어라(吾死之後(…)以祭以祀吾之歆悅不如讀吾書一編汝曹尙宜鐫記)."(『다산시문집』 18권, 「두 아들에게 주는 가계」)

그해 가을, 또 편지를 쓴다. "만약 나의 책을 알아주는 사람이 있다면 그들의 나이가 많으면 아버지로 섬기고 엇비슷한 나이라면 형제로 맺는 것도 좋을 것이다.(如有知我書者 若其年長 汝等父事之倘 與爲敵汝等結爲昆弟亦可也)"

1818년 유배가 풀렸다. 포항 열 달을 포함해 18년을 끌었다. 신진 정치가 정약용은 두 번 다시 정계에 복귀하지 못했다. 대신 500권이 넘는 저작이 생산됐다.

정약용 생전에 이 저작물은 그 어디에서도 출판되지 못했다. 그가 전방위로 기획한 국가 정책은 책 속에만 남았다. 1836년 정약용이 죽었다. 58년 뒤인 1894년 고부에서 군수 조병갑이 벌인 폭정에 농민들이 죽창을 들었다. 이듬해 1월 5일 장흥 농민군이 강진 병영성을 함락시켰다. 폐허만 남은 병영은 그해 폐지됐다.(1권 1장 〈10. 1894년 청일전쟁과 무력한 권력자들〉 참조)

일본인이 알아본 고려청자

1914년 강진군 대구면에서 스에마쓰 다미히코末松多美彦라는 일본인이 파란색 사금파리를 주웠다. 구 대한제국 황실 주사였던 스에마쓰는 강진에 있는 고종비 엄씨 토지 관리인이었다. 이듬해 이왕직박물관 직원인 형 스에마쓰 구마히코末松熊彦가 내려와 100군데가 넘는 도요지를 찾아냈다. 일본인들 사이에 고려청자 광풍이 불던 때였다. 미치광이 두목은 4년 전 안중근에 의해 처단된 초대 조선 통감 이토 히로부미였다. 이토는 곤도近藤라는 일본인 골동품상에 들러 가게에 있는 청자를 전부 사간 적도 있었다. 그가 죽고 나서 미친바람이 제대로 불었다. "개성 왕릉군에는 모든 산과 언덕이 벌집처럼 구멍이 나 있을 정도로"(아라이 신이치, 『약탈문화재는 누구의 것인가』) 모두가 미쳤다.

강진에서 출토된 고려 시대 청기와

조선인은 가치를 몰랐다. 돈을 바라며 직접 도굴에 뛰어든 이도 있었고 소쿠리에 청자 파편을 가득 담아 막걸리 값과 바꿔 가는 사람들도 있었다. "한 조선인이 왔기에 가지고 있던 청자를 보여줬더니 '이것은 도대체 어디 것인가'하며 진귀하게 여기기에, 개성에서 출토된 고려 시대 것이라 설명하니 놀랄 정도의 상황이었다."(미야케 조사쿠三宅長策, 『그 당시의 추억-고려고분발굴시대』, 「도굴꾼 다카하시의 회고」, 1934년) 이 말인즉슨, 그 어느 조선인도 고려청자의 존재를 몰랐다는 것이다. '고려비색 천하명품' 따위 언급은 그 이후 나온 이야기다. 개국에서 멸망 때까지 조선 정부는 일관되게 도공들에게 백자 제작을 강요하고 여타 그릇 제작을 금했다. 세상이 청자를 알 턱 없었다. 그 도요지가 강진에서 200군데 넘게 나왔다. 일본인들이 발굴했다.

해방이 되었다. 1963년 입대를 앞둔 청년 이용희의 집에 국립박물관 연구원인 최순우와 정양모가 찾아왔다. 일본인에 의해 발굴되고 조사되고 체계화된 조선 도자기사史를 조선인 손으로 재정립하려는 욕심을 가지고 있는 사내들이었다.

스물네 살 먹은 청년 이용희는 청자에 지대한 관심을 갖고 있었다. 그가 소쿠리에 모아뒀던 청자 조각들을 학자들에게 보여줬다. "우리 마당에서 주웠다." 발

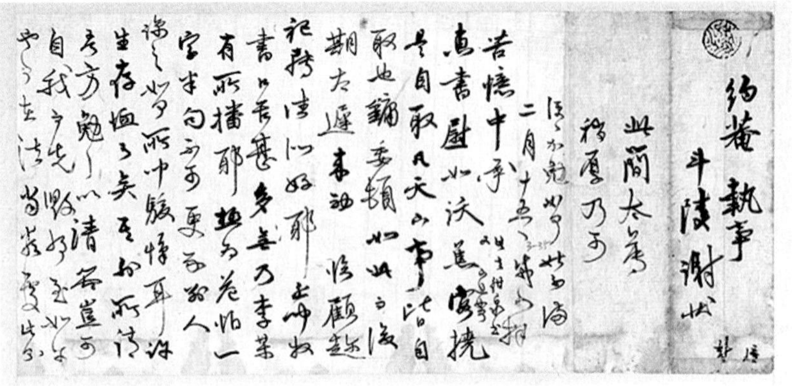

정약용이 노론 이재의에게 보낸 편지. "내 책은 절대로 공개돼서는 안 된다"고 적혀 있다.

굴단은 이용희와 그의 어머니에게 정중하게 허가를 받고 발굴을 결정했다. 단군 이래 처음으로 조선인, 한국인 손으로 청자 도요지를 발굴하기로 한 것이다.

이듬해 집을 찾은 발굴단에게 이용희가 말했다. "우리 집 마당에 비가 와도 물이 금방 빠지는 곳이 있다." 바로 그곳을 삽으로 찌르자 첫 삽에 온전한 청기와가 튀어나왔다. 사치의 극을 달린 고려 18대 의종이 청자로 지붕을 인(蓋以靑瓷) 양이정養貽亭 청기와가 나온 것이다.(1157년 4월『고려사절요』) 해방 후 조선인에 의해 발굴된 첫 청자였다. 군 제대 후 이용희는 집 근처 논에서 청자 가마터를 찾아냈다. 역시 한국인이 발굴한 첫 청자 가마터다. 가마터 주변은 군립청자박물관이 되었다.

허무하게 사라진 보석들

강진 도요지가 발견되고 24년 뒤 정약용의 문집『여유당전서與猶堂全書』가 간행됐다. 생전에 간헐적으로 필사본만 돌아다니던 저서들이 묶여서 나왔다. 정약용 본인 또한 "『목민심서』가 한 글자 반 구절도 다시는 다른 사람에게 보여선 안 되니, 잘 헤아려 달라”(「노론 학자 이재의에게 보낸 편지」)고 당부할 정도로 무서운 책이었다.

1936년 일제 강점기 독립운동조직인 신간회가 해소됐다. 이후 학자인 연희전문 교수 정인보와 언론인인 『조선일보』 사장 안재홍이 주동해 ‘조선학운동’을 개창했다. 전통 사상에서 개혁을 찾자는 취지였다. 조선을 망국으로 이끈 성리학을 버리고 취한 대안이 양명학과 다산학茶山學이었다. 아무도 읽어주지 않을까 두려웠던, 그럼에도 책이 읽혀서 자신이 해를 입을까 두려웠던 사내의 저작들이, 그가 죽고 100년이 지난 뒤에야 되살아난 것이다.

1934년 『하멜 표류기』 국역본이 사학자 이병도에 의해 나왔다. 300년 전 하멜이 겪은 거지 같은 일에 사람들은 깜짝 놀랐다. 첨단 항해술, 무기술과 경험이 한꺼번에 들어왔다가 사라진 사실을 그제야 알았다.

하멜과 동료들이 살았던 병영마을에는 그들이 쌓은 담벼락과 수로水路가 남아 있다. 거지 취급하지 않았더라면 그들로부터 전수받았을지도 모를 네덜란드식 대포 복제품 하나가 기념관에 앉아 있다. 기념관 앞에는 이글거리는 농민들 노여움 속에 사라진 전라 병영성이 지금 복원 중이다.

아무도 몰랐던 고려청자는 지금 대한민국을 대표하는 전통문화가 되었다. 이후 이용희는 도공이 되었다. 2018년 현재 일흔아홉 살이 된 이용희는 전남 무형문화재 제26호 청자장이다. 청자 장인 이용희의 작업실 동흔요는 2017년 겨울 언덕 뒤로 이전했다. 한국인 손으로 청기와를 파냈던 집과 마당은 철거될 예정이다. 취락구조개선사업 대상에 포함됐다는 것이다. 이미 주변 민가는 철거가 완료됐다.

당대 세계 최고의 기술과 지식, 지혜가 강진에 모여들었다가 사라져버렸다. 전혀 다른 모습으로 남아 있어야 할 흔적들이 초라하다. 거짓말이었으면 좋겠다.

04 우리는 수입품을 쓸 테니 너희는 사치하지 말라

책가도(冊架圖)의 비밀과 가난한 조선

19세기 말 〈책가도〉. 창덕궁 세자 침실에 있던 그림이다. 국립고궁박물관 제공.

서울 국립고궁박물관 전시장에는 책장을 그린 병풍이 한 폭 있다. 책가도冊架圖라고 한다. 귀한 책들을 꽂은 서가를 그린 그림이다. 차곡차곡 쌓아놓은 책들 사이에 문방사우文房四友 또한 그려 넣었다. 아래 그림은 20세기 초 창덕궁 세자 침실에 있던 책가도다. 조선 후기 정조 시대 이후 유행한 그림이다. 그린 사람은 알 수 없다. 자세히 들여다본다.

왼쪽 아래 공작새 깃털을 꽂은 화병이 보인다. 녹색이다. 화병 가운데는 회색으로 둘러놓았다. 그 오른쪽 위 칸에는 빨간 찻잔과 갈색 주전자가 보인다. 그 오른쪽 아래 칸에는 정교하게 만든 물고기와 역시 빨간 찻잔이 보인다.

이상하지 않은가. 백의민족이요 희디흰 백자를 사랑하는 질박한 조선 사대부, 왕실 병풍에 요사스러운 총천연색 그릇이 그려져 있다니. 결론은, 이 요사스러운

그릇들은 모두 **'메이드 인 차이나'**요 **'메이드 인 재팬'**이다. 그 비밀을 풀어본다.

황제의 하사품, 청화백자

1428년 명나라 황제 선덕제가 사신을 보내 세종에게 칙서와 하사품을 전했다. 명나라 사신을 영접하는 모화루에서 하사 행사가 열렸다. 칙서 끝에 하사품 목록이 나온다. '임금이 왕세자와 백관을 거느리고 모화루에 나아가 칙서를 맞아 경복궁景福宮에 이르러 의식儀式과 같이 예를 거행했다. 칙서에 이르기를, "이제 왕에게 백소 자기白素磁器 10탁卓, 백자 청화 대반白磁靑花大盤 5개, 소반小盤 5개를 내리니, 물건이 이르거든 받으라."(1428년 7월 19일 『세종실록』) 이후 선덕제가 보낸 하사품에 빠지지 않는 물건이 있었으니 바로 청화백자다. 백색 흙에 유약을 입히고 푸른 코발트색 안료로 그림을 그린 자기다.

청자보다 선진기술로 만든 백자에 왕실은 매혹됐다. 조선은 청자 대신 청자에 흰색 유약을 바른 분청사기를 만들던 때였다. 그런데 20년 뒤인 1448년 왕실에서는 중국과 자기 무역을 금지했다. 명나라가 청화백자 유출을 금한 탓이다. 막막해진 왕실에서는 백자를 만들 백토白土 채굴과 백자 제조기술 개발에 매달렸다.

고려청자 노하우가 있던 나라인지라, 백자 기술은 순식간에 개발됐다. 그리고 1467년 민간으로부터 세금으로 거뒀던 도자기를 왕실이 직접 생산하는 관요官窯가 경기도 광주에 설치됐다. 관요를 관장하는 관청은 사옹원司饔院이고 책임자인 도제조는 왕족이나 의정부 정승이 겸임했다.

백자를 장식하는 푸른 안료는 100% 수입품이었다. 고가高價였다. 왕실은 민간에게 청화백자 제작을 금지했다. 청화백자 생산은 국가가 독점했다. 명나라가 안료 수출을 금지하자 관요에서는 그릇에 그림을 그리는 대신 올록볼록하게 그림을 새겨 넣기도 했다.

생산은 물론 소비도 국가가 독점했다. 1469년 조선 정부는 청화백자 민간 사용을 금지시키고 이를 어긴 자는 장 80대 형벌을 내렸다. 『경국대전』 형전刑典 금제禁制 법에 따르면 청화백자는 '금이나 은으로 만든 그릇'과 동급이었다. 좋은 그릇 맛을 본 사람들은 중국에서 밀수입한 청화백자를 즐겼다. 마침내 어전회의에서 이런 논의가 나온다. "중국의 물건은 저절로 올 수 없는 것이니 반드시 수송해 오는 자가 있을 겁니다. 청컨대 엄히 금하소서."(1477년 윤2월 10일 『성종실록』) 조선백자를 조선 백성은 구경할 수도 사용할 수도 없었으니, 이 어찌된 일인가.

무본억말(務本抑末)과 제조업

'본本'은 농업이고 '말末'은 상업이다. 농사에 힘쓰고 상업을 억제한다는 뜻이다. 상업을 억제한 이유는 아주 명쾌하다. "상업은 도둑질하는 근본이 되는 것이니 마땅히 금해야 합니다."(1518년 5월 28일 『중종실록』) "농사에 힘쓰고 상업을 억제하여 백성들이 다 같이 풍성한 즐거움을 누리게 한다."(1783년 1월 1일 『정조실록』)

농부(農)는 학문하는 선비를 뒷받침하는 가장 중요한 직업인이다. 공인(工)은 필요에 의한 기물만 생산하는 천민이다. 상인(商)은 사치를 부르는 천박한 업종이다. 성리학이 추구하는 도덕사회에 이윤을 추구하는 상업은 악惡이라는 논리다. 조선 개국부터 멸망까지 일관된 경제 정책이었다. "여러 고을에서 매월 두 차례 시장을 여는데, 근본을 버리고 끝을 따르는 것이라 금지시켰다"고 전라 관찰사 김지경이 보고했다. 보고를 받은 호조판서가 왕에게 이리 권한다. "청컨대 다시 관찰사로 하여금 엄중히 금단하게 하소서."(1472년 7월 27일 『성종실록』)

성리학의 원류인 중국에서 직업 분류로 쓰였던 사농공상士農工商이 조선에서는 신분 차별로 바뀌었다. 조선의 최첨단 산업, 도자기는 그리하여 민간 제조도 유통도 금지됐다.

왕실 그릇 공장 관요는 고품질 백토와 수입 청화안료와 도공을 독점했다. 사옹원에서 내린 시방서에 따라 백자를 생산했다. 지시한 대로 만들면 그만이니 창의성보다는 관성이 작용했다. 천한 도공 신세를 면할 수 없으니 의욕이 있을 리 없었다. 민간에서는 저질 흙과 흔한 안료로 철화백자와 진사백자를 만들었다. 왜란과 호란 이후 나라가 가난해지면서 관요에서도 철화백자를 생산했다. 영·정조대에 이르러서야 관요에서는 청화백자 생산을 재개할 수 있었다.

영조의 등극과 반(反)사치법

1709년 연잉군이 사옹원 도제조가 되었다.(1709년 4월 12일 『승정원일기』) 연잉군은 소위 조선 후기 문예부흥을 이끈 영조다. 열여섯 살 때 연잉군은 왕실과 관청 도자기 제작을 관장하는 사옹원 원장이 되었다. 영조는 '그림 다섯 점을 그려 도자기 밑그림으로 쓰게 했다.'(사옹원 주부 김시민, 「성상께서 그리신 화첩에 제목을 붙이며(謹題御畵帖子後)」)

그렇게 예술에 관심을 보이던 연잉군이 왕위에 올랐다. 이후 3대 국정지표를 발표했다. 첫째, 계붕당戒朋黨. 당파 싸움을 금했다. 둘째, 계사치戒奢侈다. "면백綿帛도 따뜻한데 어찌 꼭 비단으로 수놓은 옷(錦繡)인가?" 마지막으로 계숭음戒崇飮이다. 금주령이다. "술은 미치게 하는 약(狂藥)이다. 맑은 기질을 혼탁하게 만들고 아름다운 기질을 악하게 만드는 것이 술 때문이 아니고 무엇이겠는가? 술을 금하면 민생이 안정되고 직무를 거행할 수 있으리라."(1726년 10월 13일 『영조실록』) 젊은 군주의 명에 우의정 조도빈이 한마디 붙였다. "서민의 처첩妻妾들도 비단옷을 보통으로 여기니 먼저 궁중에서 검소함을 따르면 감화되리이다."

술 항아리 때문에 사형

1733년 12월 21일 영조는 왕실 비단 생산을 금지했다. 비단을 생산하는 기계를 폐기시키고 '다시는 재론하지 말라'고 명했다.(1733년 12월 21일 『비변사등록』) 비단 생산기계 이름은 문직기紋織機다. 금실로 무늬를 넣는 기계다. 이 기계가 폐기됨으로써 금사金絲기술은 2015년 한국전통문화대학교가 복원할 때까지 282년 동안 조선에서 사라졌다. 1746년에는 중국산 무늬 비단 수입도 금지했다.

1756년 영조는 부녀자들 가체加髢를 금하고 족두리를 쓰라고 명했다. '사치가 성하여 부인들이 서로 자랑하여 높고 큰 것을 숭상하기에 힘썼으므로 임금이 금지시켰다.' 영조에게는 '혼인 못하는 것도 사치, 장례 못 치르는 것도 사치, 제사를 홀대하는 것도 사치 탓'이었다.(1756년 1월 16일 『영조실록』)

영조는 "사대부 집에는 모피 이불과 이름 모를 반찬이 많다고 한다."며 "내가 무병함은 옷과 음식이 후하지 않기 때문"이라고 반사치 기치를 내리지 않았다.

1755년 영조는 금주령도 강화한 바 있다. 영조는 '식혜를 예주醴酒라 하니, 이를 제사상에 술 대신 올리라'고 명했다.(1755년 9월 7일 『영조실록』)

1762년 9월 함경도 북청 병마절도사 윤구연이 금주법 위반 혐의로 체포됐다. 윤구연의 집에서 술 냄새가 나는 항아리가 발견된 것이다. 영조는 크게 노하여 그 달 17일 남대문에 가서 직접 윤구연 목을 베었다(上大怒 親御南門 斬九淵). 이를 말리는 세 정승은 파면했다.(1762년 9월 7일 『영조실록』) 그 누구도 대놓고 사치를 부리거나 술을 즐길 엄두를 내지 못했다.

일본의 OEM 공장 초량 부산요

인조 16년인 1638년 부산 용두산 아래 도자기 공장이 설립됐다. 80년 동안 운영된 이 공장 이름은 '부산요釜山窯'다. 임진왜란 이후 일본과 교역을 재개하면서 만든 초량왜관 내에 있었다. 지금 로얄호텔 자리다.

그런데 이 부산요 사장은 대마도에서 온 일본인 도공이었고, 직원은 조선인 도공이었다. 일본인은 그림·조각·불을, 조선 기술자는 그릇 성형을 맡았다. 다기에 대한 일본 수요가 폭증하자 일본인 감독관을 보내 조선인 기술자 손으로 만든 다기다. 디자인도 수량도 모두 일본이 결정했다. 대마도에서 부산요로 보냈던 주문

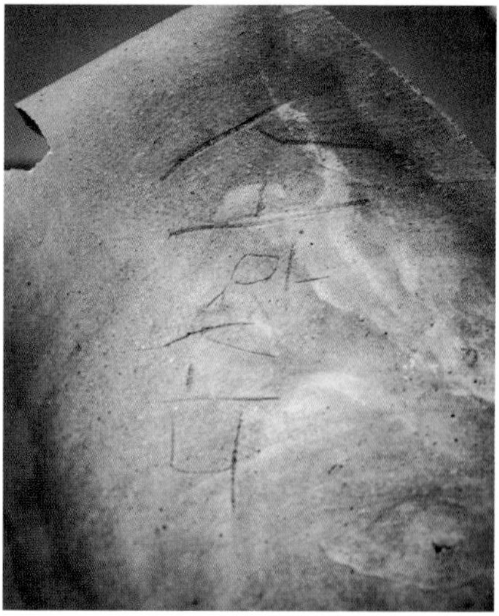

경기도 광주 분원리 가마터에 있는 비석군(위). 관요를 관리한 벼슬아치들 공덕비다. 왼쪽은 경기도 광주 곤지암 관요터에서 나온 그릇 받침대. '손맜소니'라는 도공 이름이 새겨져 있다.

서에는 그릇 크기와 높이, 유약 색깔까지 세밀하게 표시돼 있다. 한 우두머리 도공은 조선인 기술자, 역관들과 갈등 끝에 자살하기도 했다.

부산요에서 생산한 그릇은 분청사기다. 조선 초 대량 생산했던 그 그릇이다. 왕실이 청화백자를 관급 그릇으로 규정하고 관요에서 이를 독점생산한 이래 조선에서는 폐기된 스타일이다. 이 스타일을 발전시켜 일본은 이도다완을 비롯한 첨단 자기를 생산했다. 유럽에서 중국 자기가 유행하면서 일본은 중국풍 도자기도 생산했다. 일본과 중국 채색자기는 유럽으로 대량 수출됐다. 조선 도공을 납치할 정도로 열악했던 일본 도자기가 산업으로 발전한 것이다.

성리학의 위선

자, 이상국가 건설을 위해 내놓았던 각종 규제를 뒤집어본다. '영조가 마침 **송절차**松節茶를 마신 터라 약간 **취한 채** 말하였다(英廟適御松節茶 天顔微醺而敎曰).'(성대중, 『청성잡기靑城雜記』) 송절차는 스스로 금주를 실천한 영조가 술 대신 즐겨 마셨던 차다. 그런데 취했다? 임금이 송절차를 가져오도록 명하고 말했다. "경들이 한 잔씩 나에게 권하도록 하라." 홍봉한이 말했다. "남은 것을 맛볼 수 있으면 다행이겠습니다." 임금이 여러 신하들에게 돌아가며 취하도록 마시라고 명했다. "취해서 쓰러지더라도 허물로 삼지 않겠다."(1769년 2월 26일 『영조실록』) 영조 재위 45년 되던 해다. 넉 달 뒤 그가 다시 이리 말한다. '나중에는 졸졸 흐르는 물이 강과 바다가 될 것이다. 다시는 양주하지 말라."

도덕주의자라고 쓰고, 부조리하다고 읽어야 한다.

영조에게 화유옹주라는 딸이 있었다. 2005년 화유옹주 묘를 발굴하니 부장품이 쏟아졌다. 그중에 분채황지장미문병이 있었다. 노란 유약을 바른 꽃병에 갖가지 그림을 그린 화려한 병이다. 청나라 수입품이다. 중국 도자기를 금하고 청화백자를 금했던 임금님의 따님 무덤에서 바로 그 금지 품목이 나온 것이다. 영조를

팔당호에서 바라본 광주 분원리 풍경. 왼쪽으로 보이는 산 너머 무명 도공의 삶터가 있었다.

이은 정조 때 탄생한 책가도도 마찬가지다. 여염집에서는 절대 금지한 중국산, 일본산 수입 도자기가 위풍당당하게 그려져 있다. 금주령도 똑같다. 즉위 7년째 여름날, 영조가 이렇게 탄식한다. '법이 사대부士大夫에게는 행해지지 않고 상민과 천민에게만 행하려고 하니 가슴 아프다.'(1731년 6월 10일 『영조실록』) 이 또한 도덕주의자라고 쓰고, 부조리하다고 읽을 수밖에 없다.

정조 때 실학자 박제가는 이리 말했다. "물건이 없어서 못 쓰는 것을 검소함이라 하지 않는다. 조선은 반드시 검소함 탓에 쇠퇴할 것이다."(박제가, 『북학의』, 「내편-시장과 우물」) 이 검소와 쇠퇴를 이끈 철학이 바로 교조화된 성리학이었다. 도무지 알 수 없는 위선이었다.

광주 분원리 비석군

조선 왕조 마지막 관요였던 경기도 광주 남종면 분원리 가마터에는 비석들이 서 있다. 관요를 관장한 사옹원 도제조, 관요 감독관인 공덕비들이다. 모두 열아홉 개인데, 예상하다시피, 어느 비석에서도 관요에서 그릇을 직접 만든 사기장 이름은 보이지 않는다.

부산요에서 자살한 일본인 도공 이름은 마쓰무라 야헤이타松村彌平太다. 400년 전 화염 앞에서 땀을 흘렸던 그 도공 이름이 남아 있다. 지금도 그 이름이 붙은 그릇이 전하고 있다. 조선 도공은 가마 속 그릇 얹는 판에 거칠게 손으로 이름을 적었을 뿐이다. 그 이름은 '손맜소니'다.

05 임진왜란 직후 일본은 조선에 그릇 공장을 세웠다

부산요(釜山窯)의 비밀 1

1913년 어느 날 일본 대마도 제1도시 이즈하라嚴原 경매장에 대마도주 소씨宗氏 가문 소장품이 대거 출품됐다. 도쿠가와 막부 시대 역사와 문화 자료는 물론 영화로운 소씨 문중 재화들이 쏟아져 나왔다. 그 가운데 250년 전 만들었다는 차 그릇이 대량으로 포함돼 있었다.

그릇이 있던 오동나무 상자 속 종이에는 그릇 장인들 이름과 생산지가 적혀 있었다. 대충 이러했다. 이산意三의 다완, 모산茂山의 연병, 야헤이타彌平太의 다완.

야헤이타의 다완은 제작 연도도 있었다. 1691년 3월 6일. 사람들은 두 번 놀랐다. 그릇들이 금방 구워낸 듯 신품이라 놀랐다. 하나같이 명품이라 놀랐다.

한 번 더 놀랐다. 이 모든 그릇들 산지産地가 조선 부산이었고, 그것도 일본인이 조선에서 운영한 공장 제품이라는 것이다. 임진왜란 종전 후 100년이 채 되지 않은 17세기, 일본이 조선에 운영했던 OEM 방식 그릇 공장 '부산요釜山窯' 이야기다.

전쟁의 서막, 오우라(大浦)

대한민국 부산에서 배를 타고 남하해 한 시간이면 일본 섬 대마도에 닿는다.

일본 대마도 북섬에 있는 오우라항(大浦). 임진왜란 때 일본군이 출발한 항구다.

히타카쓰比田勝 항구에서 북쪽으로 10분만 가면 포구가 나온다. 오우라大浦. 작은 어항漁港이다. 북쪽으로 좁고 긴 만이 이어져 바다가 보이지 않는다. 포구는 호수처럼 보인다. 포구로 가는 다리 앞 교차로에는 이정표가 붙어 있다. '한국전망소韓國展望所 4.6km'. 그 아래 '大浦'라고 적혀 있다. 전망대를 가는 길목인데, 항구에 내리는 한국인은 몇 없다. 볼 것 없는 어촌이기도 하고, 안내판이 없어서이기도 하다. 어쩌면 지나치라고 안내판이 없는지도 모른다.

426년 전 봄날 일본 전역에서 출항한 배들이 오우라에 속속 입항했다. 700척이 넘었다. 그해 양력 5월 23일 새벽 배들은 일제히 좁은 오우라만을 빠져나갔다. 1만 8000명이 넘는 중무장 일본군이 승선해 있었다. 대장선에는 일본 최고 권력자 도요토미 히데요시豐臣秀吉의 측근 고니시 유키나가小西行長가, 선봉선에는 대마도주이자 고니시 사위 소 요시토시宗義智가 타고 있었다. 전쟁, 임진왜란의 서막이었다.

대마도 반쇼인에 있는 대마도주 소 요시토시(宗義智)의 무덤.

부산 첨사 정발의 죽음

운명의 그날, 부산 첨사 정발은 절영도에서 사냥을 하고 있었다. 절영도는 지금 영도다. 사냥은 유희가 아니라 민정 순찰이다. 그날 오후 적선이 바다를 덮고 몰려왔다. 정발은 조공하러 오는 왜인들로 여기고 대비하지 않았는데 진鎭으로 돌아오기도 전에 적이 이미 성으로 기어올랐다. 정발은 난병亂兵 중에 전사했다.(1592년 4월 13일『선조실록』) 후대에 다시 작성된『선조수정실록』에는 정발이 '비 오듯 쏘아대는 포 속에 서문西門을 지키다가 화살이 떨어져 적의 탄환에 맞아 전사했다'고 수정돼 있다. 1000명 남짓한 조선인들 저항에 질린 1만 8000여 일본군은 생존한 조선인을 전원 잡아 죽였다.

장엄하고 냉혹하고 졸렬했던 그날

일본군은 곧바로 남쪽 동래성으로 진격했다. 총사령관 고니시는 오사카 상인이며 기독교도였다. 고니시는 성문 앞에 목판을 내걸었다. '싸우려면 싸우고 싸우기 싫으면 길을 달라(戰則戰不戰則假我道).' 동래 부사 송상현이 답을 걸었다. '죽기는 쉬워도 길을 빌려주기는 어렵다(戰死易假道難).' 동래성은 군사 요새가 아니었다. 성 안에는 인근 지역에서 소집한 민간인이 절대다수였다. 송상현은 글 읽는 문신이었다.

성문이 뚫리고 성안에서 시가전이 벌어졌다. 성이 함락될 무렵 일본 무장 평성관平成寬이 송상현에게 다가가 옷깃을 끌며 "도주하라"고 권했다. 평성관은 전쟁 전 사신으로 조선을 자주 찾아 송상현과 절친한 사이였다. 송상현은 거부했다. 대신 관복을 갖춰 입은 뒤 북쪽을 향해 앉았다. 일본군 병사 하나가 송상현을 죽였다. 평성관과 대마도주 소 요시토시, 그리고 소 요시토시의 가신 평조신平調信(야나가와 시게노부柳川調信)이 탄식하며 시신을 관에 넣어 묻고 푯말을 세워주었다.(1592년 4월 14일『선조실록』) 송상현을 죽인 병사도 죽어버렸다. 반나절 만에

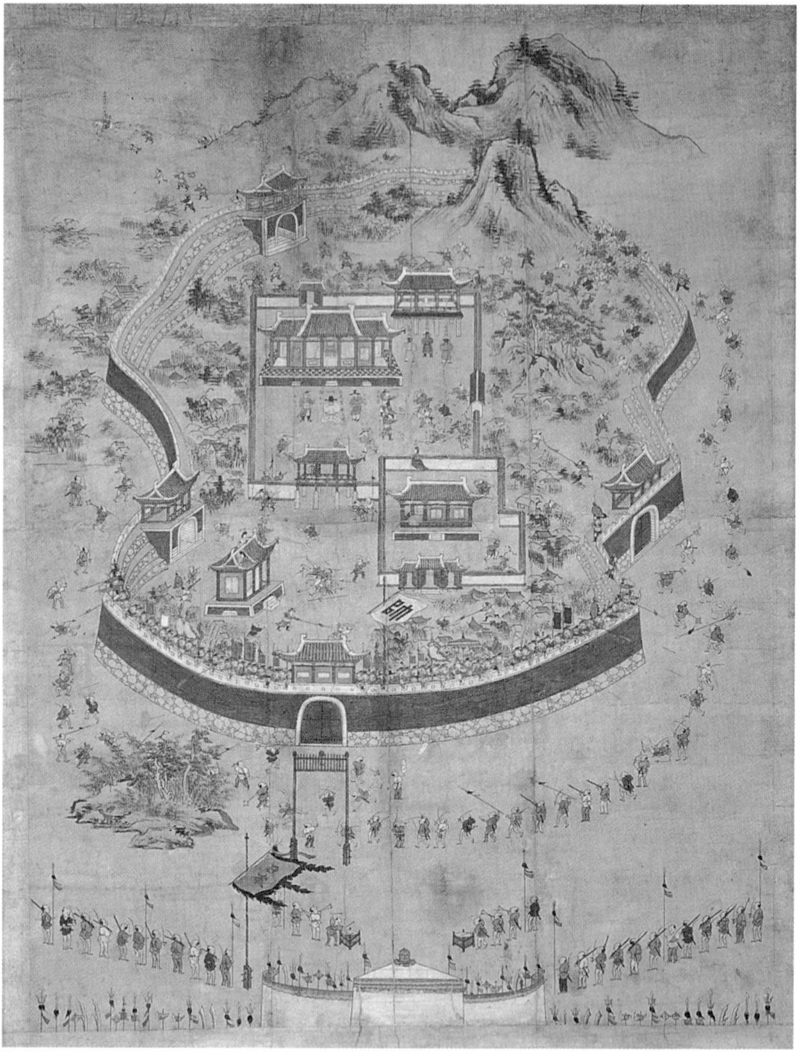

〈동래부순절도〉, 동래부사 송상현 문중 소장. 왼쪽 위편에 말을 타고 달아나는 병사 이각 무리가 보인다. 울산광역시 제공.

전투가 종료됐다. 부대 깃발을 십자가 문양으로 쓸 정도로 신앙심이 돈독했던 고니시였다. 하지만 살아 있는 자는 역시 학살했다. 장엄하였으나 냉혹하였다.

졸렬한 자들도 속속 나타났다. 동래성을 지키던 병사 이각은 성을 문신 송상현에게 맡기고 도주했다. 경상 좌수사 박홍은 바로 성을 버리고 달아났다.(1592년 4월 14일 『선조수정실록』) 실록 사관은 이렇게 평했다. "태평세월이 200년 이어져 백성은 전쟁을 몰랐고 군현들은 풍문만 듣고도 놀라 무너졌다(民不知兵郡縣望風奔潰)."(1592년 4월 13일 『선조실록』) 지난 2005년 5월 부산 지하철 수안역 공사 도중 동래성 전투 때 희생당한 사람들 유골이 대거 발굴됐다. 413년 만이었다.

대마도주 소 요시토시

대마도는 조선과 일본 본토 사이에 있는 공간이다. 좁고 척박한 땅에서 영주가 주민을 통치하려면 경제가 필요했고 권력이 필요했다. 조선으로부터 경제적인 이득을 취하고 본토로부터 권력을 인정받지 않으면 생존이 불가능했다. 고려시대부터 횡행한 왜구倭寇는 상당수가 대마도 출신이다. 세종 때는 이 왜구를 제압하기 위해 대마도를 공격하기도 했다.

권력이 살아남기 위해서, 대마도주 가문인 소씨가는 조선에 왜구를 통제하고 평화를 대가로 지속적, 경제적인 반대급부를 요구했다. 그 경제적인 반대급부가 해마다 조선에서 받아가는 쌀이었고 이를 얻기 위해 다른 물건을 싣고 부산으로 가는 배가 조공선이다. 절영도에서 사냥을 하던 시각, 부산 첨사 정발은 군선 떼를 바로 이 조공선으로 오인한 것이다.

도요토미 히데요시가 일본을 통일했다. 그때 대마도주는 소 요시토시, 종의지였다. 도요토미는 소 요시토시를 앞세워 조선 정벌의 꿈을 꾸었다. 명나라를 치고 나아가 인도까지 치려는 꿈을 꾸었다. 그리하여 고니시 유키나가와 가토 기요마사를 선봉으로 한 일본군, 그 가운데 고니시의 1만 8700여 대군이 대마도 북쪽 은밀한 오우라만에 총집결한 것이다. 소 요시토시가 조선 침략 최선봉에 나선 것은 필연지사였다.

정발의 죽음, 이순신의 죽음

파죽지세로 북상한 일본군은 보름 만에 한양까지 진격했다. 조선의 최고 권력자 선조는 이미 도주했다. 부산 일대에서 펼쳐진 장엄한 미학은 간 곳 없었다. '적 두어 명이 장난삼아 한강을 헤엄쳐 건너는 시늉을 하자 우리 장수들은 얼굴빛을 잃고 부하들을 시켜 말에 안장을 얹도록 명하니 군사들이 다 붕괴하였다. 경성이 텅 비게 되었다. 적이 먼저 십 수 명 군사를 뽑아 입성시킨 뒤 수십 번을 탐지하고 종루鍾樓에까지 이르러 군병 한 사람도 없음을 확인한 뒤에 입성하였는데, 발들이 죄다 부르터서 걸음을 겨우 옮기는 형편이었다고 한다.'(1592년 5월 3일 『선조실록』) '걸음을 겨우 옮기는' 적군에게 활 한번 쏘지 않고 수도를 내준 것이다.

정발의 죽음에서 시작된 임진왜란은 노량해전 이순신의 죽음으로 7년 만에 끝났다. 조선은 엉망진창이 되었다.

송환을 거부한 도공과 부산요

조선 의병의 대활약, 그리고 충직하고 능력 있는 군인 이순신에 의해 나라가 죽다 살아났다. 일본에서는 도요토미 히데요시가 죽었다. 권력을 장악한 도쿠가와 이에야스는 "내가 전쟁을 일으키지 않았다"며 국교 정상화를 요구했다. 그 정상화 협상을 맡은 사람이 바로 소 요시토시였다. 동래에서 송상현을 장사 지냈던 야나가와 시게노부는 1600년 포로를 일부 송환하며 사신 파견을 요청했다. 통신사와 사명대사가 포로 송환 협상을 맡았다. 이후 대마도 소씨 가문 성인 가네이시성은 조선통신사가 일본에 첫발을 딛는 영접 장소가 되었다. 그리하여 1601년 부산에 일본인 사신이 묵는 왜관이 설치됐다. 정발이 사냥을 했던 바로 그 섬, 절영도에 왜관이 설치됐다.

이후 협소한 절영도를 대신해 두모포에 왜관이 설치됐다. 1646년 10월 두모포왜관을 수리하기 위해 대마도에서 기술자와 사신이 도착했다. 수석 사신은 평성관. 바로 동래에서 송상현에게 도망가라고 일러줬던 그 사내다.(『변례집요邊例集要』)

그런데 이상한 일이 벌어졌다. 임진왜란 때 마쓰라 시게노부松浦鎭信 부대가 남원과 진주 웅천 일대에서 끌고 간 일부 도공들이 조선으로 돌아오기를 거부한 것이다. 이상한 일은 또 있었다. 두모포에 설치된 왜관에 그릇 공장이 설립된 것이다. 조선이 무상으로 제공하는 흙으로, 일본이 주문한 디자인으로, 일본 도공의 감독 아래, 조선 도공의 손으로 그릇을 제작해 전량을 일본으로 수출하는 그런 이상한 공장. 이름은 훗날 '부산요'라고 했다. 도자기 제조술이라는 16세기 최첨단 기술 보유국에 낙후된 일본이 공장을 차린 것이다. 도대체 왜? <부산요(釜山窯)의 비밀 2>에서 계속.

06 기술은 역전됐다

부산요(釜山窯)의 비밀 2

임진왜란 그리고 국교 정상화

1601년 임진왜란이 끝나고 3년 뒤 한양 사람 박언황이 일본에 포로로 끌려갔다가 돌아왔다. 박언황은 조정에 출석해 일본 종군 승려 겐소玄蘇로부터 들은 말을 전했다.

"일본이 여러 번 강화를 청하여도 귀국에서는 매번 중국을 핑계대어 강화(국교 정상화)하려 들지 않는다. 만약 군사를 출동시켜 바다를 건너면 강화하려 해도 늦을 것이다. 지금 중국 군사의 위엄만 믿고 강화하지 않고 있는데, 중국 군사가 철수한 후에는 비록 대병大兵을 내지 않더라도 몰래 틈을 타 곳곳을 침범한다면 후회해도 소용이 없을 것이다."

말은 이어졌다. "지금 그대 나라는 동서東西로 붕당朋黨이 나뉘어져 있어 의논이 일치되지 않고, 혹 강화를 하려는 자가 있어도 만 가지로 의심하여 대사大事가 이루어지지 않음을 내가 자세히 알고 있다. 전에 귀국에서 중한 작록爵祿을 받았는 바 은혜를 저버릴 수가 없기 때문에 이처럼 은근하게 그대에게 말해주는 것이다."(1601년 8월17일『선조실록』)

정리하자면, 과거는 잊고 국교를 정상화하자는 말이었다. 섣불리 복수전을 벌이려 하다가는 불바다가 되리라는 협박도 숨어 있었다. 그해 조선과 일본은 국교 정상화 교섭에 들어갔다. 공식적인 국교 정상화는 8년 뒤인 1609년에 이루어졌다. 기유약조라 한다. 국교 정상화를 주도한 사람은 소 요시토시, 19대 대마도주였다.

일본의 새 권력자 도쿠가와 이에야스는 임진왜란 때 선봉장인 소 요시토시를 앞세웠다. 임진왜란 첫 전투가 벌어진 절영도에 간이 숙소를 차려놓고 양국은 교

일본 대마도 이즈하라에 있는 대마도주 소씨 가문 가족묘 반쇼인(萬松院)으로 오르는 계단. 임진왜란의 시작과 종료, 그리고 국교 정상화에는 늘 대마도가 있었다.

섭을 벌였다. 막대한 민간 피해를 입은 조선은 포로 송환을 통해 노동력 확보를 원했다. 일본은 통상通商을 원했다. 교역을 통해 부富를 창출하고자 했다. 대마도주 소 요시토시에게 통상은 치명적이었다. 교섭에 실패하면 도쿠가와 막부의 보복이 예정돼 있었다. 작은 섬 대마도가 생존하려면 조선의 물산 공급이 절대적으로 필요했다. 하나가 더 있었다. 바로 찻잔, 다완茶碗이다. 일본 무사들에게 번진 차茶 문화에 절대적으로 필요한, 조선 사발이 필요했다.

조선 사발과 일본 차

당나라 시대에 유행한 다법茶法은 말차였다. 입이 넓은 사발에 차 가루를 넣고 섞어 마시는 법이다. 찻잎 제조법이 까다롭고 노동력이 많이 들어가 명나라 때는 황제 명으로 금지했다. 그때 보편화된 엽차葉茶가 지금 한국인이 흔히 즐기는 다법이다. 성리학 세상인 조선에서도 말차가 급감하고 엽차가 일상화됐다. 일본은 조금 달랐다. 사무라이들이 둘러앉아 차 사발을 감상하며 차를 마시는 일본식 다법으로 이어졌다. 차 맛뿐 아니라 찻잔 감상이 중요한 요소였다. 일본 다법은 당나라에 유학한 승려들이 들여왔다. 침잠과 명상을 중시하는 선승禪僧이다. 이들이 주도한 차 문화가 일본적 미학을 형성했다. 와비侘, '차분할 것이며', 사비寂, '한적할 것'. 이 미의식에 적합한 찻잔이 조선 다완이었다. 화려하고 정교한 당·송 시대 찻잔 대신 어딘가 빈 듯한 조선 찻잔이 일본 미학에 맞았다.

공식적 무역이 금지된 오랑캐 왜국倭國이었다. 조선을 오가는 일본 승려들은 조선 사발을 봇짐에 넣고 현해탄을 건넜다. 임진왜란 전 일본인에게 개방된 삼포三浦, 즉 부산포와 창원 제포, 울산 염포가 그 창구였다. 지금 일본 국보로 지정된 조선 다완, 이도다완井戶茶婉은 바로 창원 제포, 그러니까 웅천에서 만든 그릇이라고 추정한다.(권상인 경성대 공예디자인과 교수) 원래 용도는 알 수 없다. '막사발'(통도사 율원장 덕문 스님), '제사용 그릇'(사기장 신한균), '심혈을 기울여 만든 창작품'(사기장 최웅택). 금이 잘 가고 깨지기 쉬워 생활용품이 아니었음은 분명하다. 말차 문화를 보급 중인 덕문 스님은 "한때 남해안 사기장들이 만들어봤으나 이후 백자 기술이 발달하면서 폐기한 제품"이라고 했다. 막사발이 됐든 창작품이 됐든 조선에서 사발은 사라졌다. 일본에 남은 사발 150여 개는 모두 1500년대 중반 반짝하고 생산된 제품들이다.

그런데 일본인들이 이 '와비사비한' 그릇에 환장한 것이다. 임진왜란이 이 다완 때문에 벌어졌다는 말이 있을 정도였다. 일본 다도의 시조 센노 리큐千利休가 도요토미 히데요시의 다도 스승이 되었다. 도요토미는 '천하의 명기名器를 수집하며 다도를 크게 일으켰다'.(아사가와 노리타카, 『부산요, 대주요』, 1929년) 남원과 남해안 일대 사기장들이 대거 일본으로 납치된 것도 이 찻그릇 때문이었다.

일본 상류층에게 인기를 끌었던 조선 다완. '와비사비'한 미학이 숨어 있다.

왜관 시대와 공장 설립

그러니 대마도주 소 요시토시에게 국교 정상화는 돈이었고, 바로 사발이었다. 제대로 된 조선 사발만 있으면 권력 유지와 돈벌이는 따 놓은 당상이었다. 정상화 교섭 도중인 1607년 부산 두모포에 왜관倭館이 설치됐다. 그리고 1639년 소 요시토시의 아들, 20대 대마도주 소 요시나리宗義成가 다완 견본을 부산 동래부에 보내 가마 설치를 요청했다. 동래부에서는 중앙 정부 예조의 허가를 받고 왜관 바깥에 가마를 허가했다.

악귀 가등청정의 사당

두모포왜관은 협소했다. 양국 간 교역량이 늘면서 조선 정부는 지금 부산 용두산공원을 중심으로 새로운 왜관을 만드는 데 합의했다. 30년에 걸친 협상이 만든 결과다. 1678년 숙종 4년 자그마치 10만 평에 이르는 일본인 전용 신도시가 건설됐다. 조선 정부가 부지를 제공하고 조선과 일본 양국 기술자와 건축 기법이 망라됐다. 초량왜관이라고 한다. 외교와 무역이 공식 목적이었다. 그런데 왜관 내 용미산에 설치된 옥수신사(지금 롯데몰 자리)에는 신라를 침공했다는 다케우치노스쿠네武內宿禰가 모셔져 있었다. 1819년 이 신사에는 또 다른 신이 들어왔다. 이름은 가토 기요마사加藤清正. 우리말로 가등청정이다. 조선인이 악귀惡鬼라 저주하던 그 장수다. 조선 정부는 몰랐다. 알고도 모른 척했거나.

초량왜관은 강화도조약이 체결된 1876년까지 대마도에 의해 운영됐다. 조약 후 일본 외무성으로 이관된 왜관은 일본인 전관거류지로 바뀌었다. 일제 강점기에도 일본인이 주로 살았다. 6·25전쟁 때 피란민이 몰려들고 난개발에 빠져들면서 초량왜관 흔적은 몽땅 사라졌다. 왜관 관장이 살던 관수가館守家는 훗날 부산 시청이 됐다가 지금은 모텔이 들어섰다. 관수가로 오르는 계단 흔적은 남아 있다. 주요 도로와 골목은 그대로이나 건물 흔적은 찾기 어렵다.

초량왜관이 있었던 용두산공원. 개화기 때 일본인 전관거류지로 바뀌었다.

부산요의 설립

알음알이로 운영되던 그릇 공장이 초량왜관에 정식으로 설립됐다. 1929년 일본 학자 아사가와 노리타카淺川伯教는 이를 '부산요'라 명명했다. 부산요가 있던 자리는 지금 로얄호텔 부근 기슭이다.

운영 방식은 똑같았다. 조선이 재료를 무상으로 제공하고 조선 기술자를 차출해주면 왜관에서 기술자에게 연봉을 지급하고 일본 디자인으로 그릇을 만들어 일본으로 가져갔다. 덤으로 대마도에서 요구하는 양의 흙을 구해다 주었다.

흙과 조선 도공, 사기장에 대한 요구는 해마다 이어졌다. 1644년 가마가 왜관 안에 정식으로 설치됐다. 하시쿠라 주스케橋倉忠助라는 일본 사기장이 일본 측 기술자로 파견됐다. 백토 80석, 약토 10석, 황토 50석, 조선 사기장 6명이 요청에 의해 투입됐다. 일본 기술자는 불규칙적으로 계속 파견됐다. 일본 기술자는 에도 막부의 요청임을 앞세워 주문서를 함께 가져왔다. 1707년 일본에서 마쓰무라 야헤이타松村彌平太라는 기술자에게 보낸 주문서에는 이렇게 적혀 있다. '구경 9촌, 높이 6촌, 굽 높이 1촌, 유약은 노르스름하게.'

『왜인구청등록倭人求請謄錄』에는 대마도에서 요청하고 조선이 공급한 재료 명세가 기록돼 있다. 1696년 7월에는 경주 백토 100석, 울산 약백토 100석, 김해 감적토 120석, 옹기토 30석, 하동 백토 40석과 곤양 백토 40석, 진주 백토 40석이 지급됐다. 이렇게 1644년부터 1692년까지 지급된 흙의 총량은 350톤이다.(권상인, 「왜관요에 관한 소고」, 2016년)

나카야마 이산中山意三, 아히루 모산阿比留茂山, 마쓰무라 야헤이타 같은 일본 기술자들이 와서 직접 생산도 하고 감독도 했다. 마쓰무라는 조선 기술자와 알력 끝에 자살했다.

이들이 만든 그릇들이 1913년 대마도 제1도시 이즈하라 경매장에 불쑥 나온 것이다. 얼마나 놀랐겠는가. 조선 다완에 말차 말아 마시는 '와비사비한 멋', '메이

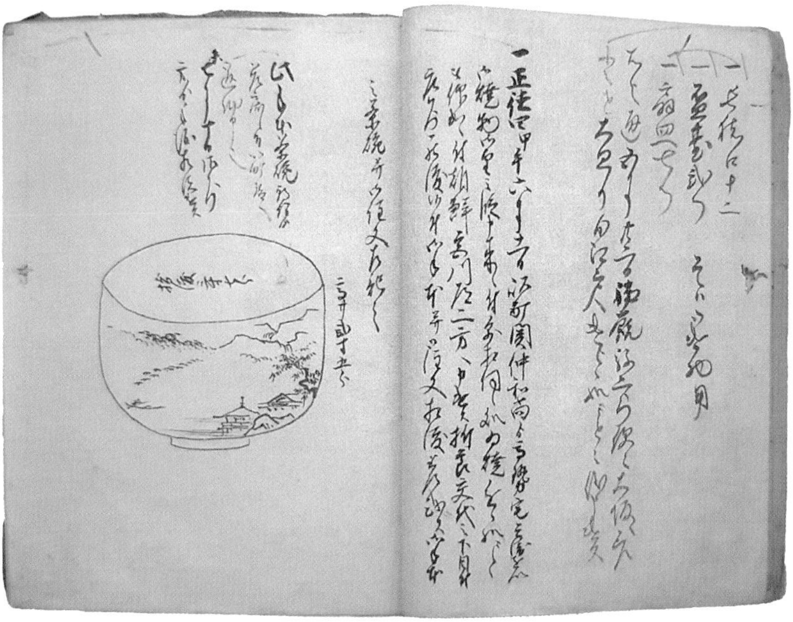

대마도에서 부산요로 보냈던 주문서. 디자인, 치수, 문양이 세세하게 적혀 있다. 부산박물관 제공.

드 인 조선' 오리지널 다완이 모습을 드러내다니. 더군다나 디자인도 일본인 입맛에 꼭 맞는 맞춤형이었으니.

OEM 공장, 문을 닫다

부산요는 1717년을 끝으로 78년 만에 폐쇄됐다. 조선 정부에서 더 이상 땔감과 흙 무상 공급을 거부했다. "병자호란 후 조선에 평화 시대가 왔다. 민폐를 무릅쓰고 무상 공급할 이유가 없었다."(권상인) 일본 측에서는 또 다른 이유가 있다. 더 이상 조선 그릇을 수입할 이유가 사라진 것이다. "조선 민요民窯 품질이 매우 떨어졌다. 두껍고 무거운 기물이 되어 찻잔으로 쓰기에 곤란했다."(아사가와 노리타카) 무엇보다 조선에서 그릇을 생산할 이유가 없었다. 일본의 자기 제조 기술이 조선을 압도해버린 것이다. 조선산 그릇은 인기 품목이 될 수가 없었다. 조선 그릇의 퇴보는 일제 강점기까지 이어졌다. 일제 강점기를 한국에서 도자기 연구로 보낸 아사가와는 이렇게 기록했다.

'조선 말기의 기물을 보고선 일본에서 조선 다완이라고 하는 옛날 방식은 조선에서 만든 것이 아니라고 판단할 정도였다.'

평화의 성취와 기술 진보, 이 두 가지가 부산요가 문을 닫는 계기였다. 왜관 속 신사에 누가 모셔져 있는지 알려 하지도 않고, 공짜로 내준 기술자와 흙이 뭘 뜻하는지도 몰랐던 조선 지도자들의 무지가 만든 결말이었다. 일본에겐 '공짜로' 배워간 기술과 노하우 그리고 전쟁 때 끌고 간 조선 기술력이 만든 결과였다.

21세기 대한민국 부산 광복동

초량왜관 흔적은 찾을 수 없다. 대신 초량왜관 부산요에서 굳이 생산하려 했던 조선 차 사발은 지금 전국 사기장들이 재현하고 있다. 아름답다는 것이다. 묻는다. 누가 그 미학을 발견했는가. 조선인, 대한국인 그 누구도 몰랐던 그 미학을 토착화해낸 사람은 일본인이다. 그 그릇을 만든 기술자 이름을 하나하나 기록해 놓은 사람들이다. 그들이 소비하는 미학을 마치 우리가 찾아낸 것처럼 자랑한다면, 솔직하지 못하다.

왜관이 있던 부산 광복동은 한류를 즐기려는 관광객이 붐빈다. 400년 전 지도층이 무관심했던 그 기술과 문화와 미학이 기적적으로 세상을 부른다. 문화의 주인은 소유한 자가 아니다. 즐겨야 주인이다.

〈초량왜관도〉, 변박, 1783년. 국립중앙박물관 제공.

4장

신화(神話) 시대

잘못 배운 고대사 이야기

익산 고도리 석불 입상

01 그때 해가 솟으니 세상이 빛을 찾더라

연오랑과 세오녀의 포항과 100년을 산 사진가 서상호

경상북도 포항시 구룡포에는 사진가 서상호가 산다. 3·1운동이 일어나기 석주 전인 1919년 2월 6일 구룡포에서 태어나 100년째 구룡포에 산다. 백 살이다. 그동안 세상은 해방이 되었고, 분단이 되었고, 전쟁이 났고, 가난을 벗어났고, 민주화 몸살 끝에 조금은 살 만한 세상이 되었다. 그 세상을 서상호는 똑바로 바라보며 살았다. 100년 동안. 그가, 역사다.

老 사진가와 구룡포

그 100년 사이에 서상호는 구룡포 언덕에서 아래쪽 골목길로 이사를 딱 한 번 했다. 그가 말했다. "열다섯 살 때 골목에 사진관이 있었는데, 사진기사가 조선 사람이었다. 그 사람한테 졸라서 사진술을 배웠다. 필름 현상이랑 인화도 거기에서 다 하고. 아버지한테 졸라서 일제 카메라를 사서 열심히 찍어댔다."

그때 구룡포에는 일본인 어부들이 살았다. 식민지가 되기 전부터 일본 가가와현香川縣 어부들이 물고기 떼를 쫓아 구룡포까지 와서 살았다. 세토 내해瀨戶內海 가가와현에서 어업권 다툼에 패배한 힘없는 어부들이 조선까지 흘러와 살았다.

100년을 산 사진가 서상호

그러다 1930년대 가가와현에 이어 내해 건너 오카야마현岡山縣 어부들이 이주했다. 구룡포는 본격적으로 일본인 어항漁港으로 바뀌었다. 고래는 울산에, 대게는 영덕에, 오징어는 울릉도에 브랜드를 뺏긴 지 오래지만, 구룡포는 그 모든 어종이 흘러넘치는 광활한 바다였다. 그 어장을 찾아 일본인들이 찾아왔다. 가가와현 중심 인물은 하시모토 젠기치橋本善吉였다. 오카야마현 출신 어부들은 도가와 야스부로十河彌三郎를 중심으로 뭉쳤다.

서상호가 말했다. "구룡포에서 4km 정도 읍내로 가다보면 굴이 하나 있었다. 사람들은 이 굴 너머 구룡포 사람들이랑은 사돈도 안 맺는다고 했다. 상놈들이니까." 100년 전 '뱃놈'만 한 상놈이 또 있었을까. 그런데 일본인들이 구룡포를 차지하면서 구룡포 상것들은 인간 대접을 받게 되었다. 어업 기술을 들여와 어획량을 늘리고, 전문 어부들을 길렀다. "권리는 없었다. 하지만 학대나 차별은 없었다. 상놈 신세 벗어난 건 분명하다." 왜놈, 왜놈 하지만 서상호는 그것만은 감사하다.

그 구룡포에서 서상호는 사진을 찍었고, 찍는다. 그가 말했다. "떠오르는 해가 너무나도 찬란한 것이다. 해 뜰 때만 되면 무조건 카메라 들고 바다로 갔다. 정신없이 황홀하게 사진을 찍었다."

기억이 쌓이면 역사가 된다. 희미해져가는 기억을 서상호는 사진으로 각인해 놓았다. 매일처럼 포항 바다에는 해가 뜨는데, 이 사진가에게 똑같은 해는 단 한 번도 없다. 구룡포와 노老 사진가 이야기는 다시 하기로 하자.

연오랑과 세오녀 설화의 주무대 일월지. 고대 철기 문화를 읽을 수 있다.

연오랑과 세오녀

포항 옛 이름은 영일이다. 해(日)를 맞는(迎) 영일이다. 서상호가 태어나기 1762년 전, 영일 땅에는 연오랑延烏郎과 세오녀細烏女 부부가 살았다. 하루는 연오랑이 해초를 캐러 바다로 갔는데, 못 보던 바위에 물풀이 가득한 것이었다. 정신없이 따다보니 바위가 동쪽으로 흘러가버렸다. 일본 해안에 바위가 닿자 없던 해가 솟고 연오랑은 그 고장 왕이 되었다. 며칠 뒤 남편 잃은 세오녀가 똑같이 바위를 타고 일본으로 가 남편과 재회하니, 일본 땅에 없던 달도 솟았다. 신라에는 해와 달이 사라지고 말았다.

『삼국유사』에 기록된 일이다. 저자 일연이 영일 땅에 머물며 사료史料를 수집해 연도年度까지 확정해 기록해놓았다. 어법語法은 신화이되 내용은 신라 8대 왕인 아달라 이사금 4년(서기 157년)에 벌어진 역사적 에피소드다. 기록은 이어진다.

어둠에 빠진 신라 왕실이 어렵게 부부를 찾아가자 이리 일렀다. "우리가 일본에 온 것은 하늘의 뜻이다. 세오녀가 짠 비단을 줄 터이니 우리가 살던 연못가에 가져가 제사를 올리라." 과연 그리 되었다. 신라는 해와 달을 되찾았다. 『삼국유사』에 따르면 이후 부부가 살던 못은 일월지日月池라 불렀고, 그 주변 땅은 영일이라 불렀다. 일연은 17년 뒤 일본에서 사신을 보내 왕실을 찾았다고 기록했다.

아달라왕 시기는 신라 왕권이 확립되기 전이다. 군장 국가, 그러니까 많은 소국小國이 할거하던 시대다. 신화를 역사로 보는 사람들은 태양과 불로 상징되는 철기 제조술과 비단으로 상징되는 직조술을 가진 소집단이 그 무렵 일본으로 이주했다고 주장한다. 부부 이름에 등장하는 까마귀(烏)는 보편적인 동아시아 설화인 태양 속 삼족오三足烏를 뜻하니, 이들은 태양 숭배 집단이었고. 신화인가? 역사인가?

일월지로 가본다. 일월지는 해병대 1사단 사령부 안에 있다. 주말에는 출입이 가능하다. 일월지임을 알리는 사적비가 서 있고, 둔덕 너머로 연못이 있다. 드넓은 부대 경계 바깥에는 포항공항과 포스코가 있다. 2000년 전 핵무기에 버금가는 철기 세력이 이곳에서 물을 공급해 무기와 농기구를 생산했다. 그 집단이 어느 날 일본으로 이주한 뒤 '복귀하라'는 신라 왕실의 요청을 거부하고 단기간에 대등한 세력으로 성장한 것이다. 해, 태양으로 상징되는 역사는 또 있다.

해를 품고 낳은 아이, 정몽주

포은 정몽주는 영일 정씨다. 개성 선죽교에서 죽었는데, 고향은 포항 오천烏川(역시 삼족오와 관련 있는 지명이다)이다. 어머니가 몸을 푼 곳은 영천이라, 포항

연오랑 세오녀 조각상

과 영천은 자기네가 정몽주의 고향이라고 서로 주장한다.(이 다툼을 예감했는지 포은은 이런 시를 남겼다. '영천 들판에는 벼가 그득하고/오천에는 물고기도 많구나/나는 둘 다 내 고향이라네.'(「제성역야우諸城驛夜雨」 중))

정몽주의 아버지 정운관이 꿈을 꾸었다. 노인 하나가 얼른 아내와 합방을 하라고 다그치는데 해가 입속으로 들어왔다. 퍼뜩 잠에서 깬 정운관이 서둘러 집으로 돌아갔다. 해가 달아날까봐 입도 뻥긋하지 못하고 길쌈 중인 아내 영천 이씨 손을 잡아끌었다. 마침 마당에서 말들이 교미 중이었다. "이 영감이 대낮부터!"

부아가 치민 정운관이 입을 열자 해가 말 배 속으로 들어가버렸다. 이에 놀란 이씨가 칼로 조랑말 배를 갈라 해를 마시고 합방해 태어난 아이가 정몽주다. 오천읍에는 정몽주를 기리는 오천서원이 서 있다.

해는 빛이며 지혜다. 신화를 읽을 때는 역사를 읽어야 한다. 연오랑이 되었든, 정몽주가 되었든, 일월지가 되었든 오천이 되었든, 거기에는 역사가 있다.

장기읍성과 장기 척화비

장기면에 있는 장기읍성은 백성이 사는 성이면서 군사 요새다. 궁벽한 곳이라 끈 떨어진 관료들 유배지로도 자주 쓰였다. 그 관료 중 하나가 실학자 정약용이다. 정약용은 천주교를 공부했다는 죄로 1801년 이 읍성에서 8개월 동안 유배 생활을 했다. 그리고 옮겨간 전남 강진에서 18년 동안 살았다. 성리학적 세계관이 '인간 운명을 하늘에 맡긴다'였다면 정약용을 위시한 실학자들은 '하늘(天理)은 하늘일 뿐, 세상(人倫)은 인간이 만든다'고 믿었다.

덕동마을 용계정. 덕동 사람들의 슬기로 흥선대원군의 서원철폐령에도 살아남았다.

그 정약용이 유배됐던 장기읍성에서 10분 거리 장기면사무소에 '장기 척화비'가 있다. 때는 흥선대원군 시대, 병인·신미 두 양요에서 프랑스와 미국 해군에게 승리했다고 착각한 흥선대원군은 1871년 전국 곳곳에 "양놈과 손잡으면 다 매국노"라고 경고하는 비석을 세웠다(실제로는 '소풍 나온 수준'의 프랑스 부대를 조선 육군 결사대가 물리친 게 병인양요였고, 적함은 건드리지도 못하고 조선 육군이 전멸한 사건이 신미양요였다).

그 비석 가운데 하나가 장기 척화비다. 망해가던 조선은 나라 문을 완전히 닫아버렸다. 그래서? 11년 뒤인 1882년 임오군란이 터지고 흥선대원군은 청나라로 납치됐다. 닫힌 문은 강제로 속속 개방됐고 28년이 지난 1910년 나라 자체가 사라져버렸다. 신화적 세계관 속에 허우적대다가 세상 돌아가는 엄혹한 현실에 스스로 눈을 감은 탓이다.

용계정과 인륜, 그리고 실천

그 무렵 흥선대원군은 왕권에 사사건건 시비 거는 서원들을 없애버렸다. 1864년 조선 중기 이후 노론 세력의 정신적인 지주였던 송시열(그 또한 장기읍성에 유배된 적이 있다)을 제향하기 위해 세워진 화양동 서원부터 1870년까지 조선 팔도 650개 서원 가운데 47개를 빼고 다 사라졌다.

그 가운데 하나가 포항 덕동마을에 있던 세덕사였다. 세덕사 경내에는 임진왜란 때 의병장 정문부의 정자 용계정이 있었다(정문부 사위의 정자라고 문중은 주장한다). 철폐령이 내려지자, 덕동 사람들은 하룻밤 사이에 용계정과 서원 본관 사이에 담을 쌓고 문을 내고, 정자 뒤쪽 처마 아래에 현판을 새겨 걸었다. 다음 날 아침 세덕사는 사라졌지만, 용계정은 인부들이 들고 온 곡괭이 날과 망치 머리를 피했다. 담 너머이니까, 서원이 아니라는 것이다. 인간이 나서서 선인先人의 흔적 운명을 바꾼 것이다.

구룡포, 그리고 신화

서상호가 말했다. "해수욕을 하고 있다가 해방 소리를 들었다. 한 달 전부터 일본 헌병 5명이 구룡포에 와 있었다. 이상하다 했는데 해방이 되더라."

언덕 위에는 조선인이, 언덕 아래 해안가에는 일본인이 살았다. 일본인들은 목숨을 걸고 바다를 메우고 마을을 건설했다. 주재소도 학교도 우체국도 주점도 거기 다 있었다. 고기를 잡아서 일본에 가져가 팔면 몇 배가 남았다. 하시모토와 도가와 세력은 걸핏하면 어업권을 놓고 싸움을 벌였다. 구룡포 건설이라는 큰 명분

구룡포 도가와 야스부로 송덕비. 해방 후 포항시민들이 비문에 시멘트를 부었다.

앞에서는 귀신처럼 뭉쳤다. 구룡포에는 그 역사가 중층으로 쌓여 있다.

해방이 되고 일본인은 흔적도 없이 사라졌다. 목숨 걸고 만든 항구, 자기네 신념의 중심인 신사와 신사로 가는 계단, 살던 집 그대로 두고 돌아갔다. 해방 직후 서상호를 비롯한 포항 대한청년단 단원들은 구룡포를 건설한 일본인 도가와 야스부로 송덕비 비문에 시멘트를 붓고 신사를 파괴했다(송덕비는 도가와 야스부로와 경쟁하던 하시모토 젠기치가 세운 비석이다). 신사 건립에 기여한 일본인 이름을 새긴 돌계단 기둥도 돌려세우고 시멘트를 발랐다.

6·25전쟁 후 신사가 있던 자리에는 충혼각을 세웠다. 일제 충혼탑 기단 위에 대한민국 충혼탑을 세웠다. 21세기 들어 새 충혼탑은 자리를 옮겼다. 일본 옛 성곽을 닮은 옛 기단에는 일제 때 새긴 글씨와 해방 후 새긴 글씨가 중첩돼 있다.

언덕 아래 옛 일본인 거리는 말끔하게 복원됐다. 하시모토 젠기치가 살던 집은 구룡포 근대역사관으로 쓰인다. 요즘엔 기모노와 유카타를 입고 기념사진을 찍는 젊은 관광객들도 보인다.

고려 시대 사학자 일연은 연오랑과 세오녀가 만든 1860년 전 사건을 기록했다. 무의식이든 의식이든, 역사는 흔적을 남긴다. 구룡포 돌계단 기둥 120개 가운데 하나는 시멘트를 바르지 않고 온전하다. 그 기둥에 새겨진 이름이 十河彌三郞, 도가와 야스부로다. 시멘트 바른 송덕비도 복구 논의가 진행 중이다. 구룡포 사람들은 역사를 없애는 대신 보존을 택했다. 당신이라면 어느 쪽을 택하겠는가.

구룡포를 떠난 일본 어부 자녀들은 일본에서 '구룡포회'를 만들어 종종 모인다. 대부분 늙어서 하늘로 떠났다. 서상호는 100년째 구룡포 거리에 살고 있다. 한 세기를 살다보니 먼저 떠난 친구들이 많다. 100년을 살아온 서상호가 말했다.
"일본인 거리? 왜 헐어 이걸, 그냥 내버려둬야지." 땅의 역사

02 우리 선화 공주는 어디로 가버렸을까

미스터리 왕도(王都) 익산과 서동요(薯童謠)

전북 익산 고도리에는 정체 모를 돌부처 한 쌍이 200m 정도 거리를 두고 서 있다. 도로 하나를 건너면 거기에 정체를 알 수 없는 왕궁 유적이 있다. 그 왕궁에서 서로 이를 갈던 적국敵國 왕자와 공주가 사랑을 했고, 그 사랑이 미륵사를 창건했다고 했다. 기록이 적기에, 진실은 돌부처도 모른다.

일정한 직업도 재산도 없는 시골 노총각이 도시에 예쁜 여자가 산다는 소문을 들었다. 뒷조사 과정에서 부유한 권력자 집안임을 알게 된 사내는 아이들에게 접근해 낭설을 퍼뜨리게 하였다. '여자가 밤마다 어떤 사내와 동침을 하고 새벽에 집으로 돌아간다.' 유언비어를 퍼뜨리는 아이들에게 금품 제공도 잊지 않았다. 사내가 제공한 간식에 현혹된 아이들이 노래를 불러댔다. 이 사실을 알고 여자의 아버지는 딸을 쫓아내 버렸다. 여자는 수치심 속에 거리를 걸으며 이를 갈았다. 미칠 노릇이었다. 그때 노총각이 나타나 그녀를 위로하니, 영문 모르는 여자는 점차 마음을 열고 몸을 허락하여 동거에 이르게 되었다.

이렇게 미성년자 약취-유인죄와 허위 사실 유포에 따른 명예훼손죄와 모욕죄,

기망에 따른 사기죄를 저지른 끝에 성립된 혼인이 그 유명한 서동과 선화 공주의 사랑, '서동요薯童謠'다. 서동은 우리말로 '맛동', '마동'이라 한다. 마동은 백제 무왕(재위 600~641년)이다.

명예훼손죄는 피해자가 원하지 않으면 성립하지 않으니 죄는 성립하지 않았다. 모욕죄 또한 피해자가 고소를 해야 성립하니 역시 무죄. 나머지는 공소시효가 지나도 1000년이 넘게 지나버렸다. 이제 1300년 전, 낭만으로 포장된 서동요 사건을 추적해본다. 마동은 누구인가, 그리고 선화는 누구인가.

무왕이 천도를 기획했던 익산 왕궁리 오층석탑

수수께끼의 도시 익산

백제는 크게 두 번 수도를 옮겼다. 경기도 하남 위례성에서 충남 공주로, 그리고 공주에서 부여로 천도했다. 위례 백제와 웅진 백제, 사비 백제라 한다. 세 도시는 공통점이 몇 있다.

위례는 한강 남쪽이고 웅진은 금강 남쪽이며 사비 또한 백마강 남쪽이다. 도시마다 산성이 있었다. 산성 아래 왕궁이 있었다. 왕궁 옆에 왕실 사찰이 있었다. 도시 가운데에는 국민이 다니는 거찰巨刹이 있었다.

또 하나는 땅 이름이다. 위례성에 만들었음 직한 흙성 이름은 몽촌토성이다. 몽촌의 '몽夢'은 '꿈'인데, 옛말은 '곰'이었다. 한강이 좁아지기 전 몽촌토성 앞까지 강이 흘렀다. 그 강변마을을 백제인은 곰마을이라 불렀다. 이를 20세기에 한자로 명칭을 변경하면서 곰마을이 몽촌夢村으로 변했다.

이어 공주로 천도를 하니, 웅진熊津이라 불렀다. 곰마을이다. 공주 나루터 이름은 고마나루, 곰나루다. 훗날 고려 시대 주州를 설치할 때 '곰'이라는 한자가 없기에 공주公州라 했다.

공주에서 천도를 할 때 역시 금강변에 도읍을 정하니, 부여다. 금강이 부여에 이르면 백마강으로 이름이 바뀐다. 원명 '금강錦江'은 비단 같은 강이 아니라 '곰의 강'을 뜻한다. 지금도 공주에서는 금강을 '곰강'이라 부른다.

이렇게 백제 왕도王都가 갖는 모든 요소를 전북 익산이 가지고 있다. 왕궁이 있던 곳은 왕궁리이고 거대 사찰은 미륵사이며 나루터 이름은 곰개(웅포)이며, 웅포나루가 있는 강은 금강, 곰강이다.

왕궁터 발굴도 마무리 단계고 압도적인 규모의 미륵사지 서탑西塔도 복원이 끝났다. 그런데 누가 이 도시를 건설했고 누가 살았고 무슨 일이 있었는지 아무도 모른다. 익산 사람을 포함해 많은 대한국인이 믿는 바는 하나 있다. 마동과 공주가 바로 익산에서 사랑을 했다는 믿음.

미륵사지의 비밀과 선화

'선화가 엄마로부터 노잣돈으로 받은 금덩이를 마동에게 내놓았다. 마동이 물었다. 이게 뭐요? 금이오, 금. 귀한 것이오. 남편이 말했다. 이런 거, 산에 산더미처럼 쌓아두었다네. 그리하여 금 3000냥을 장인 진평왕에게 보내니 왕이 결혼을 허락하였다. 훗날 마동이 왕이 되었는데, 선화가 절을 지어 달라 하여 지어주니 그게 미륵사다.'(『삼국유사』 기이 2 무왕조)

익산 왕궁터에 있던 왕궁은 인공 개울이 있는 후원後園까지 완비한 화려한 궁궐이었다. 나라가 망하는 바람에 미완에 그친 왕도라는 설, 지금 세종시처럼 행정수도였다는 설이 오간다.

미륵사에는 거대한 목탑 하나와 그만큼 거대한 석탑이 2개 있었다. 석재石材만 흩어져 있던 동탑은 1992년 저비용과 신속성과 얕은 상상력을 기초로 복원돼 역

익산 미륵사지 석탑에서 출토된 금판. 선화 공주 대신 엉뚱한 여자 이름이 있었다.

사적인 흉물로 기록됐다. 서쪽 석탑은 다 허물어져 해골처럼 서 있다가, 일제 강점기 최첨단 접착제인 콘크리트로 보강 작업을 했다. 서탑은 지금 그 콘크리트를 벗고 마침내 복원이 완료됐다.

2009년, 탑 복원을 앞두고 마지막 조사가 시작됐다. 지상 석재를 들어내고, 탑 가운데에 있는 심주석 뚜껑을 열었다. 사리함이 나왔다. 9000개가 넘는 보물이 쏟아졌다. 금판이 나왔다. 가로 15.5㎝, 세로 10.5㎝짜리 금판 앞뒤로 193자가 새겨져 있었다. 발굴팀 심장이 요동쳤다. 탑을 지은 사람 이름이 나왔는데, 선화가 아닌 것이다. 사택적덕沙宅積德이라는 고위 관리의 딸이라는 것이다. 선화를 사랑했던 사람들과 백제사를 공부했던 사람들은 좌절했다.

자기네 땅에서 무왕과 선화가 사랑했다고 믿는 부여와 익산 사람들은 억장이 무너졌다. 학자들은 선화의 부활을 꿈꾸며 그해에 여섯 차례나 학술대회를 열었다. 회생 기미는 보이지 않았다. 대신 굉장히 많은 주장이 쏟아졌다.

서동, 마동과 동성왕

일연이 기록했다. '서울 남쪽 못가에서 과부와 용이 관계해 서동이 태어났다. 고서古書에는 그가 무강왕이라고 하나 잘못이다. 백제에는 무강이 없다.'(『삼국유사』 기이 2) 참고한 고서가 뭔지 알 수 없으나, 무강왕이 없으니까 무왕이라는 것이다. 『삼국사기』에 따르면 무왕은 재위 41년 동안 신라와 열세 번 전쟁을 치렀다. 3년에 한 번꼴이다. 천하 미색을 찾았어도 결혼할 상황은 아니었다.

기록상 백제와 신라가 결혼으로 맺은 시기는 한 번이다. '493년 3월 동성왕東城王(재위 479~501년)이 신라에 혼인을 요청하니 신라 왕이 이찬 비지의 딸을 시집보냈다.'(『삼국사기』 백제본기 동성왕편) 동성왕의 이름은 모대牟大, 마모摩牟(『삼국사기』), 혹은 말다末多(『일본서기』)다. 『삼국사기』에는 진평왕의 딸이 둘만 나온다. 서동요에 나오는 진평왕 댁 셋째 딸은 일연만 주장하는 여자다. 그러니까 '마동' 혹은 '서동'이라는 청년은 '모대', '마모', '말다'가 본명인 동성왕이고 그와 신라 고위직 딸의 결혼이 윤색된 전설일 확률이 높다.

일본으로 간 선화와 서동?

2004년 일본에서 놀라운 논문이 나왔다. 저자는 리쓰메이칸立命館 아시아태평양대 교수 김찬회, 제목은 「오이타현의 마나노眞名野 장자 전설과 한국」. 내용은 이러했다.

'미에마치三重町 마을에서 숯 팔아 먹고사는 스미야키 고고로炭燒 小五郎에게 아름다운 다마쓰玉津 공주가 와서 같이 살았다. 어느 날 공주가 어머니로부터 받은 금덩이를 주자 스미야키는 연못에 사는 원앙에게 던져버렸다. 기가 막힌 공주가 말했다. 이것은 귀한 황금이오. 스미야키가 말했다. 연못이랑 숯가마에 산더미처

발굴 중인 익산 쌍릉 대릉. 무왕이 잠든 곳이라고 사람들은 믿는다.

럼 있다네. 훗날 부부가 황금 3000냥을 당나라 천태산에 시주하니 백제국에 사는 연성법사가 부부 마을에 불상을 가져와 절을 세웠다. 스미야키는 마나노眞名野 장자로 불렸다.'

김찬회에 따르면 마나노 장자 설화 배경은 6세기다. 무왕보다 앞서고 동성왕보다 조금 뒤거나 비슷하다. 토끼와 거북이 설화 같은, 서아시아와 동아시아까지 보편적으로 존재하는 설화가 있긴 하지만, 마나노 장자 설화는 너무도 구체적으로 동성왕 이야기를 닮았고 서동요를 닮았다. 옛 사람들 기록이 이렇게 설화적이니 실체를 알 수 없어 답답하고 또 답답하다.

2004년 8월, '미에마치 마나노 장자 전설연구회' 회원들이 익산을 찾았다. 익산 사람들은 이들을 반갑게 맞았다. 서로가 궁금한 게 하나둘이었겠는가.

미궁(迷宮)에 빠진 그리움

익산 사람들은 마동이 태어난 연못이 익산 마룡지馬龍池이고, 그 뒷산 오금산이 마동이 금을 산더미로 쌓아뒀다는 산이라 철석같이 믿는다. 부여 사람들은 궁남지宮南池가 '무왕과 왕비가 뱃놀이를 즐겼던 궁 남쪽 인공 연못'(『삼국사기』)이라고 철석같이 믿는다. 부여 궁남지가 지금처럼 정비된 때는 1965년이다. 못 가운데에 있는 정자 포룡정 현판은 부여 출신 정치인 김종필이 썼다.

익산에는 마룡지도 있고 오금산도 있고 왕궁도 있고 미륵사도 있다. 무왕과 선화 공주가 묻혔다는 왕릉 쌍릉雙陵도 있다. 그런데 기록이 없다. 부여에는 『삼국사기』라는 기록이 또렷하게 남아 있다. 그런데 1990년대 궁남지를 파보니 대규모 인공 연못의 흔적이 나오지 않았다. 기록은 있는데 땅에 없는 것이다.

2018년 현재 익산은 쌍릉을 재발굴하는 중이다. 일제 강점기 발굴 유물을 다시 보니 중년 여자 치아와 신라 토기가 나온 것이다. 그런데 대릉에서 키가 큰 중년 사내 유골이 나왔다. 일제 강점기 발굴하고 상자에 모아둔 유골을 다시 조사해보니 나온 결과다. 그리운 사람들은 공주 선화와 무왕을 끝없이 부활시키려 한다. 익산 어딘가에 『삼국사기』에 나오는 '궁 남쪽 큰 연못'이 있음을 입증하기 위해 이 또한 발굴하기로 했다. 이래저래 선화에 대한 그리움이 증폭되고 있는 중이다. 땅의 역사

충남 부여 궁남지(宮南池). 부여 사람들은 이곳이 무왕과 선화 공주가 노닌 곳이라고 믿는다.

03 고마나루 언덕에 잠든 백제 부활의 꿈

무령왕릉이 있는 공주와 석장리 사람들

공주 무령왕릉(가운데). 일제 강점기 '날파리' 고고학자 가루베 지온의 빗자루질을 피한 고분이다. 1971년 대수난을 겪은 고분이기도 하다.

꿈, 이상한 꿈 - 무령왕릉 발굴기

1971년 7월 4일 국립중앙박물관 공주 분관 관장 김영배는 꿈을 꾸었다. 산에서부터 쫓아온 멧돼지 한 마리가 집 안까지 난장판을 치는 꿈이었다. 7월 5일 김영배는 송산리 고분 배수로 공사를 감독하다가 보고를 받았다. 인부가 찌른 삽에 벽돌로 만든 벽이 나왔다고 했다. 벽을 죽 따라 파 들어가니 기왓장으로 가득 메운 아치형 문이 나왔다. 7월 7일 폭우가 쏟아졌다. 8일 아침 본관 관장 김원룡과 김영배는 막걸리와 수박과 북어로 위령제를 지냈다.

오후 4시 15분 아치형 문 맨 위쪽 기왓장 2개를 빼내는 순간 찬 공기가 빠져나오면서 하얀 수증기가 뿜어 나왔다. 사람들은 무덤에서 무지개가 쏟아졌다고 믿었다. 무지개를 걷고 손전등으로 속을 비추던 김영배는 까무러치게 놀랐다. 꿈에서 봤던 그 멧돼지가 노려보고 있는 게 아닌가. 잠시 뒤에는 기왓장 몇 장을 더 들어내던 김원룡이 소스라치게 놀랐다. 돼지 석상 앞 널판에 글자 10개가 보였는데, 거기 적혀 있기를 '寧東大將軍百濟斯麻王(영동대장군 백제 사마왕)'이라 하지 않는가. 주인이 백제 25대 왕 무령왕이라고 당당하게 밝혀놓은, 그것도 도굴 한 번 당하지 않은 왕릉을 발견한 것이다. 대한민국 고고학사상 최대 경사慶事요 낭보였다. 거기까지였다. 이후 바보 천치가 대본을 쓰고, 광인狂人이 연출한 비극이 전개됐다.

곰족의 도시, 공주

기원전 18년 고구려 동명성왕의 아들 온조와 비류 형제는 어머니 소서노와 함께 남쪽으로 내려와 백제를 세웠다. 온조는 한수漢水(지금의 한강) 남쪽 위례성에 십제十濟를 세웠다. 비류는 미추홀, 그러니까 인천에 나라를 세웠다. 미추홀은 곧 망했다. 비류가 죽고 바로 온조에 흡수됐다는 말도 있고 300년 뒤 고구려 광개토왕한테 망했다는 말도 있다. 이후 십제는 국명을 백제로 바꿨다.

온조를 도와 십제를 세운 소서노는, 『삼국사기』에 따르면, '경성에서 늙은 할미가 남자로 둔갑하고 호랑이 다섯 마리가 성안으로 들어온 봄날 예순한 살에 죽었다(春二月 王都老化爲男 五虎入城 王母薨 年六十一歲)' (『삼국사기』, 백제본기 1)

서기 475년 장수왕이 위례성에 쳐들어왔다. 백제 개로왕이 전사했다. 이에 맏아들 여도餘都가 왕위를 이어받고 건국 후 493년 만에 남쪽 금강변으로 수도를 옮겼다. 수도를 옮기면서 이들과 동행한 믿음이 있었으니, 바로 곰이었다.

금강변 새 수도는 고마나루라 불렸다. 고마는 곰이다. 그래서 지명을 한자로 바꾸면서 고마나루는 웅진熊津이 되었고 훗날 고려 때 행정구역을 개편하면서 공주公州라 개칭했다. '곰주'라 발음되는 한자가 없어서 붙인 이름이 공주다.

신화에 따르면 단군은 곰의 아들이다. 고조선에서 부여, 부여에서 고구려로 물려받은 곰 토템은 백제까지 그대로 전승됐다. 고마나루에 깃든 곰 신화는 이렇다. '산중에 살던 암곰이 사내 하나를 납치해 아이 둘 낳고 살았다. 어느 날 동굴에서 탈출한 사내가 금강을 헤엄쳐 건너자 암곰이 울부짖다가 물에 빠져죽었다. 이후 고마나루에는 폭풍이 끊이지 않아, 사람들은 해마다 곰신에게 제사를 지냈고, 지금도 지낸다.'

시베리아와 중국 흑룡강성 일대에 퍼져 사는 에벤키족(중국명 어원커 鄂溫克)도 똑같은 곰 신화를 가지고 있다. 고조선에서 인간화人間化 된 곰 신화가 백제에서는 원형으로 복원돼 있다. 위례성으로 추정되는 몽촌토성 주변은 옛 지명이 '곰말', 곰마을이었다. 지금도 일본인은 熊津이라고 쓰고 '구마나루'라고 읽는다. 熊本이라고 쓰고 '구마모토'라 읽고, 熊川이라고 쓰고 '구마가와'라고 읽는다.

1972년 이 고마나루 땅속에서 곰 석상이 발견됐다. 공주 사람들은 그 자리에 곰사당을 세웠다. 역대 왕조에서 곰에게 제사를 지낸 웅진수신지단熊津水神之壇도 터가 남아 있다. 그 뒤 소나무 숲은 그윽하기 이를 데 없는데, 정작 옛 백제인들이 상륙했을 고마나루 백사장은 4대 강 사업 공주보 덕에 흔적도 없이 강물 속으로 사라지고 말았다.

공주 고마나루 곰사당에 재현된 옛 곰 석상

구석기를 발굴한 석장리

그 백사장에서 전은성과 김희환과 김종근과 박홍례는 가난하게 살았다. 2018년 현재 각각 예순다섯, 일흔여덟, 여든하나 그리고 여든네 살이다. 고마나루에서 강을 따라 25리 동쪽 석장리에서 나서 지금껏 고향을 떠나지 않았다. 김희환이 말했다. "하루 종일 산에서 나무 해다가 공주장에 짊어지고 가서 팔아먹고 살았다." 그러다 1964년 4월 마을이 생긴 이래 가장 큰 일이 터졌다. 알버트 모어라는 미국인 커플이 백사장 옆 폭우로 무너진 흙더미에서 구석기를 발견한 것이다.

발견은 연세대 교수 손보기팀의 본격적인 발굴로 이어졌다. 구석기 유물이 무더기로 나왔다. 대한민국 선사先史를 순식간에 제2빙하기인 55~45만 년 전, 심지어 70만 년 전까지 끌어올리는 성과로 이어졌다. 1964년 5월 1차 발굴부터 2010년

13차 발굴까지 현장을 지켜온 사람이 바로 이 네 사람이다. 그들이 말한다.

"고맙지. 땅 파서 돌 긁어내면 일당을 줬으니까. 3000원이었나? 짐승 털 발견하면 막걸리 한 말이랑 담배 한 갑을 준대. 그래서 찾아내면 그 날은 잔치야. 나중되니까 우리도 보는 눈이 생겨서 척 보면 범상치 않은 돌이 보이더라고." 주먹도끼, 찍개, 몸돌…. 유물들이 이들 손에서 땅 위로 튀어나오면 학자들은 분석을 했다. 해마다 봄이 되면 93가구 120명 정도 되는 마을 사람이 총동원됐다. 발굴팀장 손보기는 젊은 주민들에게 꼬박꼬박 존대를 하며 지휘를 했다. 대신 "바께쓰라고 부르면 호통을 치면서 들통이라고 부르라고 했다."

남자도 따로 없었고 여자도 따로 없었다. 춘궁기 때 나뭇짐 지고 장터 가던 팍팍한 삶은 멈췄다. 대신 "발굴병에 걸렸다"고 했다. 온종일 주저앉아 부삽으로 땅을 파다보니 무릎이 죄다 나가버렸다는 것이다. 연천 전곡리, 도라산역, 단양 금굴, 제천 점말동굴, 청원 두루봉 동굴, 전국 석기 유적지에는 '최초로 구석기를 발굴한 인부팀'인 석장리팀이 어김없이 나타났다. 김종근과 김희환은 러시아, 몽골, 미국 같은 외국 학술대회에도 교수팀과 동행했다.

구석기에 살고 있는 석장리

세월이 흘러서 석장리는 대한민국 구석기를 대표하는 마을이 되었고, 마을 앞에는 유물들을 모아 석장리박물관이 문을 열었다. 박물관 옆에는 구석기를 개척한 손보기기념관이 서 있다.

그런데 석장리는 여전히 구석기다. 전은성이 말했다. "가난 탈출하게 해주고 마을 이름 빛나게 해줘서 정말 고맙다. 그런데 문화재 보호구역으로 묶이면서 박물관에서 500m까지는 개발을 할 수가 없게 됐다. 벌써 40년이 넘었다. 땅값도 옆마을 반도 안 된다." 네 사람, 이 발굴 현장 전문가들이 말했다. "단언컨대, 석기는 강변에서만 나온다. 우리가 잘 안다. 우리 마을에는 석기가 없다. 그러니 이제 우리도 좀 살았으면 좋겠다."

옛 사람 살던 땅 파놓았더니 그게 마을에는 무덤이 돼 버렸다. 대한민국은 구석기라는 호사를 누리게 되었다. 그러는 사이에 석장리는 인구가 절반으로 줄었고 구석기인들 노닐던 그 넓던 백사장은 아예 사라져버렸으니 이 어인 일인가.

꿈의 시대 웅진 백제

고마나루에 상륙한 곰족 백제는 성을 쌓았다. 공산성이다. 이번에도 강 남쪽이다. 63년 뒤 재천도한 사비성도 백마강 남쪽이었다. 무시무시한 북쪽 오랑캐 고구려를 경계하는 왕성 설계다. 미래를 구상하며 임시수도로 삼았음이 분명한 이 공주 땅에 다섯 왕이 스쳐갔다.

웅진 백제 네 번째 왕은 무령왕이다. 중국 사서 『양서』에는 '백제가 다시 강국이 되었다'라고 기록돼 있다. 패퇴한 백제가 고마나루에 자리를 튼 지 26년 만에 부활한 것이다. 기록으로만 전하던 화려한 웅진 백제는 바로 이 무령왕의 무덤을 찾아내면서 세상에 드러났다.

송산리 고분은 일제 강점기 대부분 도굴됐다. 대표적인 도굴범이 가루베 지온輕部慈恩이다. 1927년 공주공립고등보통학교 일본어 교사로 부임한 가루베는 1000기에 이르는 백제 고분을 도굴해 유물을 "빗자루로 싹싹 쓸어 담아갔다." 전 문화재청장 유홍준은 가루베를 '날파리 고고학자'라고 불렀다. 1932년 그 가루베가 송산리 고분 가운데 6호분을 쓸어가면서 놓친 곳이 무령왕릉이다.

이제 발굴 이후 열두 시간 동안 벌어진 일을 본다. 발굴팀장 김원룡의 후회담이다.

"이 엄청난 행운이 멀쩡하던 머리를 돌게 하였다. 삽시간에 구경꾼과 경향 각지에서 헐레벌떡 달려온 신문기자들로 꽉 찼다. 카메라를 서너 개씩 둘러멘 기자들은 어서 사진부터 찍게 해달라고 야단이었다. 한 신문사마다 2분씩만 찍기로

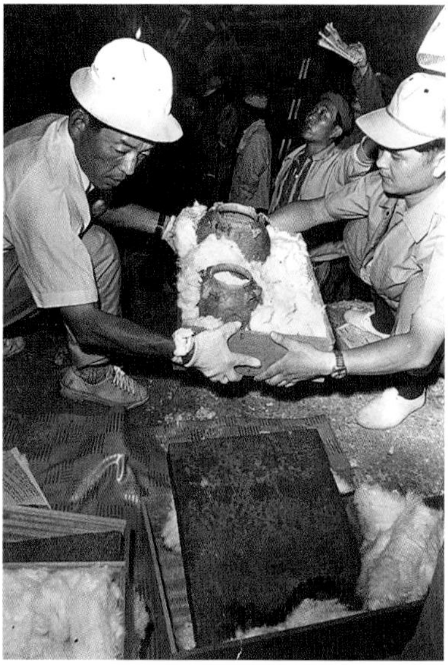

무령왕릉 발굴 장면과 석장리 구석기 시대를 발굴한 석장리 마을 사람들

약속했는데, 안으로 마구 들어가 숟가락을 밟아 부러뜨리기까지 했다. 그 북새통 속에서 (…) 바닥 벽돌 틈에서 나무뿌리들이 수세미처럼 바닥을 덮었고 썩은 널 사이사이에 구슬이니 금장식들이 흩어져 있었다. 사실은 몇 달이 걸렸어도 그 나무뿌리들을 가위로 하나하나 베어 내고, 그러고 나서 장신구들을 들어냈어야 했다. 유물을 들어내고 바닥은 청소되었다.(…)"

발굴은 단 열두 시간 만에 끝났다. 몇 년을 걸려도 모자랐을 작업이었다. 분석도 하지 않은 유물 가운데 금팔찌 하나는 김원룡이 당시 대통령 박정희에게 먼저 들고 가 보고했다. 대통령은 팔찌를 두 손으로 구부려본 뒤 "순금이군"하고 확인했다.

악의는 아니었다. 대한민국이라는 국가가 총체적으로 무지無知했던 탓이다. 대한민국 발굴사가 일천하고 왕릉에 대한 개념이 없던 탓이다. 무령왕릉은 대한민국 고고학 사상 최고 최대의 발견이며 최악의 발굴이었고 이후 각종 발굴 현장에서 어김없이 곱씹는 반면교사가 되었다. 지금 중장비를 동원해 시루떡 떠내듯이 땅을 떠내며 초고속 발굴 중인 경주 월성 발굴팀은 메주가 뭐고 된장이 뭔지 알고나 있는지 모르겠다.

송산리 고분군은 공산성과 함께 유네스코 세계문화유산에 등재됐다. 송산리에는 무령왕릉과 6호분을 재현한 모형 왕릉실이 있다. 진짜 왕릉은 보존을 위해 폐쇄됐다. 가보시라. 공산성에 올라 부활을 노리던 백제의 꿈을 느끼고 왕릉에서 그 백제의 화려함을 맛보시라. 시간이 남으면 남쪽 우금치에도 가보시라. 1894년 11월 관군에 패해 몰살된 10만 동학혁명군 위령탑이 거기 서 있다. 부활한 왕국 백제와 기력이 쇠한 조선 왕조. 우리 가슴을 울려대는 역사 흔적이다. 땅의 역사

04 뭔 일이 있었건대 산이 저리 타는 것이냐!

무주 제1경 나제통문의 비밀

덕유산 산해(山海)

1980년대 멀리 떠난 낯선 마을 담벼락에 수시로 보였다. 방첩표어다. '지나가는 저 나그네 간첩인가 다시 보자.' 체제 경쟁이 적대적인 폭력으로 분출되던 냉전시대 여행길이었으니, 역사적인 촌극이라 이해하고 넘어간다. 세상이 바뀌었다. 이제 여행지에 도착하면 눈을 부릅뜨고 정신 똑바로 차린다. 손바닥에 볼펜으로 꾹꾹 눌러 이렇게 적어본다.

'옆에 있는 저 안내판, 정말인가 다시 보자.'

관광이 돈이 되는 시대, 돈벌이를 위하여 옛일을 엉뚱하게 기록한 안내판에 관한 이야기다.

노을이 삼백 리, 덕유산

1898년 편찬한 무주군지 『적성지赤城誌』에는 미수 허목(1595~1682)이 쓴 덕유산 산행기가 나와 있다. 허목은 17세기 대표적인 문인이다. 그가 이리 적었다. "남쪽 명산 가운데 최고는 덕유산인데, 아주 기이하다(南方名山絶頂德裕最奇). 늘어선 봉우리에는 안개와 노을이 삼백 리나 뻗쳐 있다(列岫烟霞三白里)."

실로 그러하다. 운수가 대통하여, 시야가 가리지 않은 날 덕유산에 오르면 300년 전 허목이나 21세기 등산객이나 덕유산에 대한 찬미는 동일하다. 바로 능선들이다.

산해山海라는 말은 이럴 때 쓰는 것이다. 게다가 덕유산 아래 스키장 곤돌라와 리프트가 1614m 높이 향적봉 코 아래까지 올라가니, 게으르고 시간 없는 사람들에겐 이런 호사가 없다.

덕이 있고 너그러운 땅이라 덕유산德裕山이라 했다. 남도의 동서를 가르는 산이라, 이름과 달리 산을 차지하려는 전란戰亂도 많았다. 전쟁의, 전쟁과 전쟁 사이 평화의 흔적과 삼백 리 노을이 두루 섞여 사람들을 부른다.

무주 제1경 나제통문

덕유산 자락에는 구천동이 있다. 계곡이다. 구씨와 천씨가 들어와 살았다고 하여 구천동이라는 말도 있고 성불한 불자가 9000명이라 해서 구천동이 됐다는 말도 있다. '아홉'은 많다는 뜻이고 천千 또한 많다는 뜻이니 굽이가 험하고 깊은 골짜기라는 말도 된다. 무어가 되었든, 구천동에는 33경이 있다. 대개 좋은 경치하면 팔경八景이라 하니 10경도 많거늘, 자그마치 33경이다. 맨 마지막 33경은 향적봉이고, 제1경은 나제통문羅濟通門이다. 무주군 설천면과 무풍면 사이 석모산 아래 뚫린 암굴이다.

이름에서 짐작하듯, 이 굴은 삼국 시대 백제와 신라 국경 출입문이었다. 그 아래 흐르는 설천과 높이 50m 정도 얕되 기다란 석모산 줄기는 그 산 너머 지역을 확실하게 나누는 경계다. 통문 앞 다리 아래 설천에는 작은 소沼가 있다. '파리소'라 부른다. 전투를 벌이다 죽은 신라와 백제 병사들 시체 위로 파리 떼가 들끓었다고 해서 붙은 이름이다. 바위에는 이를 한자로 적은 '蠅沼(승소)' 두 글자가 새겨져 있다. 안내판에는 이렇게 적혀 있다. '설천은 옛날에 신라와 백제 경계에 위치한 국경 병참기지.'

'**이름에서 짐작하듯**'부터 '**병참기지**'까지 여덟 문장은 몽땅 **거짓말**이다.

국경 출입문도 아니었다. 백제, 신라 병사들 죽은 연못도 아니었다. 설천이 국경 병참기지였다는 설명은 근거가 없다.

진실은 이렇다. 나제통문은 1925년 일제 강점기 충청도 영동에 있는 용화 금광 개발을 위해 뚫은 인공터널이다. 터널 개통과 함께 설천 위로 다리가 놓이고 30번 국도가 산을 관통했다. 나제통문이라는 이름은 1963년 관광지 개발을 위해

나제통문. 신라와 백제 국경이라는 '허황된 신화'로 포장된 일제 강점기 흔적이다. 그 옆은 나제통문의 조작된 신화를 그대로 인용한 고등학교 국사 교과서

명명됐다. 원래 이름은 '기니미굴'이었다. 이 굴로부터 동쪽으로 경상도 땅 경계까지는 30번 국도로 15㎞ 거리 덕산재를 넘어야 한다. 삼국 통일 전 국경이 이 통문이었다는 주장은 맹랑하다. 하나 더. 바위에 커다랗게 새겨진 한자 두 글자는 승소가 아니라 '鶴潭(학담: 학이 있는 연못)'이다. 대한민국 여행자들은 가슴에 또 한번 이렇게 새겨둔다. '옆에 있는 저 안내판, 정말인가 다시 보자.'

무주 사람 오재성과 기니미굴

1947년생인 오재성은 나제통문 동쪽 무풍에 살았다. 그가 말했다. "전쟁이 터졌을 때, 우리 집이 통문 동쪽 이남마을에 피란 가서 살았다. 이남마을 이름은 그때 기니미마을이었다. 석모산에 굴이 있었는데 다들 기니미굴이라 불렀다." 전쟁이 끝나고 1960년대, 찢어지게 가난하고 길도 제대로 없는 무주에 관광업 바람이 불었다.

천하 오지라, 잘 보존된 구천동 계곡을 관광지로 개발하자는 이야기였다. 민간에서 구천동 아름다운 곳곳에 이름을 붙이고 길을 냈다. 1961년 명승고적 33군데를 골라 이름을 붙였다. 지도를 만들고 명승지마다 이름 적은 종이를 만들어 핀을 꽂았다. 사진을 찍고 관광지도를 다시 만들었다. 무주 구천동 33경은 그때 만들어졌다. 1962년 4월 20일 구천동 33경이 당시 교통부 대한민국 10대 관광지에 선정됐다.

그때 그 종이판을 만들고 핀을 꽂은 사람이 오재성이었다. 그가 말했다. "가난했으니까, 무슨 역사의식 같은 건 있을 리가 없었다. 기니미굴이라고 하면 누가 오겠는가. 그냥 관광객 모으려고 근사하게 나제통문이라고 이름 붙인 거지. 게다가 나는 어렸으니까 어른들한테 뭐라 할 처지도 아니었고."

세월이 갔는데, 이상하게 갔다. 돈벌이를 위해 만든 이름이 역사가 되더라는 것이다. 국정 국사 교과서에 당당하게 나제통문 사진이 등장하는 게 아닌가. 오재성이 말했다. “이건 아니다 싶어서 1980년에 국사편찬위원회를 찾아갔다. ‘내가 이름 붙인 거다’ 그러니까, 아니래. 삼국 시대 거래. 그래서 일제 강점기에 뚫었고, 목격한 사람도 다 있다, 그렇게 난리를 치러서 1990년대 들어서야 교과서에서 사진이 빠지게 된 거지.”

나제통문의 진실

‘일제 때 산을 뚫어서 통로가 되어 지금은 수레와 말이 끊임없이 이어진다(日治時鑿山通道).’ 1957년 발간된 무주군지 『적성지』 기록이다. 구천동 33경이 지정되기 전 기록이다. 그런데 1967년 다시 만든 『적성지』 속지續誌에는 기록이 바뀐다. ‘동굴 입구는 옛날 신라와 백제 국경이니 당시 무기 쟁탈전에 대해선 말하지 않아도 상상할 수 있을 것이다. 천여 년이 지나자 굴 동쪽과 서쪽 백성들은 풍속과 관습에 차이가 있는 것 같았다.’

그러니까 순수하게 관광으로 먹고살기 위해 만든 33경 첫 경치가, 그 기이한 풍광과 전설이 뒤섞이며 역사가 되어버리고, 급기야 고등학교 교과서까지 진실된 역사라 인정하게 되는 일이 벌어진 것이다. 21세기 지방자치단체들이 속칭 ‘스토리텔링’이라는 명분을 들먹이며 있지도 않는 허구를 진실인 양 안내판에 적어내리는 행위와 똑같다.

그런데 오재성이 말한다. “정말 역사로 기록될 줄은 꿈에도 몰랐다. 우리는 정말 우리 고장을 위해서, 우리 사람들이 잘 살 수 있는 방법을 찾아 했던 일이다.”

그런데 또 오재성이 말한다.

“군청에 가서 이야기했다. 이거 잘못된 거다. 그랬더니 이러더라, 알지만 관광이에요, 근데 여기가 이 기니미굴이 경상도에서는 수학여행길이에요, 백제를 평정할 때 김유신이 이리 지나갔다 해가지고. 그런데 그게 1925년도에 뚫었다고? 그러면 어떡해요, 안 돼죠.” 그가 말을 잇는다.

"나는 바담 풍해도 너는 바람 풍해라? 이게 가치관의 혼선이지. 고쳐야지. 그런데 아직도 나제통문이라고 하니까, 아 역사 왜곡이라는 게 바로잡기가 어렵구나. 40년밖에 안 됐는데도 바로잡는 데 40년이 아니라 400년이 걸리겠구나, 그런 생각이 든다. 우리가 후손들한테 뭘 남겨줄 건가. 계속 거짓을 남겨줄 순 없지 않나. 거짓에서 탈피를 해야지."

무주에서 보아야 할 것들

구천동 33경을 주도한 사람은 김남관이다. 당시 육군 대령이었다. 덕유산 꼭대기에 있던 정보부대 부대장이다. 구천동 계곡에 매혹돼 고향 무주를 발전시키겠다는 생각으로 길을 내고 절경을 골라낸 사람이었다. 구천동 초입에 그를 기리는 공적비가 서 있다. 1967년판 무주군지 『적성지』 속지에 나제통문 소개문을 작

덕유산 칠연계곡에 숨어 있는 칠연의총

성한 사람도 김남관이다. 그때 그가 진실을 제대로 적었다면 여기까지 오지는 않았을 것이다. 위대한 일을 했으되 눈이 짧았다.

서른세 군데나 되는 절경을 두고 '경치 인플레'라 부르는 사람도 있다. 하지만 척박한 땅에 그렇게 절경지를 선정하고 길을 낸 그 마음 덕분에 지금 대한민국 사람들은 향적봉 붉은 노을 삼백 리를 쉽사리 즐기게 되었다.

대신, 칠연계곡 칠연의총은 반드시 가본다. 일제 강점기인 1908년 항일투쟁에 나섰다가 순국한 의병들을 기리는 공간이다. 의병장 이름은 신명선이고, 전직 왕실 군인이었다. 나머지 의병부대원 이름은 모른다. 그들이 칠연계곡에서 몰살당하고 훗날 1962년 향토예비군이 유해를 수습해 만든 집단분묘가 거기 서 있다. 이곳 안내판은 썩 훌륭하다. 계곡 등산로에서 조금 떨어져 있어 쉽게 발길이 닿지 않는다. 되도록 꼭 가본다. 아름다움 속, 처연하다. 땅의 역사

05 왕릉에 숨은 삼국 통일의 비밀과 '감격선생' 노세 우시조

경주 왕릉의 비밀 1

경주 삼릉. 신라 8대 아달라왕, 53대 신덕왕, 54대 경명왕 등 세 박씨 왕들 무덤이다. 과연 그럴까.

분열해 있던 민족을 통일한 신라라고 우리는 배웠다. 과연 그러한가. 삼국 통일은 과연 있었는가. 그 주역을 우리는 김춘추와 김유신이라고 배웠다. 과연 그러한가. 통일이라고 쓰고 복수라고 우리는 읽는다.

김춘추의 복수극과 삼국 통일

서기 642년 7월 신라 대야성 성주 김품석과 아내 고타소가 죽었다. 성을 침략한 백제군은 두 사람 목을 잘라 백제 수도 사비성 감옥 바닥에 묻었다. 소식을 들은 신라 관리 김춘추는, '기둥에 기대어 서서 하루 종일 눈도 깜박이지 않았고, 사람이나 물건이 그 앞을 지나가도 알아보지 못하였다.' 얼마 뒤 그가 말했다. "대장부가 되어 어찌 백제를 삼키지 못하겠는가(大丈夫豈不能呑百濟乎)? 백제에게 원수를 갚으리라."(『삼국사기』 신라본기 선덕왕편) 죽은 고타소는 김춘추의 딸이고 김품석은 사위였다.

18년이 흘렀다. 서기 660년 8월 2일 나당연합군에 의해 백제가 멸망했다. 신라왕 태종이 부여를 찾았다. 그가 김춘추다. 한차례 주연이 벌어지고, 백제에 망명해 대야성을 함락시킨 배신자 검일을 소 네 마리에 묶어 찢어 죽이고 백마강에 시체를 버렸다. 딸과 사위 목을 잘라간 원수에 대한 복수전이었을 뿐, '삼국 통일'이라는 개념은 없었다. 김춘추는 경주로 복귀하던 중 충주 땅에 살던 용장이라는 귀족이 열어준 연회에서 술을 한 잔 마셨을 뿐이다.

백제 멸망을 위하여 김춘추는 일찌감치 고구려와 왜국으로 가서 정세를 살폈고 당 태종을 만나 나당연합을 제안했다. 그때 당 태종이 말했다. "산천과 토지는 내가 탐내는 바가 아니니, 내가 두 나라를 바로 잡으면 평양平壤 이남의 백제 땅은 모두 너희 신라에게 주어 길이 편안하게 하겠다."

그런데 이 당 제국이 배신을 때린 것이다. 사비성 함락 5년 만에 당은 김춘추의 아들 문무왕을 공주 취리산으로 불러 의자왕의 아들 부여융과 치욕스런 화해를 강요했다(취리산 회맹식). 백제 땅에 괴뢰 정권을 세워 당 직할 통치를 시도하는가 하면 고구려에도 똑같이 괴뢰 정권을 세웠다. 신라왕 또한 지역 영주쯤으로 치부했다. 소정방이 백제를 멸망시키고 개선하자 당 태종의 후임 고종이 힐난했다. "신라는 왜 가만 놔뒀느냐."

평양 이남 따위 약속은 애당초 안중에 없었다. 670년 신라 사신이 가져온 당 정부 문서를 보니, '백제 고토를 백제에 돌려주라'고 적혀 있었다. 이에 반발한 신라 군부가 일으킨 전쟁이 나당전쟁이었다.

『고대 동아시아 세계대전』(중원대 교수 서영교)에 따르면 약체 신라가 무리한 전쟁을 계획한 이유가 있었다. 7세기 당 제국은 서쪽에서 토번(티베트)으로부터 위협을 받고 있었다. 토번은 당나라 수도 장안까지 침입할 정도로 위험했다. 이를 위해 당나라가 신라 쪽에 있던 병력을 속속 서쪽으로 이동시키던 때였다. 669년에는 신라 엔지니어 구진천을 불러 1000보를 나간다는 박격포(쇠뇌)를 만들라고 종용하기도 했다. 고구려를 멸망시킨 설인귀 부대도 서쪽으로 이동해 참패했을 정도다. 이를 틈타 신라는 고구려 유민 1만 명과 함께 2만 대군으로 요동을 선제공격했다. 이후 크고 작은 전투가 한반도에서 벌어졌다. 675년 매초성(경기도 양주)에서 당군 20만 대군에 대승을 거두고 이듬해 사비성 기벌포 해전에서 다시 대승을 거뒀다. 당 세력 격퇴가 임박한 듯했다.

나당전쟁과 삼국 통일

문무왕~성덕왕 대 『삼국사기』에는 '기아', '사면', '조공', '사신'이라는 단어가 숱하게 등장한다. 당에는 한 달이 멀다하고 사신을 보내고 방물을 바치고 미녀를 바쳤다. 수십만 외국 군사가 옮겨온 전염병에 숱한 국민이 죽고, 식량과 군수품 징발에 범죄가 급증하고 민심이 흉흉했다.

신라에게 확보된 대동강 이남 영토를 회복하려면 백제, 고구려 노동력과 군사력이 절실했다. 신문왕은 대동강 이남 옛 고구려 땅과 백제 땅에도 주州를 설치하고 군부대 또한 이들을 수용했다. 바로 그 무렵 '일통삼한一統三韓'이라는 개념이 『삼국사기』에 나타난다. '한민족'이라는 개념이 아니라 영토 회복의 필요에 의해 이들 옛 유민들을 수용하게 된 것이다.

문무왕은 군사력, 아들 신문왕은 중국 제도를 받아들이고 귀족 세력을 정리하는 외교술과 왕권 강화정책으로, 그 아들 성덕왕은 적극적인 외교로 당에 맞섰다. 전투를 벌이면서도 신라 정부는 셀 수 없이 많은 사신을 당으로 보내 영토 공인을 요청했다.

675년 이후 전투가 소강상태에 빠지고도 공식 인정이 없으니 군부를 포함한 신라 지도부는 조바심을 냈다. 신라는 전투에 이기고 잘못했다고 빌었고 지고도 사과했다. 왕족 미녀를 진상했다가 거절당하기도 했다.

마침내 735년 성덕왕 34년 당 정부는 대동강 이남에 대한 통치권을 신라에 공식 이관한다고 발표했다. '김의충金義忠이 돌아가는 편에 패강浿江 이남 땅을 주었다(義忠迴 勅賜浿江以南地).'(『삼국사기』 신라본기 성덕왕편) 패강은 대동강이다. 마침내 백제 보복을 위해 양보한 조건을 당이 수용한 것이다. 이듬해 6월 성덕왕이 당 정부에 편지를 보냈다. "이 몸이 부서져 가루가 되더라도 보답할 길이 없습니다(粉骨身 無由上荅)."

백제와 고구려를 멸망시킨 것은 통일을 위해서가 아니었다. 김춘추의 복수극이었을 뿐이다. 김춘추의 복수극이 지구상 최강대국 당과의 전면전으로 확대됐고, 그 와중에 '통일'이라는 개념이 싹텄다.

그리하여 삼국 통일을 이룬 신라는 백제, 고구려 문화를 융합해 이후 정확하게 200년 동안 왕조를 이어갔다.

경주 남산 칠불암 마애석불군. 바위를 밀가루반죽처럼 마음대로 조각해놓았다.

1000년 역사의 정수(精髓), 남산

그리하여 수도 경주에 찬란한 문화가 꽃피었다. 당과 친교를 회복한 신라는 실크로드를 따라 왕래하는 소그드인 상인들을 통해 서역 귀고리와 가락지와 유리잔을 수입하고 종이와 비단을 수출했다. 통치 이념이 된 불교가 경주 전역을 찬란하게 빛냈다.

그 정수가 바로 남산이다. 경주 남산연구소 소장 김구석이 말했다. "경주 문화 중심은 남산이다." '노천박물관'이라는 표현만큼 적합한 표현이 없다. 돌부처와 돌탑, 폐사지가 남산을 오르는 골짜기마다 빽빽하다. 『삼국유사』 표현을 빌리면 '기러기보다 많았고 별보다 많았다'.

국보 제312호로 지정된 칠불암 마애석불군은 그 백미다. 40분 남짓한 등산길 끝에 일곱 부처와 보살이 나타난다. 삼존불이 새겨진 바위 앞에 사방불이 새겨진 바위가 앉아 있다. 마치 땅에서 솟고 바위에서 튀어나온 듯한 느낌이다. 그 위 신선암 절벽에는 보살이 앉아 있다. 연꽃 위에 유유자적하게 앉아 있다. 보살을 등지고 왼쪽을 보면 거기 경주 벌판이 펼쳐져 있다. 그러니까 거기가 바로 불교 최고 성역인 수미산이요 신라를 지키는 도솔천이다. 지증왕이 불교를 수용한 이래 신라의 왕들은 살아서는 권력자요 죽어서는 부처가 되었다.

왕릉의 비밀

남산 기슭에는 신라 역대 왕들의 능이 흩어져 있다. 신라 시조 박혁거세가 탄생한 우물 나정蘿井 터가 있다. 5분 거리에 신라 말 경애왕이 견훤에게 죽은 포석정이 있다. 박씨 왕족 왕릉이 있고 김씨 왕족 왕릉이 있다. 왕릉을 에워싼 송림이 있다. 시대별로 왕릉들은 규모도 생김도 장식도 조금씩 다르다. 그런데 조선 후기인 18세기 들어 이상한 일이 벌어졌다. 왕릉 숫자가 급증한 것이다.

박혁거세부터 마지막 경순왕까지 신라 왕은 모두 56명이다. 18세기 초까지 위치가 확인된 경주 왕릉은 김유신 묘까지 포함해서 10군데밖에 없었다. 그런데 18세기 초 21개 왕릉이 더 '발견된다'. 『신라왕릉연구』(前 경주대 교수 이근직)는 "임진왜란 이후 보수화한 조선 사회에서 족보와 시조를 찾는 문중들이 왕릉의 재조정 작업을 이끌었다"고 했다.

문제는 왕릉 위치였다. 누가 어디에 묻혀 있는지 정확한 기록이 없는 탓에 "대략적인 위치를 파악한 후 일정한 범위 내에 후손이 없는 대형 고분을 선택해서 해당 씨족이 능묘로 비정했다"는 것이다. 왕릉 찾기 열풍이 과도하자, 1730년 유의

건이라는 경주 학자는 「나릉진안설羅陵眞贗說」이라는 글에서 "글자 한 자도 모른 무지한 촌사람들 말을 믿고 정했다"라고 비판했다.

꿈을 꾸고 찾은 설총 묘

그리하여 경주 남산 동쪽 기슭에는 박씨 왕 10명의 왕릉이 몰려 있게 되었다. 박혁거세를 비롯한 초기 왕과 왕비 5명이 오릉에, 8대 아달라왕을 비롯한 또 다른 박씨 왕 4명이 삼릉에 누워 있다. 세월이 몇 백 년씩 차이 나지만, 배치는 시조부터 막내까지 순서대로다. 현재 신문왕릉은 조선 중기까지 신문왕의 아들인 효소왕의 능이었다. 그런데 어느 날 신문왕릉 남쪽 성덕왕릉 옆에 있는 무덤이 효소왕릉으로 규정되고 효소왕릉은 신문왕릉이 되었다. 『삼국사기』와 『삼국유사』에 기록된 위치를 무시하고 소풍 가서 보물찾기 하듯 왕릉을 찾아 개수를 늘리는 작업이 이

신문왕릉. 원래 효소왕릉이었다가 조선 중기 신문왕릉으로 주인이 바뀌었다.

어졌다.

1000년 동안 감포 앞바다 대왕암으로 인정됐던 문무왕릉은 18세기 말~19세기 초 괘릉으로 바뀌었다가 1973년에야 대왕암으로 복원됐다. 설총 묘가 발견된 연유는 꿈이다. "近年因夢子孫修築建碑(최근 자손이 꿈을 꾸고 찾아내 비석을 세웠다)." 이근직은 "김유신 묘라고 알려진 묘는 경덕왕릉"이라고 단언했다. 김유신 묘는 다음 장에서 다시 찾아가 본다.

실체가 모호한 유적은 그 앞에 '전傳'이라는 머리말이 붙는다. '~카더라'라는 뜻이다. 경주 왕릉 어디에도 이 단어가 붙은 왕릉이 없다. 왕릉은 1000년 역사를 그대로 담고 있는 상징이다. 그런데 경주를 여행하는 사람들은 실체는 가려지고 형상만 아름답게 남은 뭉뚱그려진 역사를 목격하고 있는 것이다.

노세 우시조와 이근직

경주 남산 동쪽 황복사지는 미스터리의 공간이었다. 무너진 왕릉터가 있어서 희귀한 사례로 꼽히던 곳이었다. 그런데 2017년 그 붕괴된 왕릉터가 알고 보니 만들다 만 미완성 왕릉임이 밝혀진 것이다. 1928년 그 황복사지를 처음 발굴한 사람 이름은 노세 우시조能勢丑三略(1889~1954)다. 1926년 스웨덴 왕자와 함께 경주를 찾았던 당시 서른 후반의 이 사학자는 무슨 연유인지 경주 유적에 반해 곳곳을 발굴하고 조사하고 다녔다. 특히 그가 집착한 유물은 십이지신상이었다. 사람들이 거대 유물에 몰려다닐 때 노세는 탑 아래, 왕릉 호석에 새겨진 십이지신을 연구했다.

황복사지 논두렁에 묻혀 있던 십이지신 7개도 그가 발굴했고 십이지신이 아름답게 새겨진 경주 남동쪽 원원사지 삼층석탑 2개도 그가 발굴했다. 원원사는 김유신을 비롯한 신라 군부가 일통삼한을 발원하며 세운 절이다. 골짜기에 산산이 흩어져 있던 석물들을 일일이 모아서 석탑을 복원한 사람도 노세였다. 경비도 모두 자기 주머니에서 나왔다.

조선인이든 일본인이든, 노세를 본 사람들은 그를 '감격선생'이라 불렀다. 2017년 초 그 노세 우시조가 발굴하는 모습을 촬영한 사진이 경주학연구원에 의해 공개됐다. 1920~30년대 유적지 실태를 비교할 수 있는 귀한 자료다. 경주학연구원은 '신라왕릉연구'로 세상을 뒤집어놓은 학자 이근직이 만든 연구소다.

연구원장 박임관이 말했다. "모두가 무관심했던 십이지신상의 가치를 알아본 사람이 바로 노세 우시조였다. 그리고 이근직은 실측과 고증을 통해 왕릉의 실체에 접근한 진정한 학자였다. 두 사람의 공통점은 객관적 접근 방식과 경주에 대한 애정이었다."

원원사지를 발굴 중인 노세 우시조

노세 우시조가 복원한 원원사 석탑

1000년을 생존한 왕국, 신라였다. 김춘추라는 사내의 집념, 그리고 동료와 후배들의 투쟁이 없었다면 불가능했을 역사였다. 그 역사에 깊은 애정을 가진 사내들 덕분에 우리는 천년 왕국의 진면모에 한 걸음 더 들어간다. 경주에 가거들랑 그들의 흔적을 보라. 이근직은 2010년 경주 왕릉 연구결과를 발표하고 이듬해 교통사고로 사망했다. 마흔여덟 살이었다. 〈경주 왕릉의 비밀 2〉에서 계속. 땅의 역사

06 그리하여 김유신은 왕이 되었다

경주 왕릉의 비밀 2

연전에 신문, 방송에 대서특필된 이야기다. 경상북도 경주 충효동 김유신 무덤 비석에 물을 부으면 '陵(능)'이라 새겨진 글자가 짙은 색 '墓(묘)' 자로 확 바뀐다는 것이다. 물을 부을 필요도 없다. 맨눈으로도 시멘트 같은 물질로 墓 자를 채워 넣고 새겨놓은 陵 자가 보인다. 신기하다뿐이겠는가. 신라 삼국 통일의 비밀이, 파란만장하게 살다간 김유신과 김춘추의 인생이 숨어 있다.

서막(序幕), 몰락 왕족의 만남

금관가야 마지막 왕은 구형왕이다. 서기 532년 스물여덟 살 먹은 젊은 신라왕 김진흥에게 나라를 물려주고 양왕讓王이라 이름을 받은 왕이다. 물려줬다는 뜻이다. 무덤은 경상남도 산청에 있다. 양왕에게 아들이 셋 있었는데, 셋째는 무력武力이다. 550년 진흥왕이 충청도 단양을 정복하고 세운 단양적성비에는 武另(무령)으로 나온다. 성은 아직 없었다. 중국 기록에 따르면 법흥왕은 성이 없었고(521년 중국 『남사』, 「동이열전」), 손자 진흥왕이 처음 김씨를 썼다. ('신라국왕 김진흥이 사절을 보냈다(新羅國王金眞興爲使持節)', 565년 중국 『북제서』) 그러니까 우리가 아는 신라장군 이사부는 이름이 이사부다. 성은 모른다. 내물왕의 후손이니, 있었으면 김씨다.

단양은 당시 신라 북쪽 변경이다. 단양을 정복당한 백제 성왕이 4년 뒤 신라 관산성을 공격했다. 김무력 부대가 관산성에 급파됐다. 성왕을 죽였다. 성왕을 죽일 때 무력은 6등인 아찬이었다. 14년 뒤인 568년 무력은 3등인 잡찬이었다. 진흥왕이 벌인 영토 확장 전쟁 최전방에는 늘 무력이 있었다. 그런데 승진이 느렸다.

무력의 아들은 서현이다. 김서현은 만노군, 그러니까 지금 충청도 진천 땅 태수가 되었다. 이곳 또한 신라 북쪽 변경이다. 그 무렵 만명과 '야합野合'을 했다. 만명은 진흥왕의 조카딸이다. 왕족이다. 망국 가야 후손이 감히 왕족을? 사랑을 꺾을 수는 없었다. 아버지가 만명을 집에 가뒀다. '숙흘종이 비로소 딸이 서현과 야합한 것을 알고서 이를 미워하여 별제에 가뒀다(肅訖宗始知女子與玄野合 疾之

경주 대릉원. 이곳에 있는 미추왕릉에서 김유신과 미추왕 혼령이 격론을 벌였다.

囚於別校勘第).' (『삼국사기』 김유신 열전) 하늘에서 벼락이 떨어져 벽이 무너졌다. 만명은 서현과 도주했다. 아들을 낳았다. 그가 김유신이다. 가야 최후의 왕인 증조부, 평생 전쟁터를 지켰으되 승진이 느렸던 야전 군인 조부, 그리고 축복받지 못한 아비와 어미. 김유신이 개척해야 할 운명은 험했다.

김춘추는 어떤가. 김춘추의 할아버지는 25대 진지왕이다. 진지왕은 정사가 어지럽고 음란하였다(政亂荒婬).(『삼국유사』 기이 도화녀 비형랑) 진골 귀족회의인 화백에 의해 진지왕은 4년 만에 폐위됐고 후손은 왕족에서 진골로 강등됐다. 족강族降이라고 한다. 그 손자가 김춘추다. 다른 귀족에 의해 배타당하고 소외된 족강 귀족이다. 능력은 있되 차별받는 신분. 두 사람은 닮았다. 두 사람은 정치적인 파트너로 서로를 찍었다. 김유신이 김춘추보다 여덟 살 위였다.

서기 625년 정월, 화형식

김유신과 김춘추가 축국을 했다. 축국은 조기 축구 같은 운동이다. 경기 도중 김유신이 김춘추 옷고름을 밟았다. 저고리에 달린 옷고름이 땅에 끌릴 만큼 길지 않다면, 김유신이 일부러 잡아당겼다는 말이다. 유신은 춘추를 자기 집으로 데려갔다. 둘째 여동생 문희가 꿰매주었다. '옅은 화장과 가벼운 옷차림을 하였는데, 빛이 곱게 사람을 비추는 모습이었다(淡糚輕服光艶炤人)'.(『삼국사기』 신라본기 문무왕) 이에 '공이 유신의 뜻을 알아차리고 마침내 문희와 통하였다(公知庾信之意遂幸之)'.(『삼국유사』 기이 태종 춘추공)

그리고 1년쯤 지나 여동생이 임신하자, 김유신은 선덕여왕 행차에 맞춰 여동생 화형식을 거행하고 여왕 왕명에 의해 여동생과 김춘추를 정식으로 혼인시켰다.

위서라고 무시당하는, 하지만 토박이 신라 연구자들에게는 신뢰받는 사서『화랑세기花郎世記』에 따르면 그때 이미 김춘추는 보라 궁주라는 아내가 있었다. 경주남산연구소 소장 김구식은 이렇게 말한다. "그러니 아무리 자유분방한 신라 사회라도 문희는 첩이 될 운명이었다. 김유신도 김춘추도 원치 않는 일이다. 그래서 왕명을 통해 정식 부인으로 인정받으려 한 거다." 보라 궁주는 아이를 낳다가 죽고 문희가 정식 부인이 되었다. 문희가 낳은 아이 이름은 법민이다. 김춘추는 문희의 언니 보희도 첩으로 삼았다. 몰락한 두 왕족이 맺어졌다.

김춘추의 한(恨), 대야성

642년 8월 의자왕이 보낸 백제 장군 윤충 부대가 합천에 있는 대야성을 공격했다. 성이 무너졌다. 야심만만한 왕의 영토 확장전이었다. 554년 성왕을 죽인 복수극이기도 했다. 백제 장수 윤충은 성주 품석이 처자와 항복하자 모두 죽이고 목을 베어 부여로 보냈다.(『삼국사기』 백제본기) 목은 부여에 있는 감옥 바닥에 묻었다. 품석은 부하 검일의 아내를 빼앗은 자였다. 대야성 함락은 원한을 품은 검일이 백제 편을 든 탓에 벌어진 일이었다.

탐욕스러운 성주 품석은 김춘추의 사위다. 품석의 아내 고타소가 김춘추의 딸이다(『삼국사기』는 고타소 어머니를 문희라 했고 『화랑세기』는 보라 궁주라고 했다). 김춘추는 '기둥에 기대어 서서 하루 종일 눈도 깜박이지 않았고, 사람이나 물건이 그 앞을 지나가도 알아보지 못하였다.'(『삼국사기』)

얼마 뒤 그가 말했다. "대장부가 되어 어찌 백제를 삼키지 못하겠는가(大丈夫豈不能呑百濟乎)? 백제에게 원수를 갚으리라."(『삼국사기』 신라본기 선덕왕편) 삼국의 운명이 이 한 마디로 결정됐다.

두 사내의 드라마

김춘추는 바로 그해인 642년 고구려로 떠나 원군을 요청했다. 고구려가 원병 조건으로 죽령 이북 땅을 달라고 했다. 김춘추가 거부했다. 고구려는 김춘추를 옥에 가뒀다. 이에 김유신이 선덕여왕 명을 받아 1만 군사를 일으키자 고구려는 김춘추를 석방했다.

김유신은 이후 전쟁터에서 고구려 도움 없이 백제와 끝없이 전쟁을 치렀다. 645년 정월 전투를 치르고 서라벌로 귀환하던 중 백제군이 매리포성을 공격했다. 김유신은 자기 집 우물물을 한 바가지 마시고 전장으로 돌아갔다. 2000여 백제군 목을 베었다. 그리고 648년 매제이자 동지 김춘추의 원수를 갚았다. 김유신은 경주 남서쪽 옥문곡에서 백제군을 대파하고 사로잡은 장수 8명을 돌려주고 품석 부부 유골을 반환받았다.

이후 김춘추 인생은 백제 복수를 향했다. 647년 왜倭에게도 원병을 청했다.(647년『일본서기』효덕천황) 그리고 이듬해 동아시아 최강국 당나라 태종에

김유신 묘. 김유신은 죽어서 '대왕' 호칭을 받았다. '삼국 통일'은 김유신과 김춘추가 백제 멸망을 노리며 개인적인 야심을 달성한 작품이다.

게 원병을 청했다. 그때 맺은 조약에 이런 조건이 있었다. "평양 이남 백제 땅은 신라에게 준다."

그리되었다. 고구려는 안중에 없었다. 654년 진덕여왕이 죽었다. 화백회의를 주재한 김유신이 김춘추를 왕으로 추대했다. 태종무열왕이다. 망한 가문이 왕위를 되찾았다. 이듬해 김유신은 김춘추의 딸 지조와 결혼했다. 예순한 살이었다. 첫 결혼이 아니라는 기록이 있다.

660년 7월 9일 김유신이 계백 결사대를 황산벌에서 전멸시켰다. 5만 대군이 5000을 겨우 이겼다. 힘든 싸움이었다. 8월 2일 백제가 멸망했다. 신라왕이 된 김춘추가 부여를 찾았다. 김춘추는 배신자 검일을 소 네 마리에 묶어 찢어 죽이고 백마강에 시체를 버렸다.

김춘추는 이듬해 죽었다. 김유신의 조카이자 처남 법민이 뒤를 이었다. 그가 문무왕이다. 김유신은 673년 일흔아홉에 죽었다. 문무왕이 비단 1000필과 벼 2000석을 내렸다. 162년 뒤인 835년 김유신은 흥무대왕興武大王으로 추존됐다. 망국 가야 후손이 죽어서나마 왕이 된 것이다. 몰락한 가문 두 사내의 꿈은 완성되었다. 여기까지가 김춘추와 김유신이 합작한 드라마 전말이다.

통일은 없었다

'김춘추가 김유신과 함께 삼한을 통일하고(一統三韓) 큰 공을 세웠다. 하여 묘호를 태종이라 했다.'(『삼국유사』 기이 태종 춘추공) 신라가 남긴 기록에는 삼한 통일 주역을 대개 김춘추로 꼽았다. 고구려를 멸한 왕은 문무왕이다. 그런데 일통삼한 주역은 김춘추다. 무슨 뜻인가. "그때 민족 개념은 없었다. 백제에 대한 복수가 결과적으로 삼국 통일로 이어졌다."(경주남산연구소 소장 김구석) 그럼에도 세상은 신라가 민족을 통일하고 통일 신라가 되었다고 알고 있다. 그렇게 되었다. 경주에 가면 힌트가 보인다.

경주에는 삼국 통일 주인공 태종무열왕과 문무왕, 김유신을 모신 통일전이 있다. 통일전은 1977년 건립됐다. 경주시내 황성공원에는 또 김유신 동상이 있다. 같은 시기에 건립됐다. 김춘추 동상은 없다. 남쪽 서라벌 분지를 향해 있던 동상은 1980년대 북쪽으로 방향이 바뀌었다. 건립 취지문은 작가 노산 이은상이 썼고 글자는 서예가 일중 김충현이 썼다. 자세히 보면 호인 '노산'이 지워지고 '전주'라 새겨놨다. 또 '일중'을 지우고 '안동'이라 바꿔놓았다. 영호남 통합과 고구려가 있는 북쪽을 향한 군인의 동상. 의미는 적나라하다. 신라인이 생각지 않았던 삼국 통일이 1970년대 갑자기 민족의 염원이 돼 버린 것이다.

김유신 묘비의 비밀

김유신 묘는 왕릉처럼 거대하다. 앞에는 좌우로 시대가 다른 비석이 2개 서 있다. 조선 숙종 때인 1710년 만든 왼쪽 비석에는 '신라 태대각간 김유신묘'라고 새겨져 있다. 오른쪽 비석에는 '개국공 순충장열 흥무대왕릉'이라고 돼 있다. 1934년 김해 김씨 김유신 후손 김용희가 쓴 비석이다.

건립 당시 김용희가 '묘墓'라고 새겼던 글자를 20세기 어느 시점 누군가가 '능陵'으로 바꿔놓았다. 누군지는 모른다. 비만 내리면 시멘트로 채워넣은 '墓' 자가 시커멓게 드러나 세상에 화제가 됐다. 그러자 또 어느 시점에 누군가가 아예 비석 자체를 새로 만들어 바꿔치기해버렸다. 이게 문제가 되자 또 어느 시점에 옛 비석을 제자리에 반납해 지금까지 무덤 오른쪽에 서 있게 되었다.

전하는 이야기가 있다. 김유신이 죽고 106년 뒤인 서기 779년 김유신 혼백이 무덤에서 군사를 끌고 나와 회오리바람을 타고 미추왕릉으로 들어갔다. 미추왕은 박씨와 김씨와 석씨가 나눠가지던 왕위를 김씨가 세습한 첫 왕이다. 혼백은 왕에게 자기 후손이 푸대접 받는다고 한참 한탄하고서 무덤으로 돌아갔다.

'4월에 회오리바람과 먼지가 일어나 유신의 묘에서 시조대왕릉까지 이르렀는

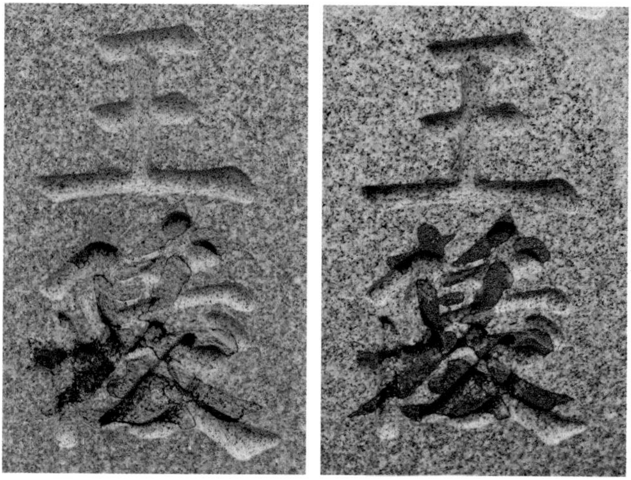

김유신 묘 비석의 비밀. 겉으로 보면 '陵' 자인데, 물이 닿으면 '墓' 자가 나타난다.

데, 먼지와 안개로 어두침침하여 사람과 물건을 분별할 수가 없었다. 능을 지키는 사람이 그 속에서 마치 소리 내어 울면서 슬피 탄식하는 듯한 소리를 들었다(守陵人聞其中若有哭泣悲嘆之声).'(『삼국사기』 김유신 열전 부록)

『삼국유사』에는 김유신이 내뱉은 하소연이 자세하게 기록돼 있다. '지난 경술년(770년)에 신의 자손이 죄도 없이 죽음을 당하였으니 군신들이 저의 공훈을 생각지 않습니다. 신은 다른 곳으로 멀리 가서 다시는 힘쓰지 않으려니 왕께서 허락하여 주십시오.'(『삼국유사』 기이 미추왕 죽엽군) '신의 자손'은 김융이다. 혜공왕 6년에 반란죄로 처형됐다. 이후 사람들은 김유신 묘를 대묘大廟라 불렀다.

죽어서 왕이 된 그다. 하지만 이후 두 번 다시 김유신 후손 이야기는 신라 역사에 등장하지 않는다. 일통삼한을 이루고 신라를 1000년 영속시킨 가문이 100년 만에 흔적도 없이 사라졌다. 역사라는 것이, 냉정하지 않은가. 땅의 역사

07 청해진 사당에 장보고는 없었다

완도 청해진 사당의 비밀

해상왕 장보고가 만든 전남 완도 청해진에는 사당이 있다. 장보고가 아닌 송징이라는 장군을 1000년 동안 모신 사당이다. 그런데 30년도 되지 않은 최근에 그 주신主神을 송징에서 장보고로 바꾸었다. 아니, 바꾸게 되었다. 아무리 생각해도 이상한 일이었다. 1000년 동안 섬겨왔던 장군님 대신에 다른 장군님을 주신으로 모시라니. 1000년 동안 불러온 샘물 이름도 '큰샘'에서 '장군샘'으로 바꾸라니. 전남도 무형문화재 제28호인 완도 장좌리 당제와 당굿 기능보유자 강양대가 나에게 이리 묻는 것이다. "장좌리 사람들 의문을 풀어주소. 우리 송징 장군은 어이 되었는지. 우리는 장보고 몰라." 2018년 현재 일흔두 해를 살아온 완도 노인이 몰라? 청해진 사람들이, 장보고를 모른다?

1000년 전 뱃놈, 장보고

장보고는 뱃놈이었다. 어릴 적 이름은 궁복弓福, 활보였다. 『삼국유사』에는 '궁파弓巴'라고도 했다. 활 잘 쏘는 뱃놈이었다. 그저 고기나 잡고 이러구러 먹고사는, 뱃놈이었다. 뭍사람들은 그렇게 섬사람을 천시했다.

완도 청해진. 해상왕 장보고의 세계다. 그런데 정작 장보고 흔적은 없다.

그 뱃놈 활보가 출중한 무예와 통솔력으로 당나라에서 장수가 되었다. 당과 신라와 왜국 무역을 장악하는 거상巨商이 되었다. 서기 828년 4월 해적에게 끌려온 신라인들을 돕겠다고 그가 귀국하니, 나라에서는 청해진대사라는 위엄 가득한 직위를 내려주었다.(『삼국사기』 신라본기 흥덕왕 3년 하4월) 휘하 병졸이 1만 명이나 되었다. 대한민국 전라남도 완도군 장좌리 앞 작은 섬 장도에 그 청해진 유적이 복원돼 있다.

신라 45대 신무왕이 그의 딸을 왕비로 맞으려 했을 때 귀족들이 반발했다. "활보는 미천하니 그의 딸로서 왕비를 삼는 것은 옳지 않다."(『삼국유사』 기이 2 신무대왕神武大王 염장閻長 궁파弓巴) 신무왕은 장보고 덕택에 왕이 된 사람이었다. 44

대 민애왕이 신무왕 아버지 김균정과 43대 희강왕을 죽이고 왕이 된 뒤, 신무왕이 장보고 군사력에 의지해 민애왕을 죽이고 왕이 됐다.

그럼에도 불구하고 신무왕은 장보고를 배신하고 귀족들 말을 따랐다. 846년 신무왕이 보낸 자객 염장은 술에 취한 장보고를 칼로 베어 죽였다. 5년 뒤 청해진 사람들은 모조리 그때 바다였던 김제 땅 벽골로 이주됐다.(『삼국사기』 신라본기 문성왕 13년 2월)

청해진 사람들은 벽골에서 바다를 틀어막고 저수지를 만드는 간척 노역에 투입됐다. 청해진은 사라졌다. 완도는 빈 섬이 되었다. 장보고도 잊혔고 청해진도 잊혔다. 신라 귀족들에게 장보고는 쓰고 버리면 그만인 뱃놈이었다.

원악도(遠惡島)와 송징 장군

조선시대 정치범들 단골 유배지는 원악도遠惡島였다. 멀고(遠) 흉폭한(惡) 섬(島). 손에 물 묻히기 싫어하는 사대부 괴롭히기 딱 좋았다. 대표적인 원악도가 바로 완도다.

대한민국 시대, 더 이상 섬사람을 뱃놈이라 부르지 않는 시대가 되었다. 원악도는 세상 헛헛해진 뭍사람들이 툭 하면 찾아가는 피난처가 되었다. 그래도 앙금은 남아 있다. 오죽하면 완도 고금도古今島가 강진과 연륙이 됐을 때, "우리는 이제 고금도가 아니라 고금 사람"이라며 위안을 했을까.

그 원악도 완도에서 사람들은 영웅을 신으로 모셨다. 풍파를 회피하고 풍어를 기원하며 국가 안녕과 마을 안위를 그 신에게 빌었다. 완도에서 그 신 이름은 '송징宋徵'이었다.

완도 곳곳에 송징에 대한 전설이 남아 있다. 조선 초기 기록인 『동국여지승람』에는 '신사에 송징이라는 신을 모시는데, 송징은 무용이 뛰어나고 활을 잘 쏘아 60리 밖에까지 날렸다'라고 적혀 있다. 그가 활을 쐈다는 사현射峴도 있고, 까투리로 변한 아비 송징을 딸이 찾아 죽인 암초 '까투린여'도 남아 있다. 완도 앞바다 세미선稅米船을 공격해 쌀을 주민들에게 나눠줬다는 미적추米賊酋, 쌀도적 두목 전설도 전한다. 공주대 명예교수 윤용혁은 이렇게 추정한다. "완도를 비롯한 주변 섬에는 송장군, 송징장군, 송대장군 설화가 많다. 종합하면 진도에 기지를 만든 고려 삼별초가 완도에 파견한 장군일 가능성이 크다."

장좌리 청해진 사당과 송징, 정년

청해진 유적지 안에 있는 장좌리 사당에도 송징을 모셨다. 사당 상쇠 강양대가 말했다. "대대로 송장군을 주신으로 좌우로 장보고의 친구 정년, 고려 시대 큰 스님 혜일대사를 모셨다." 그런데 1990년대 이상한 일이 벌어졌다.

강양대가 말했다. "25년, 26년 전? 장보고 장군을 연구하신 고故 청해국민학교 최우주 교장이 왔다. 우리가 엉뚱한 신을 모셔왔다고 했다. 장보고가 주신이라는 거다. 그래서 우리가 물었다. 그러면 송징은 누구냐고."

복잡한 설득 과정을 거쳐서 마을 주민들이 결론을 내렸다. "배운 분들 말씀이니 우리가 틀렸겠지. 송징은 아마 장보고 장군의 별호別號였겠지? 오늘부터 주신을 바꾼다." 마을에 있던 샘터 '큰샘'도 이름을 '장군샘'으로 바꾸고 "장보고 장군이 군사 10만을 거느리면서 먹는 샘물"이라고 군악을 울리게 되었다. 청해진 사당에 장보고 영정이 걸리고 이후 장보고 축제가 열리면 그 오프닝으로 사당에서 고유제가 열리게 되었다.

정년이 사당에 있는 까닭

그렇다면 사당에 정년은 왜 있는가. 『삼국사기』에 그 근거가 있다. '장보고가 군사를 나누어 5000명을 정년에게 주며, 정년의 손을 잡고 눈물을 흘리면서 "그대가 아니면 환란을 평정할 수 없다"고 말하였다. 정년이 왕경에 들어가 반역자를

청해진에 있는 사당. 장보고 대신 그 친구 정년과 느닷없는 '송 장군'이 모셔져 있다.

죽이고, 신무왕을 세웠다. 신무왕이 장보고를 불러 재상으로 삼고, 정년으로 대신 청해를 지키게 하였다.'(『삼국사기』 열전 장보고와 정년)

다시 말해서, 신무왕을 권좌에 앉힌 이후 장보고는 청해진이 아니라 경주에 있었고, 청해진을 실질적으로 지휘한 사람은 정년이었다. 정년은 장보고와 함께 당나라로 떠나 군인 생활을 하던 고향 친구였다. 장보고가 귀국할 때 홀로 남았다가 이렇다 할 벼슬도 못하고 빌어먹다 청해진으로 돌아온 사내였다. 그가 돌아온 날 술자리에서 민애왕 살해 소식을 듣고 함께 거사를 벌인 것이다.

이게 청해진 사당에 정년과 송징이 모셔진 이유가 아닐까. 입신양명을 한 친구를 대신해 끝까지 완도를 지킨 완도 출신 사내가 사당에 있게 된 이유가 아닐까.

우리가 상실한 영웅들

여전히 강양대는 궁금하다. 그러면 우리 송징 장군은? 송 대장군大將軍은? 장보고를 연구한 목포대 교수 강봉룡이 말했다. "민간전승은 변화를 겪기 마련이다. 청해진 주신이 바뀐 것도 그 변화의 일환일 뿐." 공주대 교수 윤용혁이 말했다. "청해진이 와해된 이후 장보고는 망각됐다. 이후 삼별초 때 주민에게 선정을 베푼 영웅 송징이 완도인들 기억을 좌우한다. 청해진도, 장좌리 법화사지도 출토물은 삼별초 시대 유물이 대다수다. 그 전승을 인위적으로 변경하는 것은 오류다." 한마디 덧붙인다. "그러니까, 장보고에 의해 송징이 지워져 버렸다. 장보고에 매몰돼 완도는 송징이라는 또 다른 영웅을 잃어버렸다."

두 사람이 입을 모은다. "완도는 실질적으로 해양 영웅 셋을 가졌다. 장보고, 송징, 그리고 이순신. 장보고와 송징은 이 땅이 해양국가일 때 영웅이었고 이순신은 그 바다를 상실한 시대에 바다를 지킨 영웅이었다. 그들의 흔적이 바로 완도에 응축돼 있다." 자, 이제 우리의 장군 이순신 이야기다.

이순신 가묘(假墓), 묘당도

장도 사당은 청해진 유적지 맨 꼭대기에 있다. 무당들이 수시로 들락거려 문은 잠겨 있다. 정동향이다. 해가 떠오르는 그 수평선에 고금도가 앉아 있다. 고금도는 대표적인 원악도다.

1598년 2월 17일부터 9월 15일까지 그 원악도 고금도에 이순신이 살았다. 정유재란 시절, 조선 수군사령부가 이곳에 있었다. 도주하는 일본군을 섬멸하기 위해 잠시 돌아왔다가 그해 11월 18일 떠나간 길을 이순신은 죽어서 돌아왔다. 7년 전쟁 동안 22전 전승을 거두고 마지막 전투도 승리했던 그였다. 이순신의 시신은 노량 앞바다 관음포에 잠시 안치됐다가 조명연합수군 명군사령부가 있는 이곳 묘당도에 운구됐다.(1권 2장 〈1. 14대 조선 국왕 이연과 조선 군인 이순신〉 참조) 작전 초기에 거들먹거리며 점령군 행세하던 명군 사령관 진린은 그의 부음을 접하고 땅을 치며 통곡했다.

이순신은 83일 뒤 아산에 묻혔다. 그가 떠나던 날 묘당도 사람들은 이순신의 갑옷과 투구를 벗기고 새 옷을 입혀 눈물로 발인을 했다. 그 갑옷과 투구, 장검 그리고 가묘 터와 사당을 묘당도 사람들은 400년 넘도록 충무계를 조직해 관리해왔다.

기이하게도 400년이 지난 지금도 묘당도 가묘 터에는 풀이 잘 자라지 않는다. 보존위원회로 이름 바꾼 충무계 좌장 정충갑이 말했다. "호남 도서지역에는 시신을 소금으로 덮고 초분을 한다. 아마 충무공도 염장을 했기에 지금도 풀이 드물지 않을까."

가묘는 남았으되 갑옷과 투구와 장검은 떠나고 없다. 정충갑에 따르면, 1970년대 초 아산 현충사를 성역화할 때 노산 이은상이 묘당도에 왔다. 충남 아산 현충사에 전시할 충무공 갑옷과 투구, 장검을 빌려갔다고 했다. 아무런 문서도 없이 기꺼이 빌려준 충무계 사람들은 지금까지 유품을 돌려받지 못하고 있다. 섬에서 태어나 섬에서 늙은 정충갑이 딱 한마디 했다. "서럽다."

완도 고금도에 있는 이순신 초장지. 풀이 자라지 않는다.

보길도를 지킨 사람, 설씨 부인

1636년 병자호란 당시 멀고 흉폭한 섬 보길도에 윤선도가 입도入島했다. 임금 인조가 청나라에 항복하는 소식을 듣고서 제주도로 은거하려다 풍파를 만나 정착한 섬이 보길도였다. 노론 거두 송시열과 목숨을 건 정쟁에 거듭 패배한 사내였다. 나라를 경영하려는 꿈을 접고 사내는 보길도에 자기 왕국을 건설했으니 곧 부연동과 세연정이다.

그 무렵 옆 섬 진도에 땅을 간척한 적이 있었다. 주민들은 사당을 지어 윤선도를 기렸고 그는 경주 설씨 주민의 딸을 아내로 맞았다. 이미 남원 윤씨 정부인이 있었지만 윤선도는 이 아름다운 처녀를 다시 부인으로 맞아 보길도로 들어왔다.

윤선도 사후 78년 만인 1748년 5대손 윤위가 보길도를 방문하고 쓴『보길도지 완도 보길도 윤선도 유적지. 윤선도는 알지만 그 유적을 가꾼 서자 윤직미는 알지 못한다.

甫吉島識』에는 이렇게 적혀 있다. '(윤선도가) 임종 시 부용동을 개척하는 데 노고가 있었다 하여 부용동을 학관學官에게 주었다.'

학관은 이름이 아니라 '글 가르치는 사람'을 뜻한다. 부용동을 물려받은 이 학관 이름은 직미直美다. 바로 설씨 부인의 둘째 아들이다.

하루 세 차례씩 윤선도에게 문안인사를 하고, 찾아오는 손님들과 글을 읽고 아버지 임종을 지킨 사람이다. 윤선도 약전을 쓰고 부용동을 관리한 사람이 바로 아들인 학관 윤직미다. 그가 죽고 사위 이동숙이 섬을 떠나자 부용동과 세연정은 폐허로 변했다. 일제 강점기 보길국민학교 교정으로 쓰이던 세연정 터는 당시 어린이들이 청소를 하고 가꾼 덕에 깨끗하게 남아 있다가 1980년대에『보길도지』를 근거로 복원됐다. 윤선도보다 먼저 세상을 뜬 설씨 부인은 인근 노화도에 묻혔다가 몇 년 전 윤씨 문중 묘역으로 이장됐다.

섬은 그대로인데, 참 덧없다. 그 덧없는 추억을 섬나라에서 훔쳐보았다. 땅의 역사

답사 안내

다음은 각 장 내용과 관련된 국내의 유적과 흔적 주소다.
지번 주소로 기재했으며 내비게이션에서 검색하면 쉽게 답사할 수 있다.

1장 소인배 - 비겁 혹은 무능

1. 태평회맹도의 비밀과 진주성 전투

- 촉석루: 경남 진주시 본성동 500-1
- 진주박물관: 촉석루 경내. 태평회맹도 원본 수장.

2. 임진왜란과 해유령 전투의 비밀

- 해유령전첩지: 경기도 양주시 백석읍 연곡리 '해유령전첩지'
- 정문부장군 묘: 경기도 의정부시 용현동. 북관대첩비 사본이 무덤 아래에 있다.

3. 임진왜란 종전협정과 기이한 용산 왜명강화비

- 용산문화원: 서울시 용산구 원효로4가 87-4. 문화원 오른편 언덕에 '왜명강화지처비'가 서 있다.

4. 왜란 후 국교 정상화와 선정릉 도굴 조작 사건

- 선정릉: 서울시 강남구 삼성동
- 조선통신사 기념비: 서울 남대문에서 서울역 방면 300m

5. 남원 만인의총의 비밀과 아기장수 아지발도

- 만인의총: 전라북도 남원시 향교동 636
- 남원성 서쪽 성곽: 전라북도 남원시 동충동 64-1
- 교룡산성: 전라북도 남원시 산곡동
- 옛 만인의총 터: 구 남원역사 구내에서 선로 너머 서쪽 끝 주택가
- 황산대첩비: 전라북도 남원시 운봉읍 화수리 344-2
- 피바위: 황산대첩비에서 인월면 방면으로 가서 다리 건넌 뒤 반대편. 이정표 있음.

6. 가평 조종암의 비밀과 대동법의 숨은 주역 김육

- 조종암: 경기도 가평군 조종면 대보리 산176-1
- 김육 묘: 경기도 남양주시 삼패동 산29-1
- 삼충단: 경기도 가평군 조종면 운악리 운악산 입구
- 민영환 석각: 삼충단에서 현등사 방면 등산로 오른편
- 대동법 기념비: 경기도 평택시 소사동 140-1

7. 강화도 경징이풀의 비밀과 병자호란

- 남한산성: 경기도 광주시 남한산성면 산성리
- 강화도 갑곶진: 강화대교 건너 왼편
- 삼전도비: 서울시 송파구 잠실동 47

8. 1876년 강화도조약 도장 찍던 날

- 초지진: 인천시 강화군 길상면 초지리 624
- 덕진진: 인천시 강화군 불은면 덕성리 846
- 연무당 옛터: 인천시 강화군 강화읍 관청리

9. 국정을 농단한 무당, 진령군

- 송시열 집터(북관묘 터): 서울 종로구 명륜1가 5-99
- 민비(명성황후) 피난지: 충북 충주시 노은면 가신3리
- 민치록 묘: 경기도 여주시 가남읍 안금리. 마을 안쪽에 신도비가 서 있고, 그 뒤쪽 산길로 오를 것.

10. 1894년 청일전쟁과 무력한 권력자들

- 피향정(조병갑 아버지 조규순 선정비): 전라북도 정읍시 태인면 태성리 102
- 만석보 터: 전라북도 정읍시 이평면 하송리(만석대교에서 둑방길로)
- 만석보 혁파비: 전라북도 정읍시 이평면 하송리 예동마을
- 황토현 전적지: 전라북도 정읍시 덕천면 하학리 산3번지
- 우금치 전적지: 충청남도 공주시 금학동 327-2
- 장흥동학농민혁명기념관: 전라남도 장흥군 장흥읍 남외리 164-5 ☐061-864-6531
- 석대들 전적지: 장흥동학농민혁명기념관에 문의
- 성환 취원각: 충청남도 천안시 서북구 성환읍 신방리 3-1 국립축산과학원 구내 ☐041-582-1248

11. 담양의 세 기인

- 식영정: 전라남도 담양군 남면 지곡리 산76-1
- 환벽당: 광주광역시 북구 충효동 387
- 창평 삼지내마을: 전라남도 담양군 창평면 삼천리 삼지내마을
- 황금마을: 전라남도 담양군 수북면 황금리
- 상월정: 전라남도 담양군 창평면 용수리 상월정

12. 불운한 혁명가 정여립과 혁명의 산, 진안 마이산

- 마이산 탑사: 전라북도 진안군 마령면 동촌리 8
- 대한이산묘: 전북 진안군 마령면 동촌리 92
- 용바위: 이산묘에서 마이산 반대편으로 1km 길가 왼편. 안내판이 아주 작다.
- 진안 죽도: 전라북도 진안군 진안읍 가막리 산2-1. 비포장이라 험하다. 죽도유원지와 헷갈리지 말 것.

2장 대인들 - 고집 혹은 지조

1. 14대 조선 국왕 이연과 조선 군인 이순신

- 통영 한산도 제승당(이순신 당시 삼도수군통제영): ☎055-254-4481
- 진주 손경례 고택(이순신 복직 명령 받은 곳): 경상남도 진주시 수곡면 원계리 318
- 여수 고소대(승전비와 타루비): 전라남도 여수시 고소동 620

2. 중앙탑이 서 있는 충주와 사육신 후손의 수수께끼

- 중앙탑: 충청북도 충주시 중앙탑면 탑평리 11
- 충주고구려비전시관: 충청북도 충주시 중앙탑면 용전리 280-17 ☎043-850-7301
- 충주 박팽년 사우: 충청북도 충주시 신니면 신청리 94 ☎043-850-6630
- 충주 임경업사당 충렬사: 충청북도 충주시 단월동 385-1 ☎043-842-0531
- 탄금대: 충청북도 충주시 칠금동 산1-1 ☎043-848-2246
- 달성 육신사: 대구시 달성군 하빈면 묘리 640 ☎053-583-6407

3. 각성한 유림(儒林) 김창숙과 파리장서 사건

- 탑골공원: 서울 종로구 탑골공원
- 바래미마을 만회고택(파리장서 기초): 경상북도 봉화군 봉화읍 해저리 485 ☎054-673-7939(민박 겸)
- 임청각: 경상북도 안동시 법흥동 20-1 ☎054-859-0025

4. 곡성 청류동의 비밀과 조병순, 정순태 그리고 장지연

- 침실습지 주차장: 전남 곡성군 오곡면 오지리 765-1
- 관음사: 전남 곡성군 오산면 선세리 2 ☎061-362-4433
- 태안사: 전남 곡성군 죽곡면 원달리 20 ☎061-363-6622
- 덕양서원: 전남 곡성군 오곡면 덕산리 36
- 도림사(청류동계곡): 전남 곡성군 곡성읍 월봉리 327 ☎061-362-2727
- 청류동계곡 각석들: 주차장 초입 왼편 고종 글씨부터 개울 따라 계속 보인다.
- 조병순 영사비: 석곡면 능파리 능파사거리에서 북쪽으로 곡석로 도로변에 있다.

5. 만주로 망명한 사람들과 조선 귀족

- 이건창 묘: 인천시 강화군 양도면 건평리 341-2, 건평교회를 검색할 것. 교회 앞에 이정표 있음.
- 이건창 생가: 인천시 강화군 화도면 사기리 167-3

6. 만주로 떠난 이회영 형제와 투사의 아내 이은숙

- 우당기념관(이회영기념관): 서울 종로구 신교동 6-22 ☎02-734-8851
- 임청각: 경상북도 안동시 법흥동 20-1 ☎054-859-0025
- 이회영 묘: 서울 동작동 국립현충원 애국지사묘역
- 이시영 묘: 서울 수유리 애국지사묘역. 서울시 강북구 수유동 산 127-1

3장 막힌 놈들

1. 조선 최고 엔지니어 장영실의 미스터리한 실종

- 관상감 관천대: 서울 종로구 계동 140-2 현대건설 사옥 주차장
- 장영실 묘: 충남 아산시 인주면 문방리 '아산장씨 시조 묘' 검색.
  마을에서 주민에게 '장군 묘'를 물어볼 것.
- 장영실과학관: 충남 아산시 배미동 24-1. 월요일 휴관 ☐041-903-5594
  장영실의 발명품을 보려면 경기 여주에 있는 세종대왕릉 영릉에 가볼 것.

2. 제주에서 닫혀버린 세상을 향한 문

- 오현단: 제주시 이도1동 1421-3
- 광해군 적거터 표석: 제주시 이도1동 1474-1 국민은행 앞
- 제주목 관아와 관덕정: 제주시 삼도2동 30-1
- 어등포 광해군 입도 표석: 제주시 구좌읍 행원포구
- 광해군 묘: 경기 남양주시 진건읍 송능리 산60-1. 평소에 철책문이 닫혀 있다.
- 하멜 표착지: 서귀포시 안덕면 용머리 해안. 산기슭에 표착 기념비
- '진짜' 하멜 표착지: 서귀포시 대정읍 신도2리 해변(대야수 연변)

3. 폐허가 된 강진 병영성과 정약용의 깨진 꿈

- 다산기념관: 전남 강진군 도암면 만덕리 415
- 다산초당: 기념관에서 300m 거리에 주차장 있음.
- 주막(사의재): 전남 강진군 강진읍 동성리 495-1
- 하멜기념관: 전남 강진군 병영면 성동리 109. 월요일 휴관 ☐061-430-3318
- 강진 병영성: 하멜기념관과 붙어 있다.
- 강진청자박물관: 전남 강진군 대구면 사당리 127
- 청자 장인 이용희의 동흔요: 강진청자박물관에서 길 따라 왼쪽 언덕

4. 책가도(冊架圖)의 비밀과 가난한 조선

- 국립고궁박물관: 서울시 종로구 세종로 1-57, 설·추석 외 무휴
  ☐02-3701-7500 ⊕www.gogung.go.kr
- 무명도공의 비: 경기도 광주시 쌍령동 405-7 사나래어린이집 입구
- 경기도자박물관: 경기도 광주시 곤지암읍 삼리 72-1 ☐031-799-1500
- 경기도자박물관 분원백자자료관: 경기도 광주시 남종면 분원리 116. 월요일 휴관
- 본문 마지막 사진 촬영 장소: 남양주 마현마을

5-6. 부산요(釜山窯)의 비밀

- 초량왜관터: 부산 용두산공원 일대
- 동래읍성임진왜란역사관: 지하철 수안역 구내
- 부산박물관: 부산시 남구 대연4동 948-1. 월요일 휴관. ☐051-610-7111 ⊕museum.busan.go.kr

4장 신화(神話) 시대

1. 연오랑과 세오녀의 포항과 100년을 산 사진가 서상호

- 구룡포 일본거리: 경북 포항시 남구 구룡포읍 구룡포리 243 구룡포근대역사관
- 호미곶: 경북 포항시 남구 호미곶면 호미곶해맞이광장
- 일월지(해병대사령부): 경북 포항시 남구 오천읍 용덕리 95-14 해병대사령부 구내
- 오천서원: 경북 포항시 남구 오천읍 원리 591-5 ☐054-270-2275
- 장기읍성: 경북 포항시 남구 장기면 읍내리 127-2
- 장기 척화비(장기면사무소): 경북 포항시 남구 장기면 읍내리
- 용계정(덕동문화마을): 경북 포항시 북구 기북면 오덕리 180

2. 미스터리 왕도(王都) 익산과 서동요(薯童謠)

- 왕릉리(유적전시관): 전북 익산시 왕궁면 왕궁리 562 ☐063-859-4631
- 미륵사지(유물전시관): 전북 익산시 금마면 기양리 104-1 ☐063-830-0900
- 고도리 석불: 전북 익산시 금마면 동고도리 1086
- 마룡지: 전북 익산시 금마면 서고도리 493
- 오금산(익산토성): 전북 익산시 금마면 서고도리 산50-3
- 쌍릉: 전북 익산시 석왕동 산54

3. 무령왕릉이 있는 공주와 석장리 사람들

- 석장리박물관: 충남 공주시 석장리동 118. 설·추석 외 무휴
  ☐041-840-8924 🌐www.sjnmuseum.go.kr
- 무령왕릉: 충남 공주시 웅진동 57-1 ☐041-840-2425
- 송산리고분군: 충남 공주시 웅진동 57-1 ☐041-856-3151
- 고마나루(곰나루국민관광단지): 충남 공주시 웅진동 440
- 공산성: 공주시 공산성

4. 무주 제1경 나제통문의 비밀

- 나제통문: 전북 무주군 설천면 소천리 383-2
- 칠연의총: 전북 무주군 안성면 공정리 산6

5-6. 경주 왕릉의 비밀

- 원원사: 경북 경주시 외동읍 모화리 8-1. 나머지 장소들은 명칭을 검색하면 된다.

7. 완도 청해진 사당의 비밀

- 모든 장소들은 그 명칭을 그대로 검색하면 된다.